Nathalie Springer · Catharina Wilhelm

Nicht mit mir!

Nathalie Springer · Catharina Wilhelm

Nicht mit mir!

Souverän bleiben
bei Menschen, die einen
immer wieder aus der
Fassung bringen

Kösel

Der Verlag weist ausdrücklich darauf hin,
dass im Text enthaltene externe Links vom Verlag nur bis zum Zeitpunkt
der Buchveröffentlichung eingesehen werden konnten.
Auf spätere Veränderungen hat der Verlag keinerlei Einfluss.
Eine Haftung des Verlags ist daher ausgeschlossen.

Copyright © 2017 Kösel-Verlag, München,
in der Verlagsgruppe Random House GmbH
Neumarkter Str. 28, 81673 München
Umschlag: Weiss Werkstatt München
Umschlagmotiv: © shutterstock / BlueRingMedia
Druck und Bindung: CPI books GmbH, Leck
Satz: Fotosatz Amann, Memmingen
Printed in Germany
ISBN 978-3-466-34670-7
www.koesel.de

Dieses Buch ist auch als E-Book erhältlich.

Inhaltsverzeichnis

Einleitung

Der Satz des anderen sitzt wie ein Schlag. Eben noch war alles klar, gerade noch hatte ich das Wort. Jetzt: Nebel im Kopf, rasendes Herz, weiche Knie. Mir fehlen die Worte. Ich bleibe stumm. Meine Kraft ist weg.

Vielleicht kennen Sie dieses Gefühl aus Terminen mit Ihrem Vorgesetzten, Gesprächen mit Mitarbeitern, Meetings mit Kollegen, Verhandlungen mit Kunden, Telefonaten mit Dienstleistern oder auch vom Frühstückstisch mit Ihrem Partner. Immer wieder landen Sie in Situationen, in denen es Ihnen die Sprache verschlägt, den Boden unter den Füßen wegzieht, in denen das Blut innerlich wegsackt. Sie erleben Augenblicke, in denen Sie sich den Attacken des anderen machtlos ausgeliefert fühlen. Und das wahrscheinlich sogar, obwohl Sie sonst ganz klar auf Kurs sind, Ihre Themen meistens gut vertreten und in anspruchsvollen Situationen sonst auch nicht so schnell den Kopf verlieren. Wie kommt es also, dass Sie sich manchen Menschen gegenüber plötzlich so hilflos fühlen?

Solche Momente kennt so gut wie jeder, aber keiner spricht gern darüber. Lieber versucht man, sie zu überspielen und möglichst schnell wieder zu vergessen. So mag man sich ja selbst nicht leiden. Das Gemeine ist nur: Der nächste verbale K.-o.-Schlag kommt bestimmt. Und dann beginnt das Spiel von vorn. Dabei wächst von Mal zu Mal die Angst, wieder jemandem zu begegnen, der einen so abkanzeln kann. Das kostet Kraft und Leichtigkeit.

Wie viel schöner wäre es, selbstsicher durch die Welt zu gehen und darauf vertrauen zu können, dass einen so schnell keiner aus dem Konzept bringen kann und dass einem schon die passende Antwort einfallen wird. Deshalb gehen wir diesem Phänomen auf den Grund – diesem winzigen Augenblick, in dem man aus einem normalen Gespräch in einen gefühlten Knock-out rutscht, in dem das Wort, der Blick, die Geste des anderen körperlichen Schmerz verursacht, in dem man sich wegduckt.

Von der Schockstarre in die Handlungskraft finden

»Da bin ich sprachlos«, sagen viele. Mit »fassungslos« beschreiben manche das innere Zusammenbrechen in diesem Moment. Je mehr wir uns mit solchen Situationen befasst haben, umso deutlicher wurde, dass sie sich für den Betroffenen ernsthaft bedrohlich anfühlen. Wir haben die Coachings unserer Klienten zu diesem Thema ausgewertet und festgestellt, dass die inneren Bilder, die mit diesen Situationen verknüpft sind, meistens etwas Kämpferisches haben. In diesen Situationen fühlt man sich angegriffen und verletzt, oft regelrecht k.-o.-geschlagen. Kein Wunder, schließlich ist die Reaktion ja mit einer Schockstarre zu vergleichen.

Es muss also ein existenzbedrohender Auslöser sein, der solch eine massive Reaktion bewirken kann. Und jede Reaktion des Menschen ergibt einen Sinn in seiner Erlebenswelt. Diese Bilder entstehen also nicht unbegründet. Oft lösen Verbalattacken sogar körperliche Symptome aus – wenn man aufmerksam ist und sich in solchen Augenblicken überhaupt noch zu fühlen getraut. Und diese Schmerzen wiederum können sich zu wiederkehrenden Symptomen entwickeln. Je öfter jemand derartige Situationen erlebt hat, umso bedrohlicher wird der Umgang mit bestimmten Menschen, ja allein schon die Vorstellung davon.

Deshalb haben wir in der Typologie der Mitmenschen, die uns in die Sprachlosigkeit versetzen können, oft Bilder verwendet, die mit ernsthafter Bedrohung für Leib und Leben zu tun haben. Denn so fühlt es sich ja in diesen Augenblicken an. Die innere Abwehr wird irgendwann schon bei dem Gedanken an das nächste Treffen, das bevorstehende Telefonat oder die nächste Mail aktiviert. Beim einen zieht sich der Bauch zusammen, beim anderen schmerzt der Kopf, beim Dritten zeigt sich die Anspannung in körperlicher Verspannung. Allen gemeinsam ist, dass sie durch einen scheinbar banalen Anlass völlig aus ihrem inneren Gleichgewicht und ihrer üblichen Souveränität katapultiert werden.

Es ist ein Teufelskreis, den viele kennen – auch viele, von denen man es gar nicht erwartet: Menschen, die erfolgreich sind, eloquent, einfühlsam und scheinbar selbstsicher. Menschen, von denen andere denken: »Die lassen sich so leicht nicht ins Bockshorn jagen«. Und jeder hat dabei das Gefühl, dass es nur ihm selbst so ergeht. Jeder glaubt, dass die anderen sich bestimmt immer gut vertreten können. Jeder glaubt, nur er selbst schaffe es nicht, souverän zu bleiben.

Manchmal entsteht daraus eine Spirale, die teure Konsequenzen nach sich zieht: Der nächste Karriereschritt ist verstellt, die Gehaltserhöhung geht an jemand anderen, das Telefonat mit dem Zulieferer wird zum Spießrutenlauf, die Lebensqualität sinkt. Es gibt eine Vielzahl von Gründen, sich damit zu beschäftigen, wie einen die immer gleichen Situationen und Typen in ernsthafte Bedrängnis bringen. Und vor allem ist es wichtig herauszufinden, wie sich das in Zukunft ändern lässt.

Wir zeigen Ihnen Wege aus dem Ausgeliefertsein heraus und hinein in eine souveräne Haltung, die es möglich macht, dem anderen die Stirn zu bieten und in Auseinandersetzungen mit arroganten, ignoranten, unterschwellig aggressiven und unverschämten Menschen aufrecht und kraftvoll zu bleiben. Ein klares »Nicht mit mir!« in sich zu finden, macht es möglich, Angriffe zu parieren, bevor sie verletzen. Es hilft, sich selbst zu schützen und den anderen in seine Schranken zu weisen.

In der Sache sicher, aber nicht selbstbewusst

Als PR-Verantwortliche in mittleren und großen Unternehmen haben wir selbst eine Menge Erfahrungen mit den unterschiedlichsten Menschen gesammelt. Der Umgang mit »großmäuligen Kollegen«, »ignoranten Chefs«, »schwierigen Kunden« und »widerspenstigen Mitarbeitern« ist auch für uns selbst ein bekanntes Terrain. Von all den Begegnungen eines Lebens bleiben gerade die Auseinandersetzungen mit schwierigen Menschen besonders gut in Erinnerung. Selbst wenn sie gar nicht so häufig vorkommen, können sie einem das Leben doch verhältnismäßig schwer machen. Auch aus diesen eigenen Erfahrungen schöpfen wir als Coaches in der Begleitung von Menschen, die sich (beruflich) weiterentwickeln wollen. Eine zentrale Erkenntnis aus heutiger Perspektive ist für uns, dass wir uns früher unserer Sache immer ganz sicher waren – aber nicht immer unserer selbst: Auch für uns gab es Menschen, die mit einem einzigen Satz unseren roten Knopf drücken konnten.

Die Neugierde zu erfahren, warum Menschen so handeln, wie sie handeln, und welche Alternativen es dazu gibt, hat uns in die fundierte Auseinandersetzung mit den verschiedensten Ansätzen der Psychodynamik und schließlich zu unserer aktuellen Arbeit als Coaches geführt. Heute ist ein häufiges Anliegen unserer Kunden, aus der Hilflosigkeit in bestimmten Situationen wieder herauszufinden und zurück in die Handlungsfähigkeit zu kommen.

Das zeigt sich in ganz unterschiedlichen Fragestellungen und Zielsetzungen:

- »Ich möchte mich besser durchsetzen können.«
- »Ich möchte schlagfertiger werden.«
- »Ich möchte souveräner wirken.«
- »Ich möchte unabhängiger vom Urteil anderer werden.«
- »Ich möchte alles nicht mehr so nah an mich heranlassen.«

Das sind einige der typischen Formulierungen, mit denen unsere Klienten zu uns kommen. Letztlich geht es in all diesen Fällen darum zu verstehen, was genau handlungsunfähig macht oder blockiert.

Für diejenigen, die beruflich erfolgreich und gut in ihrem Fach sind, die ihren Weg gehen und sich meist nicht die Butter vom Brot nehmen lassen, ist es oft besonders unverständlich, dass es Menschen gibt, die ihnen in bestimmten Augenblicken jegliches Reaktionsvermögen rauben. »Ich kann doch was! Ich muss mich einfach besser zusammenreißen«, sagen nicht selten die eigenen inneren Stimmen, mit deren Hilfe wir versuchen, Herr oder Herrin der Lage zu werden.

Doch um die Sache geht es nicht. Ist das eigene Selbst nicht sicher, geht es in jeder Diskussion darum, innerlich irgendwie die Stabilität aufrechtzuerhalten. Es scheint, als käme man selbst auf den Prüfstand, nicht das Thema. Das kostet innerlich Energie – und äußerlich das Standing.

Wir befassen uns in diesem Buch ausführlich mit diesem

Moment, der so kurz ist und im Tagesverlauf so unbedeutend zu sein scheint. Das wirkt paradox: Ein klitzekleiner Augenblick – und so viel Aufhebens darum. Doch es ist eben auch der Moment, der einen im Nachhinein noch tagelang beschäftigt, Kraft kostet und manchmal sogar die Karriere. Wir laden deshalb hiermit auf eine Reise in den Augenblick ein, der einem die Sprache verschlägt. Wir zeigen Hintergründe und Möglichkeiten auf, sich selbst zu ergründen. Anhand konkreter Beispiele bieten wir an, die jeweils eigenen Erfahrungen einzuordnen, Wege aus der Ohnmachtsfalle kennenzulernen und so letztlich neue Perspektiven für den Umgang mit den Menschen zu finden, die einen immer wieder aus der Fassung bringen. Denn im Zweifel kann es richtungsweisend für die weitere Karriere sein, ob man in entscheidenden Augenblicken den Mund aufmacht oder nicht. Ob man sich von zweifelnden Kollegen den Wind aus den Segeln nehmen lässt oder nicht. Ob ein unverschämter Kunde den Preis drücken kann oder nicht.

Auch im privaten Bereich kann es überaus nervenaufreibend, erniedrigend und kräftezehrend sein, bei Diskussionen mit Ehepartnern, Freunden, Kindern und anderen Zeitgenossen aus der Fassung zu geraten – vor allem, wenn man schon so weit ist, dass einem in Erwartung der nächsten hilflosen Situation die Kraft für den Augenblick fehlt; wenn man am liebsten davonlaufen würde, weil man genau weiß, dass die nächste brenzlige Situation bald wieder ansteht. Wir schauen uns deshalb erst einmal an, wie es überhaupt dazu kommt, dass jemand die Fassung verliert. Was heißt das genau: sich seiner Sache sicher zu sein, aber nicht wirklich seiner selbst?

Unter der Lupe

Im ersten Kapitel beschäftigen wir uns mit den Situationen, in denen die Souveränität verloren geht. Was löst die Hilflosigkeit aus? Was passiert dabei innerlich genau? Warum ist das so? Wir werden in Zeitlupe durch diese Situation führen, um sie besser verständlich zu machen. Es wirkt vielleicht paradox, dass wir uns so eingehend ausgerechnet mit der Reaktion befassen, die man doch eigentlich loswerden will. Dieses genaue Hinschauen ist allerdings etwas ganz Wesentliches. Wenn nämlich das, was ohnehin in so einem Augenblick da ist, auch Bedeutung bekommt und erkannt wird, hat es die Chance, sich zu verändern.

Menschliche Verhaltensweisen haben ja primär den Sinn, einen zu schützen und gut durchs Leben zu bringen. Deshalb beglücken wir Sie nicht mit schlauen und erfolgsversprechenden Wenn-dann-Lösungen, die glauben lassen, dass alles ganz leicht anders zu machen ist. Was sich über viele Jahre eingespielt hat, kann nicht allein durch gutes Zureden, gut gemeinte Ratschläge oder eine Liste der »Zehn Tipps für mehr Schlagfertigkeit« verändert werden. Erst wenn man den Sinn der eigenen Verhaltensweisen verstanden und akzeptiert hat, kann daraus Neues erwachsen. Ansonsten ist es ein weiterer Kampf gegen sich selbst, wenn man sich etwas Neues in dieser Dimension einfach antrainieren will. Wir unterstützen Sie deshalb darin, sich selbst zu verstehen und herauszufinden, wie Sie sich heute von der Souveränität in bestimmten Situationen abschneiden. Denn dann haben Sie die Möglichkeit, die Weichen nachhaltig neu zu stellen. Unsere Beispiele und theoretischen Einordnungen sind Impulse und Gedankenanstöße, um sich selbst besser kennenzulernen.

Typen, die immer wieder den Nerv treffen

Im zweiten Teil des Buches treffen Sie auf die gängigsten Typen von Menschen, die einen aus der Fassung bringen. Die Auswahl hat keinen Anspruch auf Vollständigkeit, aber bestimmt werden Sie die eine oder andere Verhaltensweise wiedererkennen, die Sie bei manchen Ihrer Mitmenschen herausfordert.

Sie können sich von Ihrer inneren Stimme leiten lassen und die Kapitel in der Reihenfolge lesen, die Sie auf Anhieb anspricht. Bei der Benennung der Typen haben wir uns daran orientiert, welche Haltung er oder sie an den Tag legt und welches Gefühl das in einem auslöst. Wenn Sie die Überschriften lesen, können Sie schon den ersten Selbsttest machen: Worauf springen Sie spontan an? Dann lesen Sie einfach selektiv. Natürlich können Sie auch alle Beispiele nacheinander lesen – jede Situation kann für Sie eine Hilfestellung sein, um zu erkennen, wie ein Ohnmachtsgefühl bei Ihnen persönlich entsteht. Vielleicht deckt sich die Beschreibung nicht ganz genau mit Ihrer Situation, aber sie löst vielleicht ein Aha-Erlebnis aus oder ist so nachvollziehbar ähnlich, dass Sie von dem, was Sie lesen, profitieren und es auf Ihr persönliches Erleben übertragen können.

In diesem zweiten Teil lassen wir Sie ganz konkret an tatsächlichen Fällen unserer Praxis teilhaben. Wir schildern die Situation, die Ausgangspunkt für das Coaching war. Wir haben nämlich festgestellt, dass es für die Teilnehmer unserer Workshops und Einzelsitzungen überaus hilfreich ist, wenn wir ihnen beispielhaft (und anonymisiert) von den Erfahrungen anderer erzählen. So können sie eigene ähnliche Erfahrungen leichter abrufen, bearbeiten und zu Lösungen finden. Auch Sie dürfen diese Situationen als Inspiration verstehen, in

Ihren persönlichen Erfahrungen nach solchen Erlebnissen zu forschen.

Ein wesentlicher Aspekt ist die Beschreibung des Gegenübers. Das ist meist etwas überspitzt formuliert, aber es geht darum, den »Feind« zu identifizieren und ihm ins Auge zu schauen. Natürlich sind es nicht wirklich Feinde, aber doch zumindest Feinde Ihrer inneren Freiheit. Sie rauben Ihnen in Ihrer Lebenswelt Ihre Spontanität. Wenn Sie sich näher damit beschäftigen, werden Sie feststellen, dass es sich immer um die gleichen Typen handelt. Und das, was in Ihnen die Schockstarre oder Lähmung auslöst, sind immer die gleichen Verhaltensweisen, eine bestimmte Haltung, eine bestimmte Art, bestimmte Sprüche. Auch hier schauen wir genau hin. Welcher ist Ihr Auslösertypus? Wenn Sie das wissen, haben Sie schon viel gewonnen. Denn so spüren Sie bei der nächsten Begegnung viel früher, dass Sie sich in einer brenzligen Situation befinden.

Deshalb beschreiben wir auch detailliert, wie es unseren Klienten in ihren jeweiligen Auslöser-Situationen erging. Die Fälle haben wir so aufbereitet, dass sie für dieses Buch hilfreich sind, ohne dass individuelle Personen erkennbar sind. Anhand dieser Beispiele richten wir die Aufmerksamkeit auf das innere Erleben, um damit Anreize für Ihre eigene innere Forschungsreise zu bieten. Indem Sie die Erfahrungen von Menschen in ähnlichen Situationen genau anschauen, können Sie Ihre eigenen Empfindungen leichter erkennen. Geht bei Ihnen auch der Puls hoch? Bekommen Sie »hektische Flecken« am Hals? Oder wird Ihr Kopf ganz leer? Hier erhalten Sie Impulse, die Sie dafür sensibilisieren, in solchen Situationen achtsam mit sich selbst umzugehen.

In jedem Beispiel führen wir aus, welche Gründe es für unsere Protagonisten gab, auf eine bestimmte Weise zu reagieren. Sie werden sehen: Wenn Sie die eigene innere Logik verstehen, können Sie sich selbst ganz anders ernst nehmen. Und das ist eine wichtige Voraussetzung, wenn Sie in Zukunft das Geschehen mitgestalten und verändern wollen. Sie können sich für die nächste Auseinandersetzung mental stärken.

Über Übungen erhalten Sie Anregungen und Ideen, wie Sie Ihre Möglichkeiten in solchen Situationen bewusst erleben und umsetzen können.

Im dritten Teil des Buches beleuchten wir die Schritte, die es braucht, damit Sie Ihre Handlungsfähigkeit freilegen und jederzeit zugänglich machen können. Hier zeigen wir auf, wie es sich auswirken kann, wenn die eigene innere Perspektive nicht mehr programmatisch festgelegt ist, sondern veränderbar und für Sie frei wählbar wird. Diesen Teil können Sie auch später immer mal wieder als Auffrischung oder zur Bekräftigung lesen. Er beleuchtet die andere Seite der Hilflosigkeit: die Selbstwirksamkeit.

Während wir also im ersten Teil des Buches der Ursache für die Starre auf den Grund gehen, bekommen Sie im letzten Teil noch einmal übersichtlich konkrete Anregungen für Ihre mentale Stärke und Flexibilität. So bleiben Sie im Dialog – egal, wer Ihnen gegenübersteht.

Fassungslos

Wenn wir von Situationen sprechen, in denen man sich fühlt wie nach einem K.-o.-Schlag, dann geht es meistens um etwas scheinbar ganz Normales. Für andere ist eine Szene zu beobachten, in der Erwachsene im Gespräch sind – vielleicht in einem Meeting, einem Telefonat oder einem persönlichen Gespräch. Keiner wird laut, keiner wird handgreiflich. Es geht nicht um Leben und Tod. Es geht noch nicht mal um die finanzielle Existenz, sondern um ganz alltägliche Dinge, vielleicht sogar um Banalitäten im Privaten und im Beruf. Das ist das Paradoxe an dem Thema. Und das ist auch der Grund, warum es oft lange dauert, bis es überhaupt zu einer Auseinandersetzung mit diesem Phänomen kommt: Es gibt einen extremen Unterschied zwischen dem, was im Außen beobachtbar ist, und dem, was im Inneren erlebt wird.

Was im Inneren geschieht

Das, um was es im Außen geht, was tatsächlich Inhalt des Gesprächs ist, steht meist in keinem Verhältnis zu der vermeintlichen Aggression des anderen und dem eigenen Gefühl der Ohnmacht. In der Art, wie wir darüber sprechen, finden sich allerdings Indizien für das, was sich in unserem Inneren abspielt: »Der macht mich fertig.« Oder: »Die bringt mich um den Verstand.« Das sind nur zwei Beispiele dafür, wie man auf eine oft launige Art und Weise über das spricht, was eigentlich in einem vorgeht, ohne dem wirklich Bedeutung zu geben. Solche Redewendungen drücken aber sehr gut aus, worum es tatsächlich geht. Was so leicht dahingesagt wirkt und was man im Alltag inzwischen so oft hört, dass man schon gar nicht mehr darauf reagiert, ist eigentlich ein Ausdruck größter innerer Not. Wer aufmerksam ist und die Worte ernst nimmt, bekommt mit, wie bedrohlich solche Situationen wirken können.

Dabei sind diese Bedrohungen in Bezug auf die handelnden Personen, die Umgebung, den Anlass und die Rollen sehr unterschiedlich. Jeder erlebt sie, aber jeder erlebt sie anders: Männer und Frauen, Führungskräfte und Mitarbeiter, Gründer und erfahrene Unternehmer, alte und junge Menschen – im Meeting oder auf der Party, am Telefon und per Mail, in der Straßenbahn und auf der Hütte, in Verhandlungen und beim Small Talk, mit Fremden und Geliebten. Im Kern haben all diese Situationen jedoch eines gemeinsam: Meistens fängt es ganz harmlos an. Man ist entspannt, lässt sich auf das Gespräch ein, und würde man darauf achten, könnte man spüren, dass der Körper locker ist, der Atem frei fließt, der Rücken relativ gerade ist und sich aufrecht anfühlt, der Kopf ganz unbeschwert oder mit den Themen des Gesprächs beschäftigt ist. Käme eine Fliege angeflogen, man würde sie einfach mit einer intuitiven Geste abwehren. Stünde etwas im Weg, man würde darum herumlaufen. Bräuchte man etwas, man würde es sich holen. Mit einem Wort: Sie sind frei. Frei zu denken, zu fühlen und zu handeln – so, wie es für die Situation passt. Alles ist möglich in diesem Augenblick. Sie sind imstande, stimmig auf das zu reagieren, was um Sie herum geschieht: zu sprechen und zu schweigen, den Faden aufzunehmen oder ihn ruhen zu lassen, Ihre Perspektive einzubringen und die des anderen einzunehmen. Das Gespräch fließt.

Mit einem Schlag verändert sich alles: Sie sind getroffen – von einem Blick, einer Geste, einem Satz oder einem Wortschwall. Sie schrecken innerlich zusammen. Halten den Atem an, spannen die Muskeln. Der Magen krampft sich zusammen. Das Herz rast. Die Brust wird eng. Im Kopf wird es ganz nebelig. Die Beine werden schwach. Das Blut kribbelt in den Adern. Vielleicht werden Sie rot. Vielleicht steigen in Ihnen Tränen auf. Das Gespräch ist gelaufen. Sie gehen innerlich k. o. Sie sagen nichts, reagieren nicht, wehren sich nicht. Sie lassen den Rest einfach über sich ergehen, während die körperlichen Symptome noch zunehmen. Leise, klein, verletzt, ohnmächtig, vielleicht sogar etwas zittrig verlassen Sie die Situation. Sie spüren es und wissen: Sie haben Ihre Souveränität verloren. Es fühlt sich an, als wären Sie in die Knie gegangen. Auch wenn das alles äußerlich nicht sichtbar ist – spürbar ist es allemal.

Der Rebell – so wirksam wie ein zahnloser Tiger

Vielleicht gehören Sie ja auch zu denen, die zwar nicht gleich klein beigeben, die in ihrem Widerstand aber keine gute Figur machen. Das ist mindestens ebenso unbefriedigend wie die Sprachlosigkeit. Denn dann steigt die Wut in Ihnen hoch, Sie kochen innerlich, es wird heiß im Bauch und der Kopf pocht, die Empörung muss raus. Sie setzen sich zur Wehr. »Mit mir nicht!«, schreit eine Stimme in Ihnen. Aber tief im Inneren glauben Sie selbst nicht daran, dass Sie gewinnen können. Das heißt: Sie wissen sogar ganz genau, dass Sie gerade ausgeliefert sind und zu Boden gehen werden. Und doch wehren

Sie sich noch und begehren auf – aber Ihre Stimme wird schrill oder die Sätze klingen pampig. Sie taumeln eher, als dass Sie sich behaupten. Souverän ist anders.

Wenn das Ihre Erfahrung im Umgang mit den für Sie gefährlichen Gegnern ist, dann gehören Sie zu denen, die den Rebell in sich nutzen. Oft wird diese Art von Gegenwehr missverstanden. Menschen, die so reagieren, meinen oft, sie würden sich nichts gefallen lassen – bis sie merken, dass sie rebellieren, weil sie sich ausgeliefert fühlen. Wer rebelliert, stellt sich gegen etwas, das er als machtvoller erlebt als sich selbst. Der Ausgangspunkt ist also im Grunde der gleiche wie bei denjenigen, die sich als hilflos erleben und sich deshalb erst gar nicht zur Wehr setzen.

Ob Sie sich also machtlos ergeben oder innerlich verletzt aufbegehren – Sie sind getroffen, und im Außen wird das spürbar. Selbst der Rebell kann an dieser Stelle also getrost weiterlesen, wenn er vorhat, wirklich souverän aus dem nächsten Wortgefecht herauszugehen.

Übung

Welcher Satz, welche Geste oder Haltung bringt Sie aus der Fassung? Was verschlägt Ihnen die Sprache? Worauf reagieren Sie ohnmächtig?

- Nehmen Sie sich Zeit dafür, ein paar aktuelle Situationen zu finden, in denen Sie am liebsten gesagt hätten: »Nicht mit mir!«, und stattdessen überrumpelt waren, sprachlos, irritiert oder sogar hilflos. Notieren Sie sich die wichtigsten Situationen oder Sätze, die für Sie bedrohlich sind.
- Dann überprüfen Sie: Gibt es Gemeinsamkeiten zwischen den verschiedenen Anlässen? Welcher

Auslöser ist für Sie der häufigste? Entscheiden Sie sich im Idealfall für einen, den Sie im Verlauf des Buches verstehen wollen.

Von der Erfahrung zur Befürchtung

Wenn Sie solche Situationen wiederholt erleben, in denen der Angriff des anderen überraschend kommt, Sie verletzt und kurzfristig aus der Bahn wirft, dann bekommt das Gegenüber nach und nach eine greifbare Gestalt. Diese Erfahrungen speichern Sie und koppeln sie mit den Menschentypen, mit denen Sie sie gemacht haben. »Das ist so einer wie der …«. Wer solche Sätze formuliert, nutzt die gespeicherten Kategorien, die helfen, im komplexen Leben zurechtzukommen. Würde man dauernd fein unterscheiden, würde einen die Fülle an Informationen, die täglich zu verarbeiten sind, heillos überfordern. Deshalb ist dieses Einzahlen auf Erfahrungskonten und das Kategorisieren erst einmal hilfreich.

Schädlich wird es erst dann, wenn die gebildete Kategorie so fest zementiert ist, dass sie neue Erfahrungen gar nicht mehr zulässt. Dann entscheiden Sie nicht mehr frei, sondern sind auf das dicke Ende fokussiert. Es geht dann irgendwann nicht mehr um Einzelsituationen, um zufällig wiederkehrende Erfahrungen und auch nicht mehr um eine Verkettung ähnlicher Umstände. Es wird zu einem verlässlichen Erleben, zu einer festen Größe im Alltag. Das Gefühl, es könnte bald wieder passieren, wird zu einem Grundrauschen. Sie fangen an, die Welt nach gefährlichen Typen abzuchecken. Sie leben irgendwann in der sicheren Erwartung, dass es Sie jetzt gleich wieder erwischt, weil erneut einer von denen Ihren Weg kreuzt – was in solchen Situationen auch mit hoher Wahrscheinlichkeit passiert. Denn Sie suchen ja danach, unbewusst natürlich. Noch.

Vielleicht haben Sie schon so einen Typus erkannt, der für Sie inzwischen ein potenzieller gefährlicher Gegner ist. Wenn nicht, könnten Sie sich ein paar Notizen dazu machen, wenn Sie sich in solchen Situationen beobachten. Es ist die Haltung, die Art zu sprechen, die Gestik, die Formulierung. Es ist etwas an dem anderen, das Sie irgendwann schon im Vorfeld Gefahr wittern lässt. In Ihnen schlägt also etwas Alarm, im Außen versuchen Sie, Haltung zu wahren. Sie wollen oder müssen nun etwas sachlich klären mit jemandem, der für Sie im Innersten bedrohlich ist. Das kann eine leise Bedrohung sein, eine laute, eine starke oder latente, eine offensive oder verdeckte. Das Gefühl davon schwingt auf alle Fälle immer mit.

Auf Dauer wird das für Sie zermürbend sein. Es kann einzelne Vorhaben erschweren oder eigentlich schöne Herausforderungen trüben. Es kann jedoch auch das gesamte Lebensgefühl mit der Zeit dauerhaft beeinträchtigen, die eigene Zufriedenheit stören. Diese Typen finden sich nämlich leider überall. Sie scheinen einen zu verfolgen – man fühlt sich ihnen dauernd ausgesetzt, nirgendwo ist man vor ihnen sicher. Das kann so weit gehen, dass es die Karriere- und Gehaltsentwicklung ausbremst, wenn solch ein Mensch der eigene Chef, ein wichtiger Kunde oder – allgemein gesprochen – eine unausweichliche Schnittstelle für Sie ist. Im schlimmsten Fall treibt Sie dieses innere Erleben in totale Erschöpfung, weil Sie sich dauernd an ihm abarbeiten und immer wieder Rückschläge verkraften müssen.

So ging es auch Theresa: An ihrem Beispiel zeigen wir die Aspekte, die auf dem Weg von der Fassungslosigkeit zur Souveränität Bedeutung haben, Schritt für Schritt auf.

Theresa schweigt

Theresa ist Projektmanagerin in einem mittelständischen Unternehmen und kam ins Coaching, um zu ihrer Energie zurückzufinden. Sie fühlte sich ausgebrannt und lustlos und wollte ihre beruflichen Perspektiven ausloten, weil sie unglücklich in ihrem Job war. Sie hatte immer das Gefühl, gegen Windmühlen zu kämpfen. Dass eine dieser Windmühlen ihr Chef war, kam schnell zur Sprache.

»Eigentlich mache ich meinen Job mit Leidenschaft. Ich habe Lust darauf, Dinge voranzutreiben, Leute für etwas zu begeistern, Ziele zu erreichen. Aber ich benötige in dieser Position auch immer den Input und die Mitarbeit von anderen. Bei den meisten klappt es prima, nur bei einem Kollegen beiße ich dauernd auf Granit. Der lässt mich einfach auflaufen mit meinen Themen, liefert einfach nicht. Ich komme da nicht weiter, ich habe das Gefühl, dass alle meine Mühen torpediert werden. Deshalb bin ich zum Geschäftsführer gegangen, meinem Chef. Ich sitze also bei ihm mit meinem Elan, meinem Wissen, wie es gut wäre, und meinem Gefühl, dass ich nicht weiterkomme. Aufgebracht natürlich, erschöpft inzwischen. Ich bitte ihn um Hilfe, möchte, dass er den anderen auf Spur bringt, ihm sagt, dass das Thema wichtig ist, dass er sich vor mich stellt. Und dann sagt er: ›Das darfst du dir nicht so zu Herzen nehmen.‹ Er lächelt mich dabei auch noch wohlwollend an. Als wäre ich nicht ganz zurechnungsfähig.«

Als Theresa davon erzählt, ist spürbar, wie nahe ihr das geht. Ihre Stimme zittert und wird höher, Theresa ringt die Hände und kämpft mit den Tränen. Wie geht es ihr in einem solchen Augenblick?

»Das ist wie ein K.-o.-Schlag für mich. Da setzt es bei mir

aus. Da stehe ich mit dem Rücken zur Wand. Jetzt geht nichts mehr weiter, aus, Ende. So fühlt sich das an.«

Und was macht sie in dieser Situation?

»Ich schweige.«

Später, so erzählt Theresa, habe sie vor Zorn getobt – als sie es ihrem Mann am Abend erzählte. Das macht sie immer so: Sie steigert sich in die Sache hinein, schimpft über den Chef und seine Unfähigkeit, sein mangelndes Standing und hat eine Menge Ideen, was sie ihm beim nächsten Mal alles sagen wird.

»Nur, dass ich das schon von mir kenne: Beim nächsten Mal sage ich ja doch nichts. Es wiederholt sich immer wieder. Wenn mir einer sagt, dass ich das zu eng sehe, zu emotional bin oder dass ich etwas sachlich sehen soll, geht bei mir das Licht aus. Regelmäßig. Jedes Mal. Ich sage nichts und rausche nur beleidigt ab. Was soll ich denn darauf noch antworten?«

Jedes Mal das Gleiche ...
Weshalb Sich-zusammenreißen
noch lange nicht souverän macht

Geht es Ihnen auch so wie Theresa? Sie haben sich geschworen: Das passiert Ihnen nicht noch mal. Sie haben sich gut vorbereitet. Sie sind die Situation im Geiste hundert Mal durchgegangen. »Er sagt, ich sage – sie sagt, ich sage ...« Sie sind sich ganz sicher: Beim nächsten Mal, da gibt es Kontra. Die Waffen liegen parat, die Techniken sind geübt. Jetzt kann Ihnen keiner mehr was. Sie fühlen sich fit, jeden Angriff abzuwehren. Und dann kommt das nächste Meeting, das folgende Gespräch, das anschließende Telefonat. Sie hören diesen Satz von Ihrem

Gegenüber, Sie sehen diese Geste. Und schon stehen Sie wieder da – mit dem Rücken zur Wand. Sie gehen in die Knie. Stumm und hilflos. Sie wehren sich nicht. Es ist egal, wie oft Sie sich schon vorgenommen haben, beim nächsten Mal anders zu reagieren, auf der Hut zu sein, sich nicht außer Gefecht setzen zu lassen: Sie begegnen doch immer wieder diesen Typen, die es schaffen, Sie verbal außer Gefecht zu setzen. Dann weicht Ihnen die Kraft von einer Minute auf die andere aus Körper und Geist. Sie erkennen sich selbst nicht mehr. Sie überlassen dem anderen schweigend das Feld. Und dann geht es wieder von vorn los – wie bei einem Perpetuum mobile: Sie nehmen sich vor, dass Ihnen das ganz sicher nicht wieder passiert …

Übung

- Nehmen Sie sich ein paar Minuten Zeit, um herauszufinden, was Sie nach so einem verbalen Angriff machen.
- Was sagen Sie sich?
- In welcher Haltung sprechen Sie mit sich?
- Wie fühlen Sie sich dabei?
- Notieren Sie Ihre Gedanken in ein paar Stichworten.

Peitsche statt Zuckerbrot:
Vom Umgang mit sich selbst

In den meisten Fällen gehen die Menschen nach so einer Erfahrung nicht besonders pfleglich mit sich um. Kaum aus der Ohnmacht erwacht, noch im orientierungslosen Zu-sich-Kommen, geht das Gezeter im Kopf auch schon los: »Da musst du deinen Mann stehen!« »Es ist dein Job, dich durchzusetzen!« »Das musst du dir doch nicht gefallen lassen, du bist die Mutter!« So und so ähnlich werden die meisten von ihren inneren Stimmen oder sogar von vermeintlich wohlgesonnenen Mitmenschen drangsaliert. Antreiben, streng sein, sich stark machen, lautet die Devise.

Auffallend ist, dass das niemandem mehr komisch vorkommt. Wir haben inzwischen ein umfangreiches Repertoire an inneren Durchhalteparolen in unserer Praxis gehört. Das kann nett klingen wie: »Das nächste Mal sagst du einfach, was du denkst.« Oder in der Kategorie Ich-meine-es-doch-nur-gut: »Lass dir nicht die Butter vom Brot nehmen.« Es kann aber auch schon recht kritisch klingen: »Reiß dich zusammen!« Und es kann abwertend sein: »Du bist strohdumm – kapierst du das denn nie?« Mit allen Mitteln wird versucht, den Verstand zu überzeugen, beim nächsten Mal stark zu sein. Vielleicht denken Sie auch gerade beim Lesen: »Ja, stimmt doch!«

Und wenn wir mal den Satz »Das musst du dir nicht gefallen lassen!« in den Fokus stellen, dann ist diese Form besonders perfide. Es klingt ja fast so, als meine man es gut mit sich oder dem anderen. Denn irgendwie stimmt es ja auch. Allerdings ergibt so ein Satz nur Sinn, wenn Sie den Blick allein auf das äußere Geschehen gerichtet haben, auf die konkrete, beobachtbare Situation. Doch die Situation ist für die Beteiligten nun mal nicht neutral. Das ist das Problem. Sie ist gefärbt von all den Erfahrungen, Erlebnissen, Überzeugungen und Gefühlen, die beide Gesprächspartner mitbringen.

Sie können sich das vorstellen wie zwei Eisberge, die sich aufeinander zubewegen. Das, was Sie sehen, sind die Spitzen der Eisberge. Sie entsprechen der Sache, dem Thema, dem Gesprächsrahmen, der Hierarchie, dem Wissen – allem, was klar, sichtbar, deutlich, überprüfbar ist. Doch unter dem Meeresspiegel, also nicht erkennbar, liegt der weitaus größere Teil der Eisberge, und seine Bedeutung wird meist übersehen. Dort sind alle Gefühle, Erfahrungen und Überzeugungen zu finden, die jeder in sich trägt und im Laufe des Lebens gesammelt hat. Wenn Sie sich also diese beiden Eisberge vorstellen, die aufeinander zusteuern und nur berücksichtigen, was sie sehen, dann ist der Crash vorprogrammiert. Deutlich bevor es für den Betrachter sichtbar wird, stoßen sie zusammen. Worin Sie sich verhaken, wovon Sie sich einschüchtern lassen, warum Sie schweigen, sind ja nicht die sachlichen Inhalte. Es sind die Emotionen und Überzeugungen, der Kampf der Selbstwerte, der da ausgetragen wird und an dessen Ende Sie sich als Opfer fühlen.

Solange sich also die inneren und äußeren Ratgeber allein auf die oberflächliche Situation beziehen, auf das, was sichtbar ist, werden Sie den nächsten Tanz der Eisberge nicht wirklich besser meistern können. Es ist daher ganz egal, wie gut Sie sich sachlich vorbereiten. Um im Bild des Kampfes zu bleiben: Damit kaufen Sie sich zwar eine neue Waffe – fit für den Kampf sind Sie deshalb jedoch noch lange nicht. Dazu braucht es Technik, Erfahrung und vor allem mentale Stärke. Weil aber die meisten meinen, dass es allein darum geht, gut ausgerüstet zu sein, führen die inneren und äußeren Dialoge bei einem harten Angriff zu nichts. Es ist also nicht die äußere Form, das Wahren der Hierarchie oder der Rolle, was Sie für diese Augenblicke stärkt. Der Schlüssel liegt nicht im oberen Teil des Eisberges, sondern im unteren: in Ihren Gefühlen und Überzeugungen, darin, wie wertvoll Sie sich selbst empfinden, was Sie von sich und anderen glauben, was Sie sich zugestehen und was nicht.

Eine beliebte Strategie, im Nachhinein mit einem verbalen K.-o.-Schlag umzugehen, ist, sich selbst runterzumachen, zu beschimpfen und zu verurteilen. Es reicht nicht, dass man gerade ohnehin schon eine Verletzung erlitten hat und sich klein fühlt. Nein, man gibt sich im Nachhinein noch einen drauf. Das macht den anderen größer und einen selbst noch einmal kleiner. Manchen Menschen dabei zuzuhören, wie sie im Rückblick von sich selbst sprechen, kann ziemlich erschütternd sein. Den Fokus auf die eigene Unzulänglichkeit und die schon fast bösartige Tonalität darin zeigen die obigen Beispiele ja schon an. Es geht aber auch noch schärfer: »Ich bin zu nichts nutze.« »Ich bin echt ein Schwächling.« »Ich habe es nicht drauf.« So reden die inneren und manchmal sogar die äußeren Stimmen einem ein, dass man für immer in solchen Situationen landen muss, weil es ja an der eigenen Schwäche liegt, die offenbar nicht zu ändern ist. So wird man gleich noch kleiner, als man sich ohnehin schon fühlt. Als hätte man den Schlag verdient.

Wenn wir in dem Bild bleiben, dass man sich von der Reaktion oder Aktion des anderen k. o. geschlagen fühlt und noch ganz benommen am Boden liegt, dann wird die Brutalität der Szene, die sich im Inneren abspielt, ganz deutlich. Sie stellen sich, wenn Sie so mit sich reden, neben sich selbst und werten sich ab. Zu allem Überfluss sollen Sie dann aber bitte schön schnell wieder aufstehen und zurückschlagen. Dass das nicht funktionieren kann und schon gar nicht auf Dauer, liegt auf der Hand.

Bleiben wir im Bild: Wer nach einem K.-o.-Schlag am Boden liegt, dem hilft es nicht, beschimpft zu werden. Er braucht erst einmal Zuwendung und Schutz, damit er wieder auf die Beine finden und sich stabilisieren kann. Wenn er merkt, dass andere an ihn glauben, dann hat er die Möglichkeit, sich – in seinem Tempo – fit für die nächste Auseinandersetzung zu machen.

Für manchen scheint die Option attraktiv zu sein, nach so einer Niederlage nicht sich selbst, sondern den anderen abzuwerten und ihn im Nachhinein zu beschimpfen, doof zu finden, als Schwächling oder als inkompetent, ignorant oder gar beschränkt zu bezeichnen. Sicherlich fallen Ihnen noch ein paar kernige Ausdrücke ein, die einem in der inneren Raserei, im Gespräch mit Freunden und Partnern so durch den Kopf schießen. Hauptsache, der andere ist wenigstens im Nachhinein klein mit Hut. So klein, wie man sich selbst gefühlt hat. Dann ist wieder Gleichstand erreicht – zumindest in der eigenen Fantasie. Doch leider eben auch nur dort. Denn dieses nachträgliche und künstliche Siegergefühl lässt sich äußerst selten in die Realität übertragen und halten. Wenn wir die Fantasie in die Realität der Kampfkunst übertragen, wird es sogar richtig gefährlich, die eigene Kraft und die eigenen Fähigkeiten zu überschätzen: Es ist so, als hätten Sie am Sandsack geübt und glaubten nun, Sie könnten gegen den amtierenden Weltmeister antreten. Egal, wie sehr Sie im Nachhinein versuchen, das Bild zu drehen, sich selbst zu erhöhen und den anderen zu erniedrigen – so finden Sie keine Balance. Kaum innerlich ausgetobt, stellt sich das Gefühl wieder ein, dass Sie sich wertlos fühlen. Es ist ein kurzer Augenblick des Glücks, aus dem die Luft schnell wieder entweicht.

Das Selbstwertgefühl lässt sich auf Dauer nicht durch Abwertung anderer erhöhen. Dafür braucht es vielmehr die Zuwendung zu sich selbst. Nehmen Sie sich ernst, tun andere das auch. Nehmen Sie auf dieser Basis die anderen ernst, gibt es keinen Grund mehr, sich nicht ebenso ernst zu nehmen. Dann haben Sie ein Gleichgewicht gefunden, aus dem Sie keiner mehr bringen kann. Sie können höchstens mal ins Schwanken kommen, aber Sie werden immer Boden unter den Füßen haben.

Die eigene Schwäche, das ungeliebte Kind

Alle gängigen Strategien, die sich mit dem tatsächlichen Geschehen beschäftigen oder innerlich etwas kompensieren, helfen entweder gar nicht oder nur kurzfristig. Sie beschäftigen sich mit dem Beobachtbaren, mit der Sache, mit den Gegebenheiten, mit den Aufgaben und Erwartungen an die Rollen: mit dem Chef, Ihrem Freund, Ihrer Frau oder Ihrer Mitarbeiterin – und vielleicht noch mit sich selbst und wie Sie es wieder mal nicht hinbekommen haben, stark zu sein oder zumindest schlagfertig, geschweige denn souverän. Dabei lassen Sie komplett außer Acht, worum es tatsächlich geht: nämlich um das, was wir den unteren Teil des Eisberges nennen – das, was in Ihrem Inneren vor sich geht und viel tiefer verwurzelt ist als das fachliche Wissen oder Ihre Rollenkompetenz.

Während des Meetings, der Telefonkonferenz, des Gesprächs oder beim Lesen der E-Mail läuft – egal ob Sie der Chef, der Auftraggeber oder der Kunde, die Mutter oder der erwachsene Sohn sind – tief in Ihrem Inneren ein ganz anderer Film ab. Einer, in dem es um ein starkes Gegenüber und ein schwaches Ich geht. Ein Ich, das bei bestimmten Angreifern nur eine Strategie kennt: sich zu unterwerfen, sich auszuliefern, aufzugeben; den Schlag abzuwarten und in die Knie zu gehen; die Ohnmacht zu wählen statt Angriff und Verteidigung. Dies ist der wahre Ausgangspunkt für die Veränderung.

Mit diesem Teil wollen sich allerdings die wenigsten beschäftigen. Es scheint nicht zeitgemäß zu sein, sich mit Schwäche auseinanderzusetzen, wenn gesellschaftlich nur anerkannt wird, wer stark ist. Es wirkt ja auch irritierend, auf einen ängstlichen Teil zu stoßen, wenn man die Souveränität sucht. So ist es kein Wunder, dass viele diese Seite in sich noch nicht wirklich kennengelernt oder – wenn sie sich mal vorgedrängt hat – lieber ignoriert haben. Oft ist dies auch der Grund, warum Menschen versuchen, etwas an der Situation im Außen zu ändern: damit sie sich nicht mit den schwachen Gefühlen in sich konfrontieren müssen, die so gar keine Reputation haben. Nicht in der Gesellschaft, nicht im Job, nicht einmal bei einem selbst: »Ich mag mich so nicht. So bin ich nicht. Das ist ja lächerlich. So will ich nicht sein.« Das sind gängige Sätze, wenn jemand auf der Suche nach der Kraft erst mal der Schwäche begegnet.

Das Problem dabei: Was nicht sein darf, wird größer. Irgendwie muss sich das, was in Ihnen schlummert, ja Gehör verschaffen. Je mehr Sie also versuchen, stark zu sein, desto mehr schwächen Sie sich damit selbst.

Theresa will stark sein

Bei Theresa wird die Dynamik sehr deutlich, als sie tiefer in die Situation mit ihrem Chef einsteigt. Wir betrachten das Ganze in Zeitlupe: Sie spürt nach, wie es ihr in genau dem Augenblick geht, in dem ihr Chef zu ihr sagt: »Das darfst du dir nicht so zu Herzen nehmen.« Sie merkt, wie es ihr den Hals zuschnürt, wie ihr das Blut aus den Adern weicht, wie ihre Knie zittrig werden und es im Kopf zu rauschen anfängt. Wenn sie sich nur auf ihr inneres Empfinden konzentriert, fühlt sie sich in diesem Moment eher wie ein kleines Mädchen als wie eine erwachsene Frau.

Als ihr das klar wird, spannt sich ihr ganzer Körper plötzlich sichtbar an. Gerade noch saß sie mit eingezogenen Schultern, schwacher Stimme und ängstlichem Blick da. Jetzt setzt sie sich aufrecht hin und spricht mit strenger Stimme: »Ich bekomme da echt einen Anfall, wenn ich das so mitkriege. Ich

sollte mich zusammenreißen. Was ist denn das für ein jäm-
merliches Bild? So kann man sich ja nicht gehen lassen! Schon
gar nicht im Job. Da hat man zu funktionieren.«

Es wird deutlich, wie verschreckt sie tatsächlich auf ihren
Chef reagiert und wie sehr sie sich selbst dafür beschimpft.
Nicht ein freundliches Wort findet sie für sich. Mehr noch:
Sie fordert sich auf, die Hacken zusammenzuschlagen, wie
sie es später einmal ausdrücken wird. Sie verlangt von sich,
bedingungslos zu funktionieren.

Als ich ihr verständlich mache, dass auch dieser ängstliche,
in sich gekehrte, hilflose Teil seine Berechtigung hat, kann sie
den Gedanken kaum ertragen. So losgelöst von allen anderen
Aspekten, die sie als starke, kluge, fleißige Frau ausmachen,
kann sie das Bedürftige in sich weder tolerieren noch akzeptieren. Das Schwache in ihr hat keine Lobby. Das Sensible in
ihr ernst zu nehmen ist aber der einzige Pfad, der sie in die
Kraft führen kann. Erst wenn sie erkennt und versteht, was sie
davon abhält zu reagieren, wird sie es verändern können. Das
klingt paradox und ist nicht unbedingt komfortabel. Denn es
passt auch auf den ersten Blick nicht in die Zeit der »10 Tipps,
wie Sie im Handumdrehen schlagfertiger werden«-Ratgeber.
Und doch ist es – wenn man sich selbst ernst nehmen möchte –
der einzige Weg, um sich nachhaltig zu stärken.

Theresa merkt das, als sie die Perspektive wechselt und sich
damit beschäftigt, wie es in so einem hilflosen Moment auf sie
wirkt, beschimpft und abgekanzelt zu werden. Um die unterschiedlichen Perspektiven einzunehmen, setzt sie sich auf
verschiedene Stühle – das macht es ihr leichter, Klarheit zu
finden. So bekommt sie mit, wie die harten Worte wirken: Sie
schwächen sie noch mehr. Sie fühlt sich danach ganz klein.
Und mutterseelenallein. Ganz und gar hilflos bleibt die eine
Seite zurück, wenn sie die beiden Perspektiven so klar trennt.

Dadurch wird ihr klar, dass sie sich nur weiter selbst schwächt, wenn sie sich dazu antreibt, auf bestimmte Weise zu reagieren. Sie setzt eine Spirale in Gang, die nichts verändert und sie im schlimmsten Fall nur noch mehr verunsichert.

Wer also lieber wegschaut, statt hinzusehen, wer sich abwendet, statt sich zuzuwenden, der wird immer wieder in die gleichen Situationen geraten. Er versucht, weiterhin stark zu sein, während er sich eigentlich schwach fühlt, und führt so einen inneren Kampf gegen sich. Er investiert seine Energie in Selbstgespräche, statt im Außen präsent zu sein. Es hilft also nur die Begegnung mit der eigenen Schwäche. Wer sie kennt, weiß, was er in schwachen Momenten wirklich braucht, um wieder Kraft zu finden und frei handeln zu können.

Flucht, Verteidigung oder Ohnmacht? Vom äußeren Reiz auf die innere Bühne

Die Momente, die sprachlos machen, dauern oft nur den Bruchteil einer Sekunde. Es geht alles so schnell, dass man die Welt nicht mehr versteht. Nicht in diesem Augenblick und auch nicht später. Es ist ein Moment, in dem alles diffus wird und das Hirn scheinbar nicht mehr arbeitet, sondern in den Überlebensmodus schaltet: Flucht, Verteidigung, Ohnmacht. Eine dieser Möglichkeiten wählt der Mensch, wenn er blitzschnell reagieren muss. Das ist ein archaischer Reflex und durchaus lebensrettend, wenn man bedenkt, dass der Mensch die längste Zeit der Evolution nicht im Konferenzraum und im Wohnzimmer, sondern in der wilden Natur mit all ihren Bedrohungen verbracht hat.

Im Meeting mit dem Boss, im Gespräch mit Mitarbeitern, im Streit mit der Freundin hingegen ist die rein archaische Reaktion definitiv nicht angebracht. Hier geht es darum, souverän mit den Gesprächspartnern umzugehen. Denn zum einen wollen Sie ja Ihre eigenen Interessen vertreten, und zum anderen werden Sie Ihren Kollegen – anders als dem Säbelzahntiger – täglich wieder in die Augen sehen müssen. Wenn Sie in Zukunft nicht mehr reflexhaft auf die verbalen Attacken Ihres Gegenübers reagieren wollen, geht es also darum, die Worte nicht als Waffen, die Sätze nicht als Angriffe zu empfinden, sondern als das, was sie sind: Worte und Sätze, auf die Sie in vielfacher Weise reagieren können. Ganz so, wie es zur Situation passt.

Um den Reflex zu unterbrechen, hilft nur eins: sich bewusst zu machen, dass es für Sie tatsächlich ein Moment des Angriffs ist. Dann sind Sie ihm schon nicht mehr automatisch ausgeliefert. Der Weg dorthin führt allerdings nicht am Schauplatz vorbei. Erst einmal geht es darum, zu verstehen, womit der andere Sie treffen kann und warum seine Angriffe so eine starke Wirkung auf Sie haben. Wenn Sie wissen, woher der Wind weht, können Sie ihn dem anderen aus den Segeln nehmen. Wir richten den Scheinwerfer deshalb erst einmal genau auf diesen Moment, um deutlich werden zu lassen, welche Kräfte wirken und welche Dynamik die Szene hat.

Sie denken jetzt vielleicht: »Ist doch klar, wer beteiligt ist: der andere und ich!« Von außen betrachtet haben Sie recht. In Ihnen aber sind noch einige weitere Stimmen beteiligt. Am Beispiel von Theresa wird deutlich, dass nicht nur der Chef im Spiel ist, sondern dass sich in ihr eine Seite schwach fühlt und die andere das nicht wahrhaben will. Es ist also wesentlich komplexer als von außen sichtbar. Während man im Alltag immer wieder versucht, die tatsächlich beobachtbare Situation zu analysieren und dafür Lösungen zu finden – und damit irgendwie nie wirklich weiterkommt –, spielt sich im Inneren ein ganz anderer Kampf ab.

Übung

- Stellen Sie sich vor, Sie sind in einer dieser unangenehmen Situationen. Versuchen Sie, sich so exakt wie möglich an Ihr Gegenüber und das Gespräch zu erinnern. Was genau hat Sie aus dem Gleichgewicht gebracht? Was war der Auslöser? Ein Satz oder vielleicht nur eine Geste?
- Vielleicht können Sie das Gefühl gerade gut abrufen. Vielleicht erinnern Sie sich aber auch an eine entsprechende Situation, ohne die Aufregung darin zu spüren. Sie wissen jedoch tief in sich: Im Ernstfall fühlt es sich an, als ginge es ums Ganze. Sie bekommen einen Impuls, der bei Ihnen einschlägt wie der Blitz. Sie verlieren den Halt und die Contenance. Machen Sie sich ein paar Notizen: Worauf reagieren Sie? Wie fühlen Sie sich in solchen Momenten? Was ist körperlich spürbar?

Botschaften aus der Vergangenheit

Wenn Menschen ihre Gefühle in den Situationen beschreiben, in denen sie sprachlos sind, dann hört sich das in etwa so an: »Ich fühle mich ängstlich, schwach, zittrig, ausgeliefert, ohnmächtig, eng, benebelt, sprachlos, erschüttert, fassungslos, ich habe großen Druck auf der Brust, bekomme keine Luft, mir ist innerlich heiß, mir fällt nichts mehr ein, ich fühle mich klein, ich fühle mich dumm, mein Kopf ist ganz leer, mir sackt das Blut weg, mein Herz klopft wie wild.«

Wenn man diese Begriffe liest, entsteht vorm inneren Auge ein Bild von einem kleinen und schwachen Geschöpf, das etwas Schrecklichem, Großem, Mächtigem ausgeliefert ist. Man denkt an ein Kind, das sich vor einem schrecklichen Monster fürchtet. In diesem Unterschied von Groß und Klein, Mächtig und Ohnmächtig, Stark und Schwach steckt der Schlüssel zum Verständnis der Bedrohlichkeit, die im Moment eines verbalen Schlagabtauschs entsteht. Es geht nicht um ein Wort, eine Geste oder einen Satz. Es geht um Ausgeliefertsein und Macht. Das Grundgefühl von »Ich bin klein und du bist groß« bringt Sie in diesen Augenblicken in eine ausweglose Lage. Wenn es Ihnen die Sprache verschlägt, wenn Sie in die Defensive kommen, dann sind Sie wie im Erleben eines Kindes gefangen, das schon einmal die Erfahrung gemacht hat, dass es besser ist zu schweigen, als zu sich zu stehen. In diesem Moment sind Ihre Möglichkeiten so eingeschränkt wie die eines Kindes, das seinen Eltern gehorchen muss. Es reagiert auf Stimme, Gestik, auf implizite und explizite Erwartungen und Regeln, die vom anderen kommen – so, wie es das in bestimmten Situationen einmal gelernt hat.

Die Erfahrungen, die wir als Kind gemacht haben, prägen unser Verhalten und Empfinden auch im Erwachsenenleben weiter. Wie flexibel diese Erfahrungen sich an neue Situationen und Kontexte anpassen lassen, hängt davon ab, wie existenziell bedeutend sie waren. Wenn sie bewirken, dass man in konkreten Situationen nur eine einzige Reaktion kennt und damit in seinem Verhalten festgefahren ist, kann man davon ausgehen, dass es eine bedeutende Erfahrung war.

Für ein Kind kann sein Leben davon abhängen, ob es in den Augen seiner Eltern okay ist oder nicht. Um sicherzustellen, dass die Eltern sich um ihr Wohl sorgen, haben Säuglinge und Kinder äußerst feine Sensoren für Zwischentöne, Erwartungen und Stimmungen der Eltern. Sie lernen, sich so zu verhalten, dass die Eltern ihnen zugewandt bleiben und sichern dadurch ihr Überleben.

Bei fürsorglichen Eltern werden die Bedürfnisse des Kindes ausreichend erfüllt. Hat es in wichtigen Situationen Fürsorge erlebt, ist diese Erfahrung in ihm abgespeichert. Je öfter ein Kind erfahren hat, dass seinen Bedürfnissen liebevoll begegnet wird, desto aktiver kann es diese Zuwendung als Erwachsener für sich selbst und andere nutzen. In so einem ausbalancierten Inneren ist genug Raum für Kreativität, Intuition und Energie, sie können gedeihen und wachsen. Jemand, der fürsorglich mit sich selbst umgehen kann, wartet den Schlag nicht ab. Er bewegt sich wendig und aktiv auf dem Feld und macht schnellstmöglich deutlich, was die eigenen Bedürfnisse in einer gegebenen Situation sind.

Ein Kind hingegen, das zum Beispiel Liebesentzug und Abwertung erlebt, wenn es seinen Bedürfnissen Ausdruck verleiht, wird schnell lernen, sich anzupassen. Es wird die Regeln befolgen, die Erwartungen erfüllen, sich zusammenreißen. Solange das situativ geschieht, hat das Kind immer noch verschiedene Möglichkeiten: Mal kann es sich anpassen, mal rebellieren und mal frei seinen eigenen Impulsen folgen. Es wird die verschiedenen Möglichkeiten, auf das Gegenüber zu reagieren, ausprobieren, um zu erfahren, ob und wann es bedrohlich wird und wann nicht. Je nachdem, wie wichtig den Eltern der Rahmen ist, wird das Kind Möglichkeiten haben, etwas Eigenes auszubilden oder die Grenzen der Eltern als gesetzt zu übernehmen. Am tiefsten und nachhaltigsten wirken die Botschaften, die Eltern aufgrund eigener kindlicher Mangelerfahrungen unbewusst aussenden und die sie mehr in ihrer Haltung als in Worten ausdrücken. Das Kind merkt, dass es hier »um alles geht«, und verankert so die Grenzen, die es vermittelt bekommt, als absolute Wahrheit.

Botschaften, die in frühester Kindheit und bis ins Alter von acht Jahren nonverbal vermittelt wurden, wirken besonders tief. Sie sind später meistens erst durch eine längere Auseinandersetzung mit der eigenen Geschichte auf den Punkt zu bringen. Andere Überzeugungen stammen aus der Zeit zwischen drei und zwölf Jahren, also aus einer bewussteren Lebensphase, und wurden verbal vermittelt. In der persönlichen Arbeit kommen sie relativ schnell ans Tageslicht, wenn Menschen von sich erzählen.

Die Transaktionsanalyse, eine psychologische Theorie der menschlichen Persönlichkeit und Kommunikation, hat die vielfältigen Botschaften, die in der Kindheit verinnerlicht werden und das eigene Handeln später wie automatisch lenken, in fünf typische sogenannte Antreiber zusammengefasst. Sie haben zwei Seiten: Einerseits dienen sie als Motivator und bringen einen im Leben voran. Andererseits können sie wie eine Peitsche wirken und uns damit scheinbar keine andere Wahl lassen, als ihnen zu folgen. Das merken Sie dann, wenn Sie in Alltag und Beruf immer wieder an Ihre Grenzen stoßen.

Typische innere Botschaften oder Antreiber sind (nach Stewart/Joines):

Sei perfekt!
Sei stark!
Streng dich an!
Sei gefällig!
Beeil dich!

Übung

* Welche dieser Aufforderungen spricht/sprechen Sie spontan am stärksten an? Notieren Sie sich den Wortlaut und wie stark Sie sie jeweils empfinden.
* Am besten visualisieren Sie dies durch ein Balkendiagramm. Zeichnen Sie dafür zwei Koordinatenachsen: Neben die senkrechte Achse schreiben Sie die Sätze untereinander, und entlang der waagerechten Achse tragen Sie die Zahlen 0 (trifft gar nicht zu) bis 10 (trifft voll zu) ein. 10 ist die maximale Länge eines Balkens und 0 die minimale. So können Sie die Ausprägung der Antreiber in Relation zueinander schön sehen und während des Lesens immer wieder überprüfen, ob sich Ihre Einschätzung ändert, wenn Sie sich mit einem Antreiber intensiver auseinandersetzen.
* Überprüfen Sie nach dem Lesen des gesamten Buches noch einmal, ob sich Ihre Intuition bestätigt.

Die Funktion der Botschaften

Manchmal gehen implizite Aufforderungen von Eltern so weit, dass das Kind ihnen nicht nur folgt, um Erwartungen zu erfüllen. Sind die Eltern selbst sehr bedürftig, übernehmen Kinder manchmal die Verantwortung für deren kindliche Bedürfnisse. Dann versuchen sie nicht nur, ihr eigenes Überleben, sondern auch das der Eltern zu sichern. Wenn man die Entwicklung innerer Muster vor diesem Hintergrund betrachtet, wird deutlich, warum es oft nicht möglich ist, einfach mit gutem Zureden und Zähne-Zusammenbeißen einen neuen Weg einzuschlagen. Stellen Sie sich das einmal bildlich vor:

ein kleines Kind, das davon überzeugt ist, dass das eigene und das Leben der Eltern allein von seinem Verhalten abhängt. Was da alles auf dem Spiel steht! In einer solchen Verbindung sind die Handlungsmöglichkeiten für ein Kind extrem begrenzt.

Der Rahmen, in dem man sich und seine Beziehung zu anderen begreift, hat sich also unter vielen unterschiedlichen Einflüssen auf verschiedenen Ebenen entwickelt. Es spielt eine Rolle, aufgrund welcher Haltung oder welcher Not der Eltern man etwas über sich und die Welt erfahren hat. Es spielt auch eine Rolle, was man selbst daraus ableitet, was sich verfestigt und was im Laufe der eigenen Entwicklung überprüft, verworfen und aktualisiert wird. Entscheidend für unser Thema, für die Hilflosigkeit bei verbalen K.-o.-Schlägen, ist das, was an Erfahrungen in der Kindheit gespeichert wurde – und was später beim Erwachsenen in bestimmten Situationen aktiviert wird. Das können ganz persönliche Botschaften der Eltern sein, die sie selbst und ihre Lebenswelt betreffen. Das können auch Botschaften sein, die in der Familie von Generation zu Generation weitergegeben werden. Und es können Botschaften sein, die gesellschaftliche Normen und Regeln abbilden.

Darin wird einmal mehr deutlich, dass sämtliche Botschaften eine wichtige Funktion haben. Sie sichern die eigene Existenz und Zugehörigkeit. Dadurch, dass wir Menschen lernen, welche Regeln und Normen gelten, können wir uns in eine Gesellschaft, in soziale Systeme, Familien und Beziehungen einfügen. Deshalb ziehen wir als Kind aus diesen Botschaften Schlüsse, die wir für den Rest unseres Lebens zur Orientierung nutzen. Sie helfen, Situationen einzuschätzen und Handlungen und Reaktionsmöglichkeiten abzuleiten. Das gibt uns die Chance, im Leben mit seinen vielfältigen Möglichkeiten und Paradoxien überhaupt handlungsfähig zu sein. Auf der anderen Seite schränken sie die Wahlmöglichkeiten auch da ein, wo es hilfreich wäre, Alternativen nutzen zu können. Jeder lebt nach einer Art Drehbuch, das sich aus den Entschlüssen ergibt, die er irgendwann einmal gefasst hat. Es entstehen logische Verkettungen, die unbewusst bestimmen, wie man in bestimmten Situationen reagiert.

Übung

Nehmen Sie sich Zeit, das, was Sie über die Entwicklung innerer Botschaften gelesen haben, für sich zu nutzen.
Sie haben sich vorhin eine Situation vor Augen geführt, in der Sie sich ausgeliefert fühlen, und erkundet, worauf Sie beim anderen reagieren. War es ein bestimmter Satz? Eine Geste? Die Haltung?

- Wenn Sie sich jetzt Zeit für Ihr inneres Erleben dabei nehmen, kommen Sie vielleicht auf ähnliche Erfahrungen, Sätze oder Bilder, die Ihre Entwicklung geprägt haben. Was dürfen Sie und was dürfen Sie nicht? Von wem geht diese Überzeugung aus – wem schreiben Sie sie zu?
- Sie können jetzt einmal die beiden Szenen nebeneinanderstellen: Was passiert im Außen? Was entsteht auf Ihrer inneren Bühne? Oder auch: Was macht der andere – und wie fühlen Sie sich?

Theresa muss stark sein

In Theresas Geschichte wird nun deutlich, wie ihre hilflose Reaktion auf den Chef mit ihren Erfahrungen als kleines Mädchen zusammenhängt. Der Chef sagt zu Theresa: »Das darfst du dir nicht so zu Herzen nehmen«, als sie eigentlich um seine Hilfe bittet und deutlich macht, dass der Kollege ihr wichtige Informationen nicht liefert. Als Beobachter kommt einem das zwar wie ein sinnloser Ratschlag und eine vielleicht hilflose Reaktion vor, aber nicht wie ein Angriff. Für Theresa scheint der Moment jedoch dramatisch zu sein. Woher das rührt, merkt sie, als sie ihre körperlichen Reaktionen erforscht und wahrnimmt, dass sie sich eher wie ein Mädchen als wie eine erwachsene Frau fühlt. Sie beschäftigt sich mit der Frage, woher sie das Gefühl der Hilflosigkeit kennt, das sich in ihr ausbreitet. Sie beschreibt es drastisch als einen Moment, in dem sie »mit dem Rücken zur Wand steht«.

Je länger sie sich mit dem Gefühl beschäftigt und je mehr die Situation mit dem Chef aus dem Fokus gerät, umso mutiger wird Theresa, sich auf das einzulassen, was sie in diesem Moment fühlen kann. Sie hat eine wichtige Assoziation: Sie erinnert sich, dass sie genau das gleiche Gefühl hatte, wenn ihre Eltern zu ihr als Kind sagten: »Das ist doch nicht so schlimm. Du bist viel zu emotional. So kannst du in der Welt nicht bestehen.« Damit hat sie ihren wunden Punkt gefunden. Er gehört gar nicht in das Büro des Chefs, sondern hat seine Wurzeln im Kinderzimmer. Sie fühlt sich von der Botschaft der Eltern ausgeknockt, nicht vom Satz des Chefs.

Ihr wird klar, wie groß ihre Angst war, wirklich nicht in der Welt bestehen zu können. »Ich hatte immer das Gefühl, ich bin mit dem, was ich fühle, so anders als die anderen. Ich wollte nicht, dass andere mitbekommen, wie es in mir aussieht – nicht, dass ich dann nirgends dazugehöre. Also habe ich gelernt, stark zu sein. Ich kämpfe dauernd gegen die Angst an, dass ich tatsächlich nicht stark genug bin. Wenn mir dann jemand unterstellt, ich nähme mir etwas zu Herzen, dann fühle ich mich demaskiert. Das ist das Gefühl von Ausgeliefertsein. Das darf doch keiner sehen!«

Während im Außen Chef und Mitarbeiterin einen Jour fixe haben, erlebt Theresa die Situation innerlich so, als stünde ihre Existenz auf dem Spiel. Sie gerät in Panik und ist meilenweit davon entfernt, ein klares »Nicht mit mir!« zu formulieren und auszusprechen.

Wehrlos statt schlagfertig: Wenn die Kraft plötzlich verloren geht

Wenn Sie sich anschauen, was genau in solchen Augenblicken vor sich geht, wird klar, warum diese Situationen so eine Wucht haben. Sie hören nicht die Chefin, den Freund, die Kollegen oder die Mitarbeiter. Sie hören Ihre Eltern oder andere Autoritätspersonen mit den Ohren des Kindes, das diesen einmal ausgeliefert war. Sie reagieren also mit dem Teil in sich, der die Ohnmacht in Form absoluter Machtlosigkeit abgespeichert hat, mit dem Teil, der gelernt hat, sein Überleben zu sichern, indem er die Erwartungen des anderen erfüllt.

Je nachdem, welche Erwartungen Sie als Kind zu erfüllen hatten oder glaubten, erfüllen zu müssen, reagieren Sie auf unterschiedliche Reize im heutigen Erwachsenenleben. Das gilt natürlich für viele Situationen mit variierender Tiefe und daher auch mit verschiedenen Möglichkeiten, Einfluss darauf zu nehmen. Wir konzentrieren uns hier auf die Augenblicke, in denen Sie die Reaktionsmöglichkeit verlieren, obwohl Sie theoretisch alle nur erdenklichen Reaktionsmöglichkeiten haben. Irgendwo ganz tief in Ihnen will etwas reagieren, aber Ihr Körper erstarrt, das Denken wird abgestellt. Der andere macht eine scheinbar ganz banale Geste oder äußert etwas eigentlich Lapidares, das die alten Botschaften anspringen lässt. Das Kind in Ihnen, das gelernt hat, sich auf diese Reize hin anzupassen, reagiert, und die Angst übernimmt das Kommando – die Angst davor, nicht mehr geliebt und versorgt zu sein, ausgeschlossen und allein gelassen zu werden.

Wie kommt es zu dieser Angst?

Ein paar elementare Botschaften, die man als Kind gehört hat, sind also fest gespeichert und gehen quasi als Lebensregel in den Erfahrungspool ein. Daraus entwickelt jeder seine ganz eigene Logik, aufgrund derer er sich zeigt, lebt, handelt und denkt. Manche Botschaften passen sich flexibel an neue Erfahrungen an, manche wirken dauernd auf unsere Entscheidungen, wieder andere werden nur situativ aktiviert. Das sind die, die beispielsweise in den Momenten der Sprachlosigkeit wirken. Da drückt jemand den roten Knopf. Weil diese Botschaften als »absolut gültig« und somit existenziell verankert sind, lassen sie – solange sie unbewusst funktionieren können – keinerlei Spielraum. Je früher die Botschaften in das Unterbewusstsein gelangt sind, desto tiefer liegen sie und wirken da tatsächlich meistens lange Zeit, ohne bemerkt zu werden.

Sie haben bereits ein paar antreibende Sätze aus der Transaktionsanalyse für sich überprüfen können, die meist in einer späteren Altersspanne Einfluss nehmen. Es gibt aber, wie gesagt, auch frühere Einflüsse, die zwischen der Geburt und dem dritten Lebensjahr Bedeutung bekommen haben. Sie geben an, was nicht sein soll. Und sie können eine wichtige Bedeutung für die Ohnmachtssituationen haben. Wenn man wissen will, warum die inneren Überzeugungen so eine starke Wirkung haben können, dass sie uns vom Handeln abhalten, dann ist diese Entwicklungsspanne besonders interessant. Schließlich fällt es einem leicht, sich vorzustellen, dass es in dieser Zeit kaum Möglichkeiten gab, anders zu reagieren als so, wie es den anderen passt – wenn davon die weitere Existenz abhängig ist. Diese sogenannten Bannbotschaften, die meist nonverbal vermittelt werden, drücken existenzielle Anweisungen aus, die für die Entwicklung von Bedürfnissen und Impulsen entscheidend sind. Denn mit den Anforderungen schwingt gleichzeitig immer ein »sonst gehörst du nicht dazu« mit. Für Kinder in diesem Alter ist das nicht nur beängstigend, sondern tatsächlich lebensbedrohlich.

Solche frühen Anforderungen an Kinder oder Bannbotschaften können etwa so lauten (nach Stewart/Joines):

Sei nicht – im Sinne von: Existiere nicht!
Sei nicht du selbst!
Sei kein Kind!
Werde nicht erwachsen!
Sei nicht erfolgreich!
Sei nicht aktiv!
Sei nicht wichtig!
Sei nicht zugehörig!
Sei nicht nahe!
Sei nicht gesund!
Sei nicht klug!
Sei nicht emotional!

Übung

Vielleicht haben Sie bereits beim Lesen gespürt, dass es einige Botschaften gibt, die Sie einfach wahrnehmen und stehen lassen können – und andere, auf die Sie innerlich reagieren. Das ist ein erstes Indiz für Sie, diesen Sätzen nachzuspüren. Vielleicht empört sich eine andere Stimme in Ihnen und wiegelt ab: »Nein, nein, so krass ist das bei mir auch wieder nicht.« Das kann durchaus sein. Lauschen Sie dann dem Dialog der beiden Stimmen eine Weile, und entscheiden Sie irgendwann, einfach weiterzulesen.

- Wenn Sie wollen, machen Sie sich Notizen oder ein Zeichen an die Botschaft(en), bei denen Sie eine innere Reaktion spüren. Vielleicht wollen Sie am Ende des Buches noch einmal zurückkehren und Ihr Gespür aufgrund der neuen Erfahrungen überprüfen. Es könnte Sie auch für spätere Situationen darin bestärken, Ihrer Intuition zu trauen.

Theresa darf nicht fühlen

Als Theresa in ihren Worten beschreibt, welche Wirkung der Satz ihres Chefs: »Das darfst du dir nicht so zu Herzen nehmen« auf sie hat, erschrickt sie selbst über das, was sie dabei aufdeckt. Ihr wird klar, welch existenzielle Bedeutung er für sie hat, jedoch wird dies erst dadurch möglich, dass sie sich eingehend und mit einem professionellen Gegenüber damit befasst und die tatsächliche Situation als Rahmen ihre Relevanz verliert. Erst jetzt kann sie begreifen, dass es für sie im Grunde um ihr Überleben geht. In ihrem inneren Erleben geht es genau um die Frage: »Darf ich fühlen, was ich fühle?«, und das wiederum ist für sie gekoppelt an die wirklich existenzielle Frage: »Kann ich, wenn ich fühle, überhaupt in dieser Welt bestehen?«

Im weiteren Verlauf des Coachings fallen ihr mehrere Situationen ein, in denen diese Logik entstanden ist. Sie erinnert sich, dass ihre Eltern ein fröhliches Kind brauchten, um selbst nicht mit Trauer, Wut und anderen Gefühlen konfrontiert zu werden. Die Zweifel an ihren eigenen Gefühlen wurden darüber so stark, dass sie ihren Impulsen irgendwann nicht mehr trauen konnte. »Ich darf nicht fühlen« wurde so zu ihrer inneren Wahrheit.

Theresa geht im Coaching noch einen Schritt weiter und entdeckt diese innere Überzeugung: »Wenn ich fühle, wie ich fühle, kann ich nicht überleben.« Sie erinnert sich an Situationen, in denen die Eltern ihren Emotionen so scharf begegneten, dass es sich für sie wie kleine Schläge anfühlte. Wie eine Bedrohung für Leib und Leben. Das hat sie gespeichert. Und genau das erlebt sie als Erwachsene in diesen kleinen fiesen Augenblicken immer wieder. Es ist ein Film, der auf Knopfdruck abgespielt wird, sich ins Monumentale steigert und sie zum Schluss außer Gefecht setzt.

Man kann sich das so vorstellen, als stünde da das kleine Mädchen, das glaubt, es würde genau das eintreten, was andere vorhersagen. Theresa hört den Chef nicht einfach sagen: »Das darfst du dir nicht so zu Herzen nehmen.« Sie übersetzt das für sich so: »Das darfst du dir nicht so zu Herzen nehmen, sonst kannst du hier nicht überleben.« Es gibt darauf für das Mädchen in ihr nur eine Reaktionsmöglichkeit: Schweigen und stark sein. Denn das kleine Mädchen kann sich nicht wehren: Es liefert sich aus, passt sich an und bemüht sich, nicht zu fühlen. Wenn also ihr Chef mit ihr so spricht, wiederholt sich die Situation, die sie als Kind so oft erlebt hat. Und sie reagiert nicht als Erwachsene, sondern als Kind. Sie hört eine Drohung, die auf sie so wirkt wie eine Vorhersage, und bekommt Angst, weil sie einen inneren Impuls hat, der im Außen nicht gewünscht ist – der ihrer Erfahrung nach im Außen letztlich sogar damit verbunden sein kann, allein gelassen und nicht versorgt zu werden. Der Impuls ist mit dem Glauben verbunden, dass sie damit nicht überleben kann. Diese Angst wirkt massiv – das ist in Theresas Fall sehr nachvollziehbar. Deshalb reagiert ihr Körper auch so stark.

Eine Überlebensstrategie

Um das innere Drama der Situation wirklich zu verstehen, stellen Sie sich das wieder bildlich vor: ein kleines Kind, das etwas möchte, von dem es weiß, dass es sein Leben gefährdet – und vielleicht sogar eine Gefahr für andere, geliebte Menschen oder eine ganze Gesellschaft ist. Denn manchmal sind es »nur« Grenzen, die konkrete Autoritätspersonen setzen, manchmal sind es aber auch übernommene gesellschaftliche Regeln, die einen innerlich gegen die Wand laufen lassen. »Dann gehöre ich nicht mehr dazu« ist das innere Damoklesschwert, das über einem schwebt. Aus Sicht der Gesellschaft und des Zusammenlebens ist es wichtig, dass sich alle an gemeinsame Regeln halten. Für den Einzelnen bedeutet das jedoch die Einschränkung seiner Möglichkeiten. In diesem Spannungsfeld stehen Sie, wenn Sie reagieren wollen, aber nicht können.

Es gibt also immer die Stimme im Inneren, die einem sagt, was man tun und lassen sollte, um dazuzugehören. Den eigenen Impulsen zu folgen könnte heißen, vom Dazugehören ausgeschlossen zu werden. Noch vor ein paar Jahrhunderten wäre das tödlich gewesen. Mit diesem Blick wird das ganze Ausmaß dieser einen kleinen, nur Sekunden dauernden Episode, die uns so viel kostet, klar. Es hat psychologisch und gesellschaftlich tief verankerte Gründe. Kein Wunder also, dass es sich so heftig und bedrohlich anfühlt, obwohl es im Außen doch nur um ein »sachliches« Gespräch geht. Führt man diesen Gedanken weiter, hat die augenblickliche Reaktion, unter der Sie und gegebenenfalls Ihre Karriere leiden, eine gesellschaftliche Funktion. Sie reagieren genau so, wie es die Gesellschaft von Ihnen erwartet.

Es gibt also eine Dimension, die sich aus der persönlichen Geschichte ableitet, und eine, die sich aus dem gesellschaftlichen Kontext ableitet, in dem man großgeworden ist und in dem man sich heute bewegt.

Diese Auslöser versetzen in Angst, es entsteht Panik. Und wenn das Gehirn in Angst versetzt wird, sind Teile davon so übererregt, dass sie zu nichts mehr zu gebrauchen sind. Die Hirnforschung zeigt, dass in übererregten Hirnregionen keine Muster mehr entwickelt werden – weder für Handlungen noch fürs Einfühlen in andere, geschweige denn für sprachlichen Ausdruck. Der Knock-out ist also an die Angst gekoppelt und neurowissenschaftlich belegbar. Genau deshalb ist es entscheidend zu verstehen, was in den Momenten, die uns in Alltag und Beruf sprachlos machen, die Angst auslöst. Denn wenn sie zugeordnet werden kann, ist sie nicht mehr diffus, sondern wird greifbar, und wir können einen Umgang mit ihr entwickeln.

Dass Sie in Situationen, in denen es Ihnen die Sprache verschlägt, auf innere, kindliche Überzeugungen reagieren, ist eine wesentliche Erkenntnis, um als Erwachsener Souveränität zu erlangen. Sie müssen sich nicht mehr fragen: »Warum wehre ich mich nicht?« Sie können sogar stolz auf sich sein, dass Sie es nicht tun. Denn immerhin verfolgen Sie damit erfolgreich eine Überlebensstrategie, die Sie sich angeeignet haben. Das ist eigentlich eine gute Nachricht.

Da diese innere Logik aber auch im Erwachsenenalter noch wirksam ist, kosten die Begegnungen mit Menschen, die das alte Gefühl auslösen, Energie – manchmal sogar schon lange, bevor so ein Gespräch mit einem typischen K.-o.-Schläger ansteht. Dann schlafen Sie schlecht, kreisen in Denkspiralen, bereiten sich inhaltlich akribisch vor – und trotzdem kommt alles wieder so, wie Sie es bereits aus der Vergangenheit kennen. Sie bewegen sich damit im Leben wie ein Kämpfer, der auf die Waffen des Angreifers starrt. Sie sind fixiert auf den kleinen Ausschnitt dessen, was kommen könnte und wie das Gegenüber wohl seine Waffen nutzen wird. Doch währenddessen entgeht Ihnen die Gesamtheit des Bildes, und Sie achten nicht darauf, Ihre offene Flanke zu schützen. Das ist der Moment, in dem das Gegenüber Sie komplett überraschen und zu Boden werfen kann.

Alltagsdynamik:
Warum vorher schon feststeht,
wer später gewinnt

Eigentlich gäbe es doch eine Vielzahl von Möglichkeiten, auf diese Situationen im Alltag und Beruf zu reagieren: Sie könnten, wenn mal wieder ein verbaler K.-o.-Schläger unterwegs ist, überprüfen, ob er den Satz wirklich so meint, wie Sie ihn hören. Sie könnten auch hinterfragen, was er überhaupt genau meint. Sie könnten – um im Bild des Kampfes zu bleiben – je nach Typus, Situation und Ihrem eigenen Ermessen selbst in den Angriff übergehen, die Schläge parieren oder blocken. Sie könnten konsequent bei Ihrem Thema bleiben. Ihre Erfahrung ist jedoch, dass Sie sprachlos werden, dass Sie sich ohnmächtig ausgeliefert fühlen, dass Sie klein beigeben. Oder auch, dass Sie sich wehren, ohne nur den Hauch einer Wirkung zu erzielen – als würde am anderen alles abgleiten. Und so verankert sich mit jedem Mal Ihre Überzeugung fester, in bestimmten Situationen bestimmten Typen ausgeliefert zu sein, die Sie mit wenigen Worten in die Knie zwingen und zu Boden gehen lassen.

Diese Erfahrung wird im Laufe der Zeit zur Erwartung. Je öfter Sie solche Situationen erleben, desto stärker prägen sie sich ein. Es ist wie ein Trampelpfad, über den Sie regelmäßig gehen: Der Grund wird immer fester, die Spur immer breiter. Der Pfad wird zur Straße, die Straße zur Autobahn. Irgendwann gibt es keine Kurven mehr, keine Abzweigungsmöglichkeiten. Sie glauben nicht nur, dass Sie verlieren werden – Sie sind sich sicher. Sie gehen also in jede neue Situation mit dem Wissen, dass Sie eine deutlich verwundbare Stelle haben. Dies ist der Knoten in Ihrer Logik. Es ist ein mörderisch schwerer Glaubensfelsbrocken, der Ihnen den Zugang zu Ihrer Kraft verstellt. Und je ausgebauter und breitspuriger die Erfahrungsautobahn in Ihnen ist, desto schneller kommen Sie ans Ziel: an das Erleben, das Sie am meisten fürchten. Ihre Erfahrung wird zur Erwartung. Und Ihre Erwartung werden Sie sich selbst erfüllen.

Ein Kampf im Hamsterrad

Wenn Sie zum Beispiel davon überzeugt sind, dass Sie nicht wichtig sind, werden Sie sich höchstwahrscheinlich so verhalten, dass Ihnen Ihr Umfeld das immer wieder bestätigt. Und Sie werden aus dem, was Sie erleben, zielsicher die passenden Puzzleteilchen für Ihr Bild wählen. Selbst wenn die anderen das gar nicht bemerken oder nicht einmal denken, werden Sie selbst jede Reaktion, jeden Satz, jede Bewegung so einordnen, dass sie Ihren Glauben bestätigen. »Ha!«, werden Sie im Unterbewusstsein nahezu triumphierend denken, »Schon wieder! Habe ich es doch gewusst! Jetzt muss ich mich aber wirklich mal anstrengen, um den anderen zu beweisen, dass ich doch ein ernst zu nehmender Mitspieler bin.« Und Sie werden sich anstrengen! Wie ein Berserker werden Sie daran arbeiten und darauf achten, bloß nichts falsch zu machen. Und so wird jede erneute unerwünschte Reaktion, die in diesem Sinne für Sie interpretierbar ist, umso schlimmer.

So dreht sich das Rad aus Erfahrung und Erwartung zusehends schneller. Und je schneller es sich dreht, desto unwohler wird Ihnen. Sie fühlen sich missverstanden, allein gelassen. Sie wenden all Ihre Kraft für Kämpfe auf, die Sie nicht gewinnen können. Denn wenn Sie schon in dem tiefen Glauben starten, kein ernst zu nehmender Gegner zu sein, wird Ihre Angriffsenergie gering, Ihre mentale Kraft schwach, Ihr Stand wackelig und Ihre Reaktion langsam sein. Das Perfide daran ist: Sie liefern sich von Anfang an aus. Sie tun das, indem Sie dem anderen Gewicht geben.

Auch wenn die Sätze, die Sie schwächen, andere sind als im Beispiel oben, bleibt die Dynamik: Sie sind an einem wunden Punkt verletzlich und in diesem Wissen so mit dem potenziellen Angriff des Gegenübers beschäftigt, dass Sie sich selbst

Fassungslos

mit Ihren Möglichkeiten ganz aus dem Blick verlieren. Damit sind Sie ein ideales Opfer für die verbalen Schlägertypen in Alltag und Business. Unabhängig davon, wie gut Sie sich vorbereitet haben. Unbewusst sorgen Sie sogar dafür, dass dem Angriff des anderen der Boden bereitet wird. Denn die inneren Überzeugungen, die in angespannten Situationen in Erwartung des Angriffs ihre ganze Wirkung entfalten, sind für den anderen schon in kleinen Dosen spürbar. Wenn er empfänglich für diese Signale ist, wird er sie aufnehmen und darauf reagieren. Genauso wie Sie es eigentlich befürchtet haben und wovor Sie sich doch schützen wollten.

Theresa kämpft

Theresa wird diese Dynamik bewusst, als sie erforscht, mit welcher Einstellung sie das Büro ihres Chefs betreten hat: »Na ja, ich kenne das ja schon: Er hat mich oft genug hängen lassen. Mir ist von vornherein klar, dass ich das, was ich brauche, hart erkämpfen muss. Er ist immer so schwer beweglich. Da mobilisiere ich vorher alle Kräfte, nehme Haltung an und balle die Fäuste, bevor ich die Türe aufmache.«

Während sie das so erzählt, kommt mir das Bild einer Arena, in der der Gladiator in der Mitte steht und der wilde Löwe eingelassen wird. »Wenn ich Ihnen zuhöre, merke ich, dass ich als Gegenüber in Abwehrhaltung gehen würde. Wenn ich das Bild ernst nehme, das in mir entsteht, könnte ich richtig Angst bekommen. Ich habe den Impuls, alle Glieder anzuspannen«, schildere ich ihr meine Gedanken und Empfindungen.

Sie hat sich mit dieser Perspektive noch nie auseinandergesetzt. Sie war immer so beschäftigt, sich selbst zu rüsten, dass sie bislang gar keinen Gedanken daran verschwendet hat, wie ihre Einstellung auf den Chef wirkt. Jetzt schaut sie mich völlig überrascht an. »Ich fühle mich ihm ausgeliefert und mache ihm gleichzeitig Angst?! Das ist ja verrückt.« Ihr wird klar, dass sie dadurch, dass sie sich »rüstet«, um stark zu sein, das Büro zum Kampfplatz macht. »Stimmt schon«, sagt sie »es geht für mich um Gewinnen und Verlieren. Und ich möchte nicht der Verlierer sein. Dass ich damit Druck aufbaue, war mir wirklich nicht klar. Ich bin jetzt erst mal total verwirrt. Ich kann meinen Chef schon fast verstehen, dass er immer abwiegelt, wenn Jeanne d'Arc mal wieder die Bühne betritt. Mich nervt seine Haltung, aber vielleicht trage ich wirklich etwas dazu bei. Was kann ich denn anders machen?«

Die Frage ist gut und weist in die richtige Richtung. Aber noch geht es gar nicht ums Andersmachen. Das wäre viel zu viel verlangt. Da Theresa sowieso einen Hang dazu hat, zu viel von sich zu fordern, bleibe ich mit ihr an diesem Punkt, damit er seine Bedeutung für sie entfalten kann. Ich spiegle ihr, dass in ihrer Haltung grundsätzlich ja auch viel Kraft steckt und sie daraus ihre Energie für ihre Erfolge schöpft. Erst einmal reicht es anzuerkennen, dass diese Kraft zwei Seiten hat: Sie kann Ressource sein und Stolperstein zugleich. Wichtig ist erst einmal zu wissen, dass sie mit ihrer Haltung eine Atmosphäre schafft, auf die manche mit Wut oder Angst reagieren. Damit zieht man dann die immer gleichen Typen an, die einem das Leben schwermachen. Bis man endlich entscheidet: »Nicht mit mir!«

Übung

Führen Sie sich typische Situationen vor Augen, vor denen Ihnen schon im Voraus graut. Wie fühlen Sie sich? Mit welcher Haltung gehen Sie in das Gespräch?

Fassungslos

Über Opfer, Retter und Verfolger

Wenn Sie innerlich verwundbar sind, gehen Sie wahrscheinlich schon mit einer Abwehrhaltung ins Gespräch. Die einen tun das eher angepasst, die anderen eher rebellisch, vielleicht auch je nach Situation und Typus des Gegenübers mal so, mal so. Auf jeden Fall haben Sie sich damit aber bereits auf eine Rolle festgelegt. Ob Sie das bewusst tun oder nicht: Für das Gegenüber ist es spürbar.

Wenn Sie als Opfer in die Manege treten, bleiben für den anderen nur zwei Rollen übrig: Er kann Ihr Retter oder Ihr Verfolger werden. Der Retter hat eine erhabene Position: Er bietet seine Hilfe an und impliziert dabei, dass der andere sich nicht selbst helfen kann. Der Verfolger ist ebenfalls überlegen, er macht den anderen runter und überhöht sich damit. Es gibt außerdem Fälle, in denen der andere Ihnen die Opferposition streitig machen möchte und Sie damit in die Sprachlosigkeit treibt. Sie haben es dann mit einem typischen Opfer zu tun, das Sie in der Retterrolle sehen will. Aber der Retter, meint man, ist doch die starke Position! Weit gefehlt. Denn wenn Sie beide auf Ihren Rollen bestehen, wendet sich das Blatt von selbst, und Sie werden zum Opfer des Opfers, und das Opfer wird zum Täter. Für Sie gibt es nämlich kein Entkommen. Sie müssen in der Logik der Dynamik zwischen Ihnen beiden jetzt dem Hilferuf des Opfers folgen und sind nicht frei in Ihrer Entscheidung.

Allen Konstellationen gemeinsam ist, dass beide Seiten – also Ihr Gegenüber ebenso wie Sie – auf einen bestimmten Pol festgelegt sind. Und egal aus welcher Position heraus das Spiel beginnt, es endet damit, dass keiner der Beteiligten wirklich autonom handeln kann. Das bedeutet:

• Sie bewegen sich nicht mehr auf Augenhöhe.

- Sie sind nicht mehr frei in Ihrer Wahrnehmung.
- Sie sind nicht mehr frei in Ihren Reaktionen.

Auch wenn es jetzt vielleicht noch eine Weile hin und her geht, auch wenn Sie noch einige Sätze lang versuchen, einander die Verantwortung hin- und herzuschieben, auch wenn Sie noch erläutern, wer was müsste oder wer was nicht kann – das Ende steht von Anfang an fest: Sie werden sich als Verlierer fühlen, unfähig, den eigenen Impulsen zu folgen, weil Sie nicht aus Ihrer Rolle herauskönnen.

Es verhält sich ähnlich wie bei einem Karussell auf dem Jahrmarkt: Es fährt und fährt und fährt im Kreis und hält höchstens kurz mal an, um neue Passagiere aufzunehmen oder alte von dannen ziehen zu lassen – ähnlich einem Personalwechsel im Job, einer Veränderung des Freundeskreises oder gar dem Wechsel des Lebenspartners. So verheißungsvoll die Fahrt auf einem Karussell aber zunächst auch erscheinen mag: Irgendwann nervt es doch, sich ausschließlich im Kreis zu bewegen, vorbei am Kassenhäuschen, vorbei am Kartenabreißer und Platzanweiser. Selbst wenn Sie nach außen blicken: Der Zuckerwattestand gegenüber und die Schießbude auf der anderen Seite verändern sich nicht. Wie ernüchternd und auch langweilig! Und mit der Zeit machen sich bei Ihnen aufgrund der anhaltenden Kreisbewegung auch leichter Schwindel oder sogar eine ausgeprägte Übelkeit bemerkbar. Wer oder was ermöglicht Ihnen jedoch, aus dieser Dauerschleife auszusteigen? Sie selbst sind es. Nur Sie können entscheiden, ob Sie weiterhin Runde um Runde drehen wollen oder nicht.

Vermutlich ist es für Sie kein Kinderspiel, einfach aufzustehen und auf die sich drehende Scheibe zu treten, denn: Ja, es kann sein, dass Sie sich beim Absteigen einen blauen Fleck holen oder dass Ihre Beine ums Gleichgewicht kämpfen müssen und für den akuten Moment unsicher erscheinen. Aber nur Mut: Es ist möglich. Manchmal sogar leichter, als vermutet. Steigen Sie also vorsichtig von Ihrem Pferdchen oder aus dem Hubschrauber, verlassen Sie umsichtig die Drehscheibe und halten Sie dann auch erst mal inne, um Ihr Gleichgewicht wiederzugewinnen. Erst wenn Sie einen festen Stand gefunden haben, werden Sie sicheren Schrittes weiterlaufen und die neue Umgebung erkunden können. Dort werden Sie neuen Möglichkeiten, Menschen und Handlungsweisen begegnen und sind frei in Ihrer Entscheidung, welche Sie kennenlernen oder erproben wollen.

Und weil wir gerade die Verfolger und Retter erwähnten: Der bewusste und aufrichtige Blick in den Spiegel hilft immer wieder, sich darüber klar zu werden, welche Rolle man in einem momentan erlebten Drama innehat. Denn es liegt in unserer Natur, jede der drei Positionen besetzen zu können – und dies ab und an auch zu wollen: Opfer, Retter und auch Verfolger. Die gute Nachricht lautet: Es gibt Möglichkeiten, jede dieser Positionen wieder zu verlassen:

• Sind Sie das Opfer, dann versuchen Sie, zum Überlebenden zu werden. Das klappt, wenn Sie sich Fragen stellen wie »Was kann ich verändern? Was hat mir früher bereits geholfen – in vergleichbaren Situationen?«

• Wollen Sie nicht länger den Retter geben, dann müssen Sie sich in eine Art Lehrer oder Coach verwandeln. Das können Sie, indem Sie einerseits dem Opfer zuhören und ihm lösungsorientierte Fragen stellen – und andererseits einen festen Zeitrahmen von beispielsweise 30 Minuten für Ihre Tätigkeit festlegen.

• Wollen Sie aus der Rolle des Verfolgers aussteigen, so können Sie dies, indem Sie zum Herausforderer werden. Das bedeutet, dass Sie Ihrem Gegenüber Konsequenzen des Handelns aufweisen: »Wenn du dich an deinen Teil hältst, kann ich mich auch an meinen Teil halten.«

Wenn Sie das Drama verlassen, verlieren Sie nur eines: das Drama selbst. Zugleich gewinnen Sie viele neue Optionen, die Ihnen in der Zukunft zur Verfügung stehen.

Dazu noch ein Tipp: Nehmen Sie – wie die Menschen in unseren Fallbeispielen – ruhig professionelle Helfer in Anspruch, die Ihnen zur Seite stehen und Ihnen als Tour-Guide helfen, die ersten Schritte auf unbekanntem Terrain zu tun. Die Entscheidung für Veränderung in Ihrem Leben können nur Sie selbst treffen – ebenso wie Sie den Startpunkt und den Weg wählen. Und wenn Sie diese Zeilen gerade lesen, haben Sie sich ja bereits auf den Weg gemacht: Sie hinterfragen Ihre Reaktions- und Aktionsmuster, reflektieren Ihr Verhalten und das Ihrer Gegenüber und gewinnen durch die Hintergründe und unsere Fallbeispiele bereits tiefe Einblicke und neue Erkenntnisse. Diese werden Sie befähigen, die holprigen Streckenabschnitte Ihres Weges in Zukunft besser zu bewältigen. Es ist, als machten Sie eine Wanderung durch unwegsames Gelände und schleppten einen viel zu schweren Rucksack mit sich, der die Reise unnötig beschwerlich macht. Wir möchten Ihnen Gelegenheit geben und Sie dazu ermutigen, den Rucksack abzusetzen, zu öffnen und den Inhalt genauer zu betrachten. Denn so wichtig und sogar lebensnotwendig manche Utensilien auch sind, so wenig macht es Sinn, schwere Betonplatten zu schultern und mitzuschleppen. Prüfen Sie also zunächst Ihr Equipment, und begeben Sie sich dann ins Gelände, das neben viel Schönheit auch ein paar Stolperfallen für Sie bereithält.

Haben Sie die Ursache der Schlaglöcher und die Dynamik

auf Ihrer Route durchs Leben erst einmal durchschaut und damit erkannt, wie Sie sich immer wieder in die gleichen unguten Situationen manövrieren, geht es darum, sich darüber klarzuwerden, was die eigene verwundbare Stelle ist. Wenn Sie diese kennen, können Sie sie schützen. Und das Gefühl, dass Sie das können, dass Sie gar nicht hilflos und ausgeliefert sind, wird Ihnen wiederum die mentale Stärke verleihen, die Sie benötigen, um souverän aufzutreten.

Die Typologie der Auslöser

Damit Sie den Punkt leichter finden, an dem es für Sie eng wird und Ihr roter Knopf gedrückt wird, haben wir im Folgenden Menschentypen beschrieben, die so gut wie jeder kennt und die den einen mehr, den anderen weniger in die Fassungslosigkeit treiben. Klar: Jeder Mensch hat seine ganz eigene innere Logik, seine individuelle Geschichte und Gefühlswelt. Keiner dieser »Typen« wird also genau so handeln und sprechen, wie Sie selbst es vielleicht erlebt haben. Oder umgekehrt: Keiner unserer Klienten wird genau gleich empfinden wie Sie. Aber durch die Erlebnisse und Erfahrungen der Personen in diesen Beispielen können Sie einen Abgleich mit möglichen ähnlichen Erfahrungen machen und so sich selbst und den eigenen Themen auf unkomplizierte Art und Weise auf die Spur kommen. Die Beispiele bieten Inspirationen, wie ein achtsamer Umgang mit sich selbst nach außen kraftvoll wirken kann.

Entsprechend den tatsächlichen Fallbeispielen stellen wir hier weibliche oder männliche Auslösertypen vor. Selbstverständlich sind diese aber nicht geschlechtstypisch und können sowohl unter Männern als auch unter Frauen zu finden sein.

Sie werden so pointiert und provokativ beschrieben, weil sie dahin weisen, wo der Knoten für die Hilflosigkeit zu finden ist. Ihn zu lösen, führt in die Souveränität. Deshalb nehmen wir den Weg über die typischen Sprücheklopfer und verbalen

K.-o.-Schläger in Beruf und Alltag. Über sie findet man leichter den Weg zu den eigenen Mustern. Wie Martin Buber es so trefflich formuliert: »Der Mensch wird am Du zum Ich.« In diesem zweiten Teil des Buches finden Sie also vom Du zum Ich: von dem Gegenüber, das Ihnen am meisten Angst macht, zu Ihren eigenen Überzeugungen, die Sie bis jetzt daran gehindert haben, ihm in einer sicheren Haltung zu begegnen und im Zweifelsfall klar und deutlich zu sagen: »Nicht mit mir!«

Sie können der Typologie von vorn nach hinten folgen oder sich durch die Überschriften inspirieren lassen und einfach das lesen, was Sie jeweils am intensivsten anspricht.

Henker, Schlange, Dramaqueen:
Warum die Typen so böse wirken

Da es uns in diesem Buch um die innere Bühne geht, auf der das Drama der Hilflosigkeit spielt, um den Zugang zur eigenen Souveränität und nicht in erster Linie um das tatsächliche Miteinander, beschreiben wir die Typen aus der Perspektive derer, die sich von ihnen in die Handlungsunfähigkeit treiben lassen. Deshalb sind sie absichtlich (manchmal grotesk) überzeichnet, bedrohlich und eindimensional, auch wenn die Menschen dahinter in anderen Situationen nett, witzig und sympathisch sein können. Die folgenden Beschreibungen geben einfach das Erleben desjenigen wider, der sich ausgeliefert fühlt, und nur in dem Augenblick, mit dem wir uns hier beschäftigen.
Sie kennen das vielleicht: Gerade noch haben Sie mit Ihrem Chef gesprochen, plötzlich meinen Sie, Ihrem Henker gegenüber zu stehen. Eben haben Sie noch mit Ihrer Freundin gelacht, und nach einem bestimmten Satz erscheint sie einem

wie eine giftige Schlange. Und kaum haben Sie das falsche Stichwort gegeben, mutiert Ihre Geschäftspartnerin zur Dramaqueen. Und da steigen wir jetzt ein.

Die Dramaqueen

Merkmale: Egal, worum es geht – ihres hat mehr Drama.
Haltung: »Alle Scheinwerfer auf mich!«
Auftrag: Den Mittelpunkt der Welt sichern.

Dieser Typus Mensch setzt immer noch einen drauf – das gilt für Männer wie für Frauen: Die Gestik ist ausladender, die Miene verzerrter, der Einsatz lauter. Seine stärkste Waffe ist die Not. Wenn gar nichts mehr hilft, lässt er sich sogar auf den Boden plumpsen – unter lautem Gestöhn und Händeringen natürlich. Damit setzt er sein Gegenüber schachmatt. Das Leid macht ihn zum Sieger. Und das hat er für den Ernstfall immer parat. Ernstfall, das ist für ihn, wenn sich ein anderer seinem Platz auf der Bühne des Lebens nähert. Er hat ihn gefunden, den Mittelpunkt der Welt, jetzt will er ihn auch für sich in Anspruch nehmen. Auf Lebenszeit – und in jedem Kontext. Wenn sein Drama nicht schlimmer ist als das des Gegenübers, fällt sein Selbstwert in sich zusammen – und das darf auf keinen Fall passieren. Deshalb lassen ihn seine feinen Antennen die Gefahr blitzschnell erkennen. Bedrohung lauert, wenn jemand anderer sich erdreistet, Aufmerksamkeit auf sich zu lenken, egal, wo er sich bewegt: auf dem Spielplatz, in den oberen Etagen der Geschäftsstelle, auf Sportplätzen oder in Kneipen. »Das ist ja noch gar nichts …«, ist sein beliebtester Einstieg in den Kampf. »Und ich …« ist eine oft genutzte Alternative. Und dann hat die Dramaqueen oder der King of Drama ein ganzes Arsenal an Erlebnissen, mit denen sie oder er jeden anderen bekämpfen kann: Ameisen im Zimmer? Bei ihm waren es Kakerlaken, und die Zimmerdecke stürzte ein … Bandscheibenvorfall? Er hatte eine OP mit anschließender Infektion und dauerhaften Schmerzen sowie Schlüsselbeinbruch beim Sturz aus dem Krankenbett … Vortrag vor 200 Leuten und das Mikro fiel aus? Bei ihm waren es 500, und die gesamte Technik samt Licht hat gestreikt, außerdem kam noch der Bundespräsident vorbei und fand seine Hand zum Schütteln im Dunkeln nicht … Zwei Kinder über drei Tage allein zu managen, und die Grippe hat zugeschlagen? Bei ihm waren es eine Woche ohne Frau, drei Kinder und ein hoch infektiöser Magen-Darm-Virus …

Wenn Sie dem Drama-Typus begegnen, können Sie sicher sein, dass er immer und zu jedem Thema aus jedem Lebensbereich ein noch schlimmeres Ereignis, Erlebnis oder Erleben beizusteuern hat. Damit setzt er einen außer Gefecht – lange bevor man überhaupt verstanden hat, worum es geht. Unvermittelt. Was bleibt, ist Schweigen, der Abgang von der Bühne, die Verbannung in den Zuschauerraum. Denn was soll man selbst noch sagen, wenn es dem anderen doch so schlecht geht?

Damit haben die eigenen Themen natürlich jegliche Bedeutung verloren. Ja, sogar jedes tatsächliche Erlebnis verliert seine Bedeutung. Und man fragt sich: »Worauf wollte ich noch hinaus? Worum ging es mir? Was wollte ich sagen?« Alles weg. Oft stellt man sich nicht mal mehr diese Fragen, sondern lauscht nur den Ausführungen des anderen. Er hat die Bühne jetzt für sich: sein Drama, seine Not, seine Geschichte, sein Elend – abendfüllend. Aus so einer Begegnung geht man meist hochgradig verwirrt und innerlich leer heraus.

Erst später, viel später, wird man manchmal auch mal sauer. Allerdings erst, wenn sich das Spiel oft genug wiederholt hat und das Muster erkennbar wird. Denn beim ersten, zweiten und auch dritten Mal ist man doch ganz beschäftigt mit dem Leid des anderen. Was hat der aber auch immer für ein Pech! Was die immer erlebt!

Martina hat so eine Freundin: Sie heißt Carla. Die beiden sind täglich zusammen, denn sie sind nicht nur befreundet, sondern haben auch gemeinsam ein Geschäft eröffnet. Sie sind sehr vertraut miteinander und auf der gleichen Wellenlänge, wenn es darum geht, Spaß zu haben und Neues zu wagen. Martina kommt zu mir ins Coaching, weil sie merkt, dass das Zusammenarbeiten mit Carla sie mit der Zeit mehr und mehr auslaugt. Sie versteht nicht, wieso es mit ihrer Freundin einerseits so belebend ist und ihr andererseits die Kraft nimmt. Obwohl sie sagt, dass ihre Freundin viel Schwung hat, beschäftigt Martina das Gefühl, dass die gesamte Verantwortung auf ihren Schultern lastet. Irgendwie meint sie, sie müsse die Starke sein, irgendwie fühlt sie sich der Freundin aber manchmal auch unterlegen. In diesen Ambivalenzen macht sie sich auf die Suche nach dem, was ihr die Kraft raubt.

Relativ schnell kommt Martina auf konkrete Situationen, in denen sie sich Carla ausgeliefert fühlt. Zum Beispiel haben sie erst am Vortag darüber diskutiert, ob sie die Ladenöffnungszeiten anpassen. Ein dreiviertel Jahr nach der Eröffnung hatte Martina das Gefühl, sie könnten am Montag später aufmachen, weil sich gezeigt hat, dass zwischen neun und elf kaum Kunden kommen, und weil sie die Zeit, die sie unnötig im Laden verbringt, als unrentabel empfindet. Außerdem wollte sie sich mit Carla mehr in den Schichten abwechseln, nachdem sich nun in ihren Augen alles eingespielt hat. Martinas

Idee war, ihre Ressourcen effektiv einzusetzen, und so war sie guter Dinge, als sie das Gespräch mit Carla begann. Doch so, wie Martina es schildert, reagierte Carla wie von der Tarantel gestochen und ging gleich dazu über, Martina vorzuwerfen, sie würde das Geschäft nicht ernst genug nehmen und Carla allein lassen.

Bei mir ist alles so dramatisch. Und du lässt mich allein!

»Ich war völlig perplex«, erzählt Martina, und das sieht man ihr in diesem Augenblick auch an. Ihre Augen weiten sich und ihre Mimik bekommt etwas Fragendes, fast Fassungsloses. Sie wirkt in diesem Moment wie ein Mädchen, dem etwas heruntergefallen und kaputtgegangen ist. »Sie hat mich runtergemacht und hingestellt, als wäre ich faul und unzuverlässig, dabei habe ich in letzter Zeit oft länger im Laden gestanden als sie, wenn sie mal wieder einen ihrer vielen Arzttermine hatte. Aber das habe ich nicht ausgesprochen. Ich war so verdattert, dass ich nur abgewiegelt und mich gewundert habe, wie ich auf so eine Idee kommen konnte.«

Eine andere Episode fällt ihr ein, in der sie zusammen mit Freunden essen waren und Martina von ihren Kopfschmerzen am Wochenende erzählte. »Mein Satz war kaum zu Ende, da nimmt sie mir das Gespräch ab und sagt: ›Ja – aber das sind ja nur normale Kopfschmerzen. Sei froh, dass du keine Migräne hast, das ist nämlich wirklich schlimm …‹ Dann erzählt sie von ihrer Migräne und was alles dagegen hilft und welche Mittelchen sie schon ausprobiert hat und wie schrecklich bei ihr immer alles ist – und das ganze Gespräch kreist nur noch um sie.«

Je länger Martina nach typischen Situationen forscht, umso

orientierungsloser und aufgebrachter wirkt sie beim Erzählen. Doch nach und nach zeichnet sich schärfer ab, was diese Situationen verbindet, was der gemeinsame Nenner an den ganz unterschiedlichen Beispielen ist, die ihr einfallen. Egal, was Martina einbringt, beruflich oder privat – in Situationen, in denen sie sich außer Gefecht gesetzt fühlt, kontert Carla mit der immer gleichen Haltung.

»Wenn ich sage, dass ich müde bin, erzählt sie mir, dass sie seit Jahren schlecht schläft und deshalb Medikamente nehmen muss. Dann fühle ich mich natürlich sofort, als müsste ich hellwach sein. Wenn ich erwähne, dass ich vor der Präsentation beim Existenzgründerwettbewerb Angst habe, kann ich sicher sein, dass sie am nächsten Morgen ganz schrecklich krank ist und ich allein dorthin muss. Wenn ich bis nachts unsere Steuer mache, weil sie krank ist, höre ich nur, wie schlecht es ihr geht und dass ich froh sein kann, dass ich nicht in ihrer Haut stecke. Wenn ich etwas anspreche, was für mich nicht passt, kommt etwas viel Schlimmeres, das ihr nicht passt, und zu guter Letzt bricht sie weinend zusammen, und ich spende ihr Trost. Egal, worum es geht: Kaum äußere ich etwas von mir, das Aufmerksamkeit bräuchte, wird es mit einem Gefühls- oder Dramen-Tsunami von ihr überschwemmt. Meins hat dann gar kein Gewicht mehr. Ich spüre es nicht mal. Ich kümmere mich dann um sie und muntere sie auf und bin für sie da.« Nach einem Zögern und Innehalten bringt Martina ihr Empfinden auf den Punkt: »Es ist so ein ›Aber ich …‹, mit dem sie mich mundtot macht, mich unter sich begräbt.«

Jetzt wird Martina klar, wie bedeutsam diese Situationen für sie sind. Sie versucht sie zwar im Alltag auszubalancieren, aber die Worte, die sie nutzt, sind deutliche Zeichen dafür, welch starkes inneres Erleben sie da im Alltag zur Seite schiebt. Sie hat dann dafür keine Zeit, kein Gespür, keinen

Die Typologie der Auslöser

Raum. Sie macht dann, was sie gelernt hat: Sie nimmt sich zurück, wird sprachlos, funktioniert äußerlich weiter und ist für
den anderen da. Sie spürt sich nicht mehr. Und das ist ja in
ihrer Logik auch ganz hilfreich. Sie hat Strategien entwickelt,
um nicht zu spüren, wie sie sich wirklich fühlt: nämlich »mundtot« und »begraben«.

Ich muss für andere da sein. Ich bin nicht so wichtig

Damit sie das nicht wahrhaben und diese Gefühle nicht aushalten muss, ist sie selbst davon überzeugt, dass es eine
Tugend sei, sich selbst nicht so wichtig zu nehmen, sondern
vielmehr für andere immer da zu sein, wenn sie einen brauchen. Es wird deutlich, dass Martina wirklich stolz auf sich ist,
dass sie die Starke ist. Nur: Mit der Zeit nimmt ihr dieses Stark-
sein die Kraft – und weil sie das langsam merkt, lässt sie sich
überhaupt darauf ein, in einem Coaching nach den Ursachen
zu forschen. Bislang hat sie sich immer weiter angestrengt,
stark zu sein, weil sie von sich dachte, sie wäre eben noch
nicht stark genug. In der Auseinandersetzung mit den Ursachen für ihre Kraftlosigkeit wird ihr zum ersten Mal bewusst,
wie schwach sie sich wirklich fühlt. Sie spürt nun erstmals, wie
leer ihre Akkus schon sind.

Sie merkt zudem, dass der schwache Teil nicht nur bei ihrer
Freundin keine Aufmerksamkeit bekommt, sondern auch bei
ihr selbst. Sie mag ihn nicht – auch deshalb lässt sie ihn nicht
zu. Bis sie sich auf ihn einlassen kann und ihn als einen Teil
anerkennt, der es wert ist, Aufmerksamkeit zu erhalten, geht
sie einige mutige Schritte im Coaching. Ihr wird klar, dass es
dem Teil, der da ohnmächtig ist, nicht besser geht, wenn sie
ihn weiter antreibt und von ihm verlangt, stark und still zu

sein. Sie verändert mit der Zeit den Blick auf das Bedürftige in sich. Immer wieder kehrt sie zurück zu ihrer Überzeugung, dass es doch eigentlich gut ist, dass sie so ist.

»Wenn wir beide schwach und bedürftig sind, bringt uns das ja auch nichts«, will sie ihre Rolle rechtfertigen. »Es ergibt doch Sinn, dass einer belastbar ist und für den anderen mit einspringen oder sich selbst zurücknehmen kann.« Mit der Zeit wird es ihr aber immer schneller bewusst, wenn sie sich selbst auf einen Pol festlegt.

Nach und nach kann sie sich auf sich selbst einlassen, ohne sich zu rechtfertigen. Bis sie es schließlich wirklich okay findet, sich sich selbst zuzuwenden, braucht es von ihr und mir, ihrem Coach, mehrere Runden fürsorglicher und erlaubender Zuwendung und eine ehrliche Auseinandersetzung mit den kritischen Stimmen in ihr, die sehr hartnäckig sind. Das macht es ihr irgendwann aber tatsächlich möglich, zu erkennen und nicht nur im Kopf zu verstehen, warum gewisse Augenblicke mit der Freundin und Geschäftspartnerin sie so viel Kraft kosten. Sie lässt sich auf das Gefühl ein, mundtot zu sein – begraben unter der Bedeutung des anderen.

Und sie begreift auch, dass sie das Gefühl schon lange kennt. Dass sie es erlernt hat, als sie noch sehr klein war: »Ich erinnere mich, dass ich schon als Kind das Gefühl hatte, dass es immer jemanden gibt, dem es schlechter geht als mir, und ich somit kein Recht habe, traurig, ängstlich, schwach oder müde zu sein. ›Es gibt immer einen mit einem fehlenden Bein‹, habe ich mir selbst gesagt. Dagegen war ich machtlos. Ich glaube, ich habe das einfach früh gelernt und für mich als etwas Erstrebenswertes angenommen. ›Ist doch nicht so schlimm‹, habe ich oft gehört, egal, was passiert ist – ob ich hingefallen war, Liebeskummer hatte oder durch eine Prüfung gerasselt bin. Das, was ich empfunden habe, hat nie viel Bedeutung bekommen. Irgendwie ist es mir anscheinend in Fleisch und Blut übergegangen, mich nicht wichtig zu nehmen. Stark zu sein, zu den Unkaputtbaren zu gehören, eine Kämpferin zu sein – all das war für mich immer viel wichtiger. Ich bin dann toll, wenn mir das alles nichts anhaben kann, hatte ich beschlossen. Dass ich damit nicht nur meine Gefühle, sondern mich als Ganzes beschränke, war mir nicht klar.« Für Martina ist die Erkenntnis, dass sie einen Beschluss aus der Kindheit für sich zu einer unumstößlichen Wahrheit gemacht hat, ein entscheidender Schritt. Sie kennt jetzt ihre innere Überzeugung: »Ich bin nicht wichtig. Wichtig ist, dass ich stark bin.«

Wenn ihre Freundin auf Martinas Geschichten immer noch einen draufsetzt, ist das so, als drücke sie bei einer Jukebox auf die Taste des Titels »Nimm dich nicht so wichtig«, und der komplette Song, der seit Jahren immer wieder läuft, wird abgespielt. Deshalb fühlt sich Martina auch so ausgeliefert. Ihr steht nur das Programm zur Verfügung, das sie als Kind einstudiert hat. Nachdem sie das erkannt hat, ist der Weg frei für andere Handlungsoptionen. Nun muss sie nicht mehr die Platte auflegen, die andere auswählen. Aber welche denn dann?

Ich bin ich, und du bist du

Um herauszufinden, wie sie sich gegen Dramaqueen-Typen in Zukunft zur Wehr setzen kann, lernt Martina vor allem, sich selbst ernst zu nehmen. Immer wieder beschäftigt sie sich damit, was sie gerade spürt, was sie gerade möchte, was ihr auf der Zunge liegt. Im Coaching ist vor allem die Beziehung zwischen uns als Coach und Coachee entscheidend und das, was sich zwischen uns abspielt. Sie merkt, wie schwer es ihr fällt, sich zu spüren und im Gespräch zu bleiben. Sie schafft es selten, direkt und unvermittelt auszusprechen, was ihr einfällt. Sie filtert erst, was mir passen könnte und wie sie stark genug wirkt, ohne zur Last zu werden. Von großer Bedeutung ist der Moment, in dem sie mir in die Augen sieht und ihre Hand auf den Brustkorb legt. So übt sie, bei sich zu bleiben, sich selbst zu spüren und gleichzeitig die Verbindung zum Gegenüber wahrzunehmen. Dafür hat sie einen Satz gefunden, der ihr hilft, sich selbst nicht so schnell zu verlieren, wenn der andere mit seinem Schwall droht: »Ich bin ich, und du bist du«. Wenn sie diesen Satz sagt, kann sie innerlich bestehen bleiben. Er gibt ihr den inneren Raum, den sie benötigt – und das wird auch äußerlich an ihrer Haltung und ihrem präsenten Gesichtsausdruck sichtbar. Während sie diese Worte ausspricht, legt sie ihre Hand auf die Brust. Sie spürt sich dann, hält sich.

Abschließend kommen ihr mit dieser Haltung selbst ein paar Ideen und neue Möglichkeiten, der Freundin zu begegnen:

»Ich könnte sie fragen: Hast du gerade mitbekommen, was ich dir erzählt habe?

Ich könnte sagen: Ich höre mir gerne gleich deine Geschichte an, ich war aber noch nicht fertig mit meiner.

Ich könnte ihr spiegeln, was sie macht: Schau mal, ich erzähle dir gerade von mir, und du setzt einfach deine Geschichte drauf, ohne auf meine einzugehen. Warum machst du das?

Ich könnte ihr sagen, wie es mir geht: Wenn du auf meine Erzählung noch eine dramatischere draufsetzt, fühle ich mich gar nicht wahrgenommen.

Ich könnte ihr auch ganz unumwunden spiegeln, dass ich ihre Reaktion auf meinen Vorschlag gar nicht verstehen kann.

Bislang zeigt ja die Erfahrung deutlich, dass unsere Kunden nicht vor elf Uhr zu uns kommen. Und wir könnten die neue Öffnungszeit sogar mit einer kleinen Kundenumfrage verbinden, die zum Anreiz an ein Gewinnspiel gekoppelt ist. Das würde uns ermöglichen, zusätzliche Erkenntnisse über die Wünsche unserer Kunden zu erhalten. Wer weiß, vielleicht bevorzugen sie es ja sogar, wenn wir an zwei Abenden pro Woche ein oder zwei Stunden länger geöffnet haben? Das wäre dann vermutlich ein reeller Gewinn im Umsatz – und nicht wie jetzt ein echter Verlust meiner Zeit.«

Martina hat deshalb keine Verteidigungsstrategien gegenüber Dramaqueen-Typen, weil deren Verhalten zu Martinas innerer Überzeugung passt. Dramaqueen-Typen suggerieren: »Ich bin das Wichtigste auf der Welt.« Und Martina ist davon überzeugt, dass sie selbst nicht wichtig ist, sondern dass ihr Mehrwert darin liegt, für andere da zu sein hat, und dass sie deshalb stark sein muss. Was also soll sie einem Dramaqueen-Typus schon entgegensetzen? Er hat ja so recht. Damit das nicht so bleibt, rüstet Martina nicht auf, sondern ab.

Für sie sind zwei Dinge wichtig, um in Zukunft auf die Drama-Anfälle ihrer Mitmenschen zu reagieren. Zum einen braucht sie für sich die Erlaubnis, auch wichtig zu sein und sich damit überhaupt mit ins Spiel zu bringen. Zum anderen wird sie diese Erlaubnis nicht von außen bekommen – sie lernt deshalb im Coaching eine neue Haltung zu sich, in der sie nicht mehr von anderen abhängig bleiben muss, sondern sich selbst die Bedeutung geben kann, die sie benötigt, um in solchen Konflikten ein wirksamer Gegner zu sein. So muss sie sich nicht in die Rüstung stecken und für andere stark sein, sondern kann sich selbst und die Vielfalt ihrer Emotionen einbringen und für ihre Bedürfnisse einstehen. Einen Schritt in diese Richtung macht Martina mit ihrem Satz »Ich bin ich, und du bist du.« Mit diesem »Mantra« lässt sie sich und den anderen im Spiel.

Tatsächlich hat sich die Zusammenarbeit der beiden Frauen durch die veränderte Haltung von Martina gebessert. Sie lässt sich nicht mehr so leicht den Wind aus den Segeln nehmen – und ihre Partnerin schätzt das zuweilen sogar sehr. Carla hatte nämlich, wie sich später herausstellte, das Gefühl, alleingelassen zu sein, weil Martina für sie in der Rüstung nicht greifbar war. Der Gegenwind tut beiden gut und lässt sie für ihr gemeinsames Geschäft in letzter Zeit gute Entscheidungen fällen.

Allerdings geht es nicht immer so glimpflich aus. Manchmal strecken Dramaqueen-Typen zwar die Waffen, wenn der andere ihr Spiel nicht mehr mitspielt. Sind die Beteiligten jedoch sehr verstrickt, auf ihre Rollen festgelegt oder haben sie gar narzisstische Züge, kann es sein, dass sich die Konflikte weiter zuspitzen. Dann geht es darum, eine stabile eigene Haltung im Konflikt zu finden. Das ist aber ein anderes Thema.

Der »Nicht mit mir!«-Schlüssel: Menschen, die sprachlos werden, wenn das Gegenüber ein Drama inszeniert, glauben häufig, dass sie selbst nicht so wichtig sind und für den anderen stark sein müssen.

Übung

- Sie kennen nun die Ideen, die Martina einfielen.
  Wie sähen Ihre Strategien aus? Probieren Sie aus, ob der Satz von Martina auch Ihnen hilft, sich zu stärken, oder ob es einen anderen für Sie gibt.
- Notieren Sie Ihren Satz auf einen Zettel und befestigen

Die Typologie der Auslöser

Sie diesen am Spiegel oder legen Sie ihn in Ihr Portemonnaie, sprechen Sie ihn laut im Auto, denken Sie vor dem Einschlafen an ihn.
• Vielleicht gibt es eine Geste, mit der auch Sie das Gefühl bestärken können.

Wenn Sie im Bezug zu anderen Leuten bei sich bleiben können, ist es egal, mit welcher Waffe die anderen kommen. Sie werden sich nicht mehr außer Gefecht setzen lassen, wenn Sie innerlich nicht verstrickt sind. »Ich bin ich, und du bist du.« Damit geben Sie sich die Wichtigkeit, die Ihnen zusteht.

Der Scharfrichter

Merkmale: Recht ist, was er vertritt.
Haltung: »Die Macht und die Ordnung sind mit mir!«
Auftrag: Die Welt von seiner Größe überzeugen.

Er geht nicht, er schreitet. Bei genauerem Hinsehen würde man sogar sagen, er schwebt. So abgehoben ist er. Tatsächlich hält er sich für gottgleich und allwissend. Und Humor ist, was er als solchen erachtet. Gelacht wird nur, wenn er die außerordentliche Güte hat, einen Witz zur Erheiterung des Volkes zu machen – was selten vorkommt, aber selbstverständlich immer Stil hat. Die Klinge seines Beils poliert er in kleinen, scheinbar bedeutungslosen Nebensätzen. Seine Delinquenten führt er genüsslich und fast schon liebevoll zum Schafott, streichelt ihnen scheinbar tröstend über die Schulter, bevor er sein Beil herabsausen lässt, um ihnen den Kopf vom Körper zu trennen. Ein scharfer Schnitt, der keine Spuren hinterlässt. Ein

Meister seines Fachs eben. Danach streift er genüsslich die weißen Damasthandschuhe von den Fingern und reicht sie seinem treu ergebenen Diener, der sie – dem Meister demütig huldigend – sorgsam verwahrt. Noblesse oblige. Seine Autorität sollte man nie infrage stellen, das versteht sich ja wohl von selbst. Dabei *hat* er eigentlich keine Autorität, er personifiziert sie vielmehr. Das Wort wurde also für ihn erfunden. Ertönt sein Name oder auch nur sein Titel, so hat das Volk ehrfurchtsvoll seinen Platz einzunehmen – tief gebeugt in den Staub des Gewöhnlichen, sich vor dem Maestro verneigend, wie es ihm gebührt.

Hannah kommt ins Coaching, weil sie ihrem Scharfrichter in Form eines Oberarztes im Krankenhaus begegnet ist und sein Auftritt sie auch nach der Entlassung weiterverfolgt. Ein gutartiger, aber großer Tumor im Bauchraum hatte einige Probleme bis hin zu einer lebensbedrohlichen Blutarmut verursacht und sie war überraschend operiert worden. Am zweiten Tag nach dem Eingriff gab sich der Oberarzt die Ehre der Visite und begleitete den Stationsarzt zur Ultraschallkontrolle. Salbungsvoll erklärte er der Patientin, dass zwar prinzipiell alles in Ordnung sei, die umliegenden Organe allerdings noch nicht so gut darstellbar seien wie üblich. Das müsse man beobachten. Über Nacht bekam Hannah Schmerzen.

»Während ich wach lag, machte ich mir natürlich auch irgendwann Gedanken, ob dieser Befund vielleicht eine erneute OP nach sich ziehen würde. Und davor hatte ich durchaus ein wenig Angst. Sie müssen wissen: Ich habe fast das komplette Medizinstudium absolviert – das ist zwar zwei Jahrzehnte her, aber natürlich ist ein Basisverständnis für die Grundzusammenhänge geblieben.«

Als der Oberarzt am nächsten Morgen mit dem Professor

Die Typologie der Auslöser

zur Chefvisite kam, fasste sie sich ein Herz und fragte nach: »Sie hatten ja gestern nach dem Ultraschall erwähnt, dass die Nachbarorgane noch nicht gut darstellbar seien, und da wollte ich Sie fragen, ob das vielleicht bedeuten könnte, dass Sie ...«

Als Hannah diese Geschichte erzählt, macht sie plötzlich eine abrupte Bewegung mit der Handkante, ähnlich einem Fallbeil, die mich zusammenzucken lässt: »Und zack! Schon unterbrach er mich. Ich war völlig verdattert. Denn er wiederholte nun eigentlich nur genau das, was ich gerade gesagt hatte. Wieso das denn jetzt? Um seine Kompetenz zu unterstreichen? Und damit nicht genug: Zum Schluss fragte er mich doch allen Ernstes in scharfem Ton: ›Habe ich mich jetzt klar und verständlich ausgedrückt? Ist das jetzt ein für allemal klar?‹«

Hatte Hannah sich soeben noch in ihrem Stuhl aufgerichtet und war an die vordere Stuhlkante gerückt, so sackt sie in diesem Moment komplett in sich zusammen. Als ich sie darauf aufmerksam mache, sagt sie: »Ja, genau so fühlte ich mich auch: als hätte er mir den Kopf abgeschlagen. Ich war total perplex und dachte, ich hätte mich verhört! Mein Blick wanderte von ihm zum Chefarzt. Den starrte ich mit fragenden, weit aufgerissenen Augen an. Das Entsetzen in meinen Augen muss er gesehen haben, da bin ich mir sicher.«

»Wie hat der Chefarzt denn darauf reagiert?«

»Gar nicht. Deshalb habe ich auch gleich wieder den Oberarzt angestarrt. Und irgendwie bekam ich dann plötzlich doch ein paar Worte raus. Sie waren auch ganz gut, finde ich.«

»Wie lauteten sie?«

»Na, dann erwarten Sie jetzt sicherlich von mir, dass ich die Hacken zusammenschlage und ›Sir, yes Sir!‹ sage.«

Trotz Schlagfertigkeit in die Ohnmacht stürzen

Ich bin überrascht von ihrer Schlagfertigkeit: »Holla, das ist aber eine sehr pointierte Antwort! Die hätte nicht jeder rausgebracht. Hut ab! Wie ging es Ihnen dabei und auch danach?«

»Ich war in dem Moment wirklich stolz auf mich, muss ich zugeben. Und dennoch: Diese Situation hat mich danach noch tagelang beschäftigt.«

»Was genau hat Sie daran bewegt?«

»Irgendwie wurde ich das Gefühl nicht los, den Satz des Arztes überbewertet zu haben. Oder eben doch nicht. Außerdem habe ich überlegt, ob ich nicht noch souveräner hätte antworten können. Der Typ hat sicher gemerkt, dass er mich getroffen hat. Und offen gestanden: Ich war unendlich froh, dass ich ihn erst eine Woche später wieder ertragen musste.«

Ich hake nach: »... ertragen musste? Wie meinen Sie das?«

Hannah berichtet, dass am darauffolgenden Samstag ein sehr netter Oberarzt zur Visite kam, den sie noch nicht kannte. Auf meine Frage, was diese Begegnung so anders machte, antwortet sie: »Er war so, wie ich mir einen Arzt wünsche: kompetent, freundlich, seriös und trotzdem fröhlich. Motivierend. Er war an mir als Patientin und nicht nur an den Laborparametern interessiert, er hat mir zugehört, er hat meine Fragen beantwortet. Ich fühlte mich wahr- und ernst genommen. Und natürlich hatte ich die Hoffnung, dass er tags darauf wieder Dienst hätte. Hatte er aber nicht. Und der Pfleger verriet mir schon, dass Mr Oberarsch im Anmarsch war.«

»Mr Oberarsch?«

»Na, das passt doch wohl für den Oberarzt.«

»Verstehe. Nun wussten Sie also, dass Sie erneut aufeinandertreffen würden. Wie ging es Ihnen da – was haben Sie gefühlt und wo?«

Hannahs Körper geht wieder in Spannung, sie richtet sich erneut auf, als sie berichtet: »Ich war total aufgeregt. Mir war schwindelig, ich hatte feuchte Hände. Und ich bin sozusagen dauernd zwischen Kopf und Bauch hin und her geswitcht.«

Ich bitte sie, das Switchen genauer zu beschreiben: Was sprach der Bauch, also die Intuition, und was der Kopf, der Verstand?

Ihre Stimme wird lauter: »Der Bauch schrie eigentlich schon fast, und zwar: ›Ich will das nicht! Ich will dem Kerl nicht wiederbegegnen! Ich verstecke mich. Ich haue ab und mache einen Spaziergang im Garten!‹ Und der Kopf sagte: ›Stell dich nicht so an, du hast ihm beim letzten Mal gut Paroli geboten. Nimm ihn einfach nicht so ernst – er ist sicher auch nur ein armer Wicht, der irgendein Problem hat und es blöderweise an dir auslässt.‹«

Ich nehme wahr, wie ihr Oberkörper zunehmend unter Spannung gerät.

Sie sagt: »Die beiden haben regelrecht miteinander gekämpft in mir! Hin – her – hin – her!«

Ich bestätige ihre Wahrnehmung: »Das klingt wirklich nach Kampf. Wie lange dauerte er an? Und: Gab es einen klaren Sieger?«

Hannah sackt wieder ein wenig in sich zusammen, als sie antwortet: »Nun ja, das Thema hat mich locker zwei Stunden beschäftigt. Natürlich bin ich letztlich nicht weggelaufen. Das lag aber in erster Linie daran, dass ich auch noch sehr schwach war und mich gar nicht allein raus getraut hätte. Letztlich habe ich mich wieder in den Griff bekommen und meinen Ärger über den Typen gut versteckt. Nur: Es beschäftigt mich immer noch – das ärgert mich am meisten.«

Ich stelle ihr eine Skalierungsfrage, um sie den Grad ihres Ärgers bewusster wahrnehmen zu lassen: »Auf einer Skala von null – also gar nicht – bis 100 – richtig stark: Wo liegt Ihr Ärger über diesen Arzt?«

Wie aus der Pistole geschossen antwortet sie: »Bei 60.«

»Und bei welcher Zahl setzen Sie den Ärger darüber an, dass die Begebenheit Sie immer noch beschäftigt?«

Hannah blickt mich zunächst überrascht an und sagt nachdenklich: »Gute Frage.«

An ihrer Reaktion wird deutlich, dass diese Frage einen wichtigen Punkt in ihr berührt. Hannah schließt die Augen und denkt nach. Nach einer Weile öffnet sie die Augen wieder. Sie sagt nichts, aber ich bemerke ein verhaltenes Grinsen auf ihren Lippen. »Ich fühle mich ertappt«, sagt sie. »Der Ärger darüber, dass mich das einfach nicht loslässt, liegt tatsächlich bei 95 Prozent.« Nun ist das leichte Lächeln aus ihrem Gesicht gewichen und sie blickt mich sehr ernst an.

Versteckte Gefühle

Ich nehme noch etwas in ihrem Blick wahr und konfrontiere sie damit: »Und da ist noch ein Gefühl, nicht wahr?«

Sie nickt, und schon füllen Tränen ihre Augen und laufen ihr über die Wangen. »Ja, das macht mich traurig. Sehr, sehr traurig.«

Ich reiche ihr ein Taschentuch. Wir verweilen ein paar Augenblicke in dieser Situation und geben ihr Raum.

»Woher kennen Sie das Gefühl, Hannah?«

»Aus meiner Zeit im Tennisverein.« Sie erzählt nun aus ihrer Kindheit. Der Trainer wusste immer alles ganz genau. Richtig war, was er sagte, und daneben gab es keine andere Meinung. Für ihn war Hannah stets das unbegabte Dickerchen. »Er hatte eine stählerne Stimme. Seine Sätze wirkten wie scharfe Klingen. Wenn ich zu ihm auf den Platz musste, hatte ich das Gefühl, aufs Schafott steigen zu müssen. Und alle anderen aus dem Kurs schauten zu. Er hatte eine Riesenfreude daran, mich vor ihnen bloßzustellen. Und natürlich habe ich dann Fehler gemacht und so manchen Aufschlag vergeigt. Das ist so demütigend, wenn du den Ball in die Luft wirfst und dann der Schläger ins Leere saust. Ein grausames Gefühl. Dabei wollte ich doch gut sein, mit den anderen mithalten können, auch mal Punkte holen – auch mal Lob bekommen.«

Hannah berichtet weiter, dass sowohl einer ihrer Ex-Freunde als auch der erste Chef ähnliche Züge und Verhaltensmuster zeigten: Nichts machte sie ihnen gut genug – alles wussten sie besser. Sie blieb die Kleine, die nie etwas rechtmachen konnte. Immer wieder wird sie überwältigt von Traurigkeit und der gefühlten Ohnmacht, als sie davon spricht. Am liebsten hätte sie sich im berühmten Mauseloch verkrochen oder einfach unsichtbar gemacht. »Besser wär's, gar nicht mehr da zu sein, als dass ich wieder etwas falsch mache«, beschreibt Hannah ihr Gefühl in diesen Situationen. »Dabei wusste ich zugleich, dass ich sehr wohl etwas kann und etwas wert bin. Nur eben auf eine andere Weise als andere – auf meine Weise eben. Aber die ist ja anscheinend nicht gefragt«, ergänzt sie resigniert. Damals zog sie nach langem Hadern und Kampf mit sich selbst die Konsequenzen, trennte sich vom Freund und suchte sich einen neuen Job. Was jedoch blieb, war der Ärger darüber, dass sie all diese Peiniger und Scharfrichter nicht wirklich hinter sich lassen konnte und sie ihr immer noch Energie raubten.

Ich frage Hannah, weshalb ihr Ärger auf sich selbst so groß sei. Nach einer Weile des Überlegens schildert sie es so: »Ich kann das Thema einfach nicht loslassen! Ich halte daran fest, drehe und wende es wieder und wieder. Auch wenn die eigentliche Situation längst vorbei ist: Ich zweifle an mir, wie jetzt eben bei dem Oberarzt: ›Wie hätte ich anders reagieren können? Was hätte ich wann zu wem sagen sollen? Wie kann ich solche Situationen überhaupt nicht mehr an mich heranlassen, sodass sie mir auch nichts mehr ausmachen?‹ Das nervt extrem. Dabei weiß ich ja, dass ich eigentlich ganz souverän reagiert habe.«

Ich signalisiere ihr, dass ich ihren Leidensdruck verstehen kann und führe sie dann an einen Punkt zurück, den sie bereits erwähnt hatte: »Vorhin haben Sie von einem weiteren Oberarzt berichtet. Erinnern Sie sich an Ihre Worte?«

Hannah überlegt nicht lange: »Ja, der war klasse – genau so muss ein Arzt in meinen Augen sein!«

Ich hake nach: Was war an ihm anders als an »Mr Oberarsch«?

Ohne zu zögern wiederholt sie: »Er war kompetent, freundlich und motivierend. Er war an mir als Patientin und nicht nur an den Laborparametern interessiert, er hat mir zugehört, er hat meine Fragen beantwortet. Ich fühlte mich wahr- und ernst genommen.«

Ich frage sie, ob ihr etwas auffällt bei oder nach ihrer Aufzählung.

Sie hält inne. Trinkt einen Schluck Wasser. Und erkennt schließlich: »Genau das ist es. Ich habe keine ›Schuld‹, ich bin nicht dumm, und ich bin nicht böse. Ich habe Gefühle. Und ich will doch einfach nur wahrgenommen werden als der Mensch, der ich bin. Als die Patientin, die ich dort eben war: schwach, ratlos, voller Schmerzen und Ängste. Auf der Suche nach Genesung und Heilung. Das ist doch nicht zu viel verlangt, oder?«

Ich nicke: »Nein, das ist mehr als berechtigt in Ihrer Situation. Und was ist stattdessen passiert? Dieser erste Oberarzt hat Sie mit seiner Schärfe und seiner herablassenden Art zu dem kleinen und hilflosen Kind gemacht, das Sie einmal waren. Er hat Sie zum ungeschickten Dummerchen degradiert. Und ich möchte noch mal betonen: Sie haben überaus schlagfertig und souverän reagiert! Das muss man sich mal vorstellen: Sie waren gerade ausgeblutet, somit lebensbedrohlich erkrankt und, wie Sie es schildern, dem Tod von der Schippe gesprungen. Da ist es mehr als verständlich, dass es Sie stark beunruhigt und aus der Bahn wirft, wenn ein Arzt sich unklar über eine mögliche Komplikation äußert. Denn selbstverständlich ist es Ihr Recht, alle möglichen Konsequenzen dargestellt und erläutert zu bekommen. Schulmeisterliches Maßregeln ist wirklich ein Unding in einem Arzt-Patienten-Verhältnis. Und nichts ist nachvollziehbarer als Ihr Wunsch, wahr- und ernst genommen zu werden und kompetente Antworten auf Ihre berechtigten Fragen zu erhalten. Sie haben da nichts falsch gemacht.«

Hannah bekräftigt: »Richtig, ich darf diese Gefühle und auch dieses Bedürfnis haben. Und ich darf es auch äußern. Ich bin heute nicht mehr die Kleine. Ich bin eine erwachsene Frau, die durch das Studium sogar weitgehend auf Augenhöhe mit dem behandelnden Arzt kommunizieren kann. Und kein Mensch der Welt hat das Recht, mich klein zu machen. Noch dazu in dieser Situation. Ich habe das Recht, Fragen zu stellen. Und ich habe das Recht, sauer zu sein, wenn mich jemand klein macht. Und es stimmt: Meine Antwort war eigentlich richtig gut.«

»Eigentlich?«, hake ich nach.

»Na ja, vielleicht hätte ich dem Arzt auch direkt sagen können, er solle mich nicht so abkanzeln, sondern bitte einfach meine Fragen beantworten. Oder ich hätte den Chef ansprechen können, ob er den Ton seines Mitarbeiters angebracht findet? Oder ...«

Hannah wird bewusst, dass sie sich durch harsche und offene Kritik von außen in den Sog einer Selbstzweifelspirale begeben hat. In einem solchen Augenblick gelten nur noch Recht und Gesetz des anderen, und sie erstarrt in der eigenen Überzeugung, etwas falsch gemacht zu haben. Sie fühlt sich dem anderen ausgeliefert wie einem Scharfrichter, der sie für ihre Fehler bestraft. Sie selbst spielt keine Rolle mehr. Im Coaching gelingt es ihr, den Blick auf das zu lenken, was ihr gut tut und sie stärkt. Der andere Arzt repräsentiert einen fürsorglichen Blick, dem es um ihr Empfinden geht, um das, was sie beschäftigt, was sie fühlt, was ihr Angst macht. Der Coach bestärkt diesen Blick und gibt ihm zusätzlich Bedeutung, gar Erlaubnis für ihr Empfinden. In dieser Atmosphäre findet Hannah Zugang zu einer eigenen inneren Fürsorglichkeit, mit der sie sich selbst in Schutz nimmt. Sie gewinnt an Boden und Souveränität und gibt sich selbst das Recht, mit ihren Bedürfnissen und Ansichten wahr- und ernst genommen zu werden und diese auch zu äußern.

In der Sitzung schließen wir das Thema mit einer Übung ab, die ich mit Hannah schon einmal gemacht hatte und die ihr sehr half. Sie lässt sie Handlungsalternativen finden, hilft ihr abzuwägen, wie praktikabel diese sind, und verdeutlicht, ob man sie in der Realität erproben will und kann. Und nach der Übung merkt sie, wie anders sich das jetzt anfühlt, nachdem sie sich die Erlaubnis gegeben hat: kraftvoll und souverän.

Der »Nicht mit mir!«-Schlüssel: Menschen, die auf Richtertypen mit Ohnmachtsgefühl reagieren, trauen oftmals ihren Gefühlen nicht und glauben, nicht sie selbst sein zu dürfen.

Übung

Am besten machen Sie die Übung mit einem vertrauten Menschen (zum Beispiel Partner/in, Freund/in). Alternativ ist es aber auch möglich, sie allein zu machen.

- Legen Sie zunächst die Frage fest, die Sie bearbeiten wollen. Sie kann lauten: »Wie kann ich sonst noch reagieren?« Oder: »Was kann ich außerdem antworten?«

- **Sind Sie zu zweit**, dann bitten Sie Ihr Gegenüber, Ihnen zehn Minuten lang ausschließlich die besagte Frage zu stellen. Er/sie darf Ihnen keine noch so gut gemeinten oder originellen Vorschläge machen, denn das ist jetzt nicht gefragt. Seine/ihre Aufgabe besteht allein darin, Ihnen nonverbales Feedback zu geben (also Sie anzuschauen, freundlich zu nicken oder auch mal die Stirn zu runzeln) sowie Ihnen Ihre Frage zu wiederholen, wenn Sie gerade keine weitere Lösung finden können. Gerne kann Ihr Gegenüber auch kurze Notizen zu Ihren Lösungsansätzen machen.
- Nach zehn Minuten stoppen Sie und sprechen kurz darüber, wie es Ihnen beiden jeweils ergangen ist: was war besonders, was war auffällig, wie fühlten Sie sich beide in Ihren Rollen.
- Anschließend kann Ihr Gegenüber die eigene Frage bearbeiten. Jetzt stellen also Sie seine/ihre Frage, notieren Lösungsansätze und geben bitte keinerlei Ratschläge.
- Anschließend wiederholen Sie die Lösungssuche noch einmal für jeweils zwei Minuten.

- **Sind Sie allein**, nehmen Sie sich einen Notizzettel nebst Stift und notieren Ihre Gedanken, die Sie am besten laut aussprechen, in Stichpunkten. Alternativ können Sie auch die Sprachmemo-Funktion Ihres Smartphones nutzen und Ihre Antworten aufzeichnen. Stellen Sie sich Ihre Frage nun ebenfalls zehn Minuten lang immer und immer wieder und gehen Sie auf die Suche nach Antwortmöglichkeiten. Am besten stellen Sie sich einen Wecker.
- Anschließend stehen Sie kurz auf, gehen ein paar Schritte durch den Raum und trinken einen Schluck Wasser, Tee oder Saft.
- Und dann folgen zwei weitere Minuten der Lösungssuche.

- **Bei beiden Varianten** nehmen Sie sich im Anschluss bitte ein paar weitere Minuten Zeit und überdenken folgende Fragen: Wie ging es Ihnen im Verlauf der Übung? Was kam heraus? Welchen Lösungsgedanken wollen Sie verwerfen? Welchen wollen Sie gleich in Angriff nehmen und ausprobieren?

Der Soldat

Merkmale: Angespannt, wach, genau und unbestechlich.
Haltung: »Ich stehe über allem.«
Auftrag: Perfektion.

Wenn er die Bühne betritt, legt sich eine Schwere über den Raum. Man könnte eine Stecknadel zu Boden fallen hören.

Alle sind in Habachtstellung. Am Äußerlichen liegt es nicht. Er wirkt eher unauffällig. Er besticht nicht durch Kleidung, Aussehen oder Überzeugungskraft. Seine Haltung aber, die Spannung in seinem Körper, sein forschender Blick – all das verbreitet eine latente Verunsicherung. Er verschafft sich so eine zentrale Position im Meeting, im Team, im Zusammenleben. Der Boden ist damit bestens bereitet. Wer unsicher ist, ist ablenkbar. Der eigene Stand wird wackelig, der Fokus geht auf den Soldaten. Jetzt ist der richtige Zeitpunkt für ihn, auszuholen, den Fehler zu finden. Und der Fehler gerät in den Mittelpunkt. Nichts anderes zählt. Ein Vergehen ist ein Vergehen. Zack, wird sein Urteil vollstreckt. Der andere ist außer Gefecht. Wer Fehler macht, hat auch sonst nichts zu sagen.

Sarah kennt diese Situation mit dem Soldaten im Raum. Sie ist Personalleiterin eines mittelständischen Unternehmens und hat die Position – mit Verantwortung für ein siebenköpfiges Team – erst kürzlich übernommen. Sie ist im Coaching, um in ihre neue Rolle hineinzuwachsen und ihr Standing in Kontakten auf der gleichen Ebene und mit der Geschäftsführung zu stärken. Ein Aspekt dabei ist ihre Unsicherheit, die ihr im Kontakt mit einem bestimmten gleichrangigen Kollegen das Arbeiten schwer macht. Er schafft es jedes Mal, sie aus dem Konzept zu bringen. Egal, ob sie sich zu zweit begegnen oder gemeinsame Meetings haben: Das Gefühl ist für sie immer gleich belastend. Auch nach dem Zusammentreffen zu zweit fühlt sie sich lange Zeit schlecht und hadert mit sich und der Welt. Wenn sie im Kollegenkreis auf ihn trifft und außer Gefecht gesetzt wird, hat es auch noch eine Außenwirkung. Sie erzählt, dass sie zusätzlich Angst davor hat, in den Augen der anderen nicht bestehen zu können, wenn sie so vorgeführt wird.

Sie berichtet von einem konkreten Beispiel: Im letzten Meeting hat sie ein Konzept vorgestellt, das sie mit großer Leidenschaft und Liebe zum Detail vorbereitet hatte. Ihr Team arbeitete dafür hervorragend zusammen und leistet ihrer Meinung nach generell einen wertvollen Beitrag zur Unternehmensentwicklung. In dieser Präsentation war die Basis für einige Berechnungen eine alte Mitarbeiterzahl. Und wie sollte es anders sein: Die zwei fehlenden Mitarbeiter in dem Zahlenwerk waren die beiden neuen Mitarbeiter in der gewachsenen Abteilung des besagten schwierigen Kollegen.

»Ich spürte schon beim Präsentieren genau den Moment, in dem er innerlich ›Ich hab was gefunden!‹ rief. Es ist wie bei einem Raubtier, das seine Beute entdeckt. Er spannt sich an, zieht die Augen zusammen und wirkt ganz konzentriert. Und dann ging es auch schon los! Er hat mich regelrecht zerpflückt: Wie das sein kann, dass wir mit falschen Zahlen arbeiten? Ob ich es nicht besser wüsste? Und ob ich mein Team nicht im Griff habe? Dass man sich auf das, was wir da tun, ja wohl kaum verlassen könne, wenn schon die Zahlen nicht stimmen! Er hörte gar nicht mehr auf zu poltern. Ich stand nur da und wusste weder ein noch aus. ›Mist‹, habe ich gedacht, ›was mache ich denn jetzt?‹ Ich fühle mich an die Wand gestellt. Es wurde regelrecht dunkel um mich.«

Sarah beschreibt, wie sie versucht, äußerlich weiterhin zu funktionieren. Innerlich spürt sie aber keinen Boden mehr. Sie hat das Gefühl, dass alles andere, was sie präsentiert hat, dass ihr ganzes Engagement zunichte gemacht wird. Was zählt, ist der Fehler.

Die Typologie der Auslöser

Du darfst keinen Fehler machen!

Sarah spürt die Scham darüber, während sie es mir erzählt. Als ich sie danach frage, wie es ihr im Moment geht, drückt sie es auch aus: Sie möchte am liebsten im Erdboden versinken. Sie kann sich selbst nicht erklären, wieso ihr die falsche Zahl nicht aufgefallen ist. Sie hat doch das Dokument gefühlte hundert Mal in der Hand gehabt. Ihr sei es doch eigentlich auch wichtig, perfekte Arbeit zu leisten. Und wenn ihr *einmal* ein Fehler passiert, wird sie gleich an den Pranger gestellt.

Ihre Verzweiflung wächst beim Sprechen. Man kann dabei zuschauen, wie sie die Schlinge selbst immer enger zieht und sich heruntermacht. Ich spiegele ihr, was ich sehe: Sie erscheint mir wie eine keifende Mutter, die ihr Kind ausschimpft, weil ihm beim Tischdecken ein Glas heruntergefallen ist.

Da hält sie inne und schaut mich überrascht an. »Ja«, sagt sie, »so fühlt es sich auch an.«

Sarah merkt zum ersten Mal, dass nicht nur der Kollege Lust hat, sie an den Pranger zu stellen, sondern dass das für sie auch ein geläufiger Umgang mit sich selbst ist. Sie fängt jetzt an, dem eine Bedeutung zu geben, wie sie mit sich selbst spricht. Sie hat ihren Blick vom Feind im Außen auf ihren Gegner im Inneren verschoben. Wer ist das, der da so mit ihr spricht?

Sarah beschäftigt sich mit der Stimme in ihr und gibt ihr eine Gestalt: ein Soldat, eher ein Ritter. Stramm steht er. Abgehackt bewegt er sich. Seine Rüstung klappert bedrohlich. Er ist bereit, sie jederzeit mit seinem Schwert zu richten. Mit dunkler Stimme und steifer Haltung steht er hinter ihr und wacht darüber, dass sie ja nichts falsch macht, immer aufpasst, alles richtig macht.

»Normalerweise rasselt er rechtzeitig mit dem Säbel«, sagt

sie, »aber wenn ich es überhöre und einen Fehler mache, schlägt er unnachgiebig zu.«

»Wie ist das denn so, mit einem Soldaten im Rücken zu leben? Wie fühlt sich das an?«, frage ich.

»Ich bin angespannt, ist doch klar«, antwortet sie. Und sie folgt meinem Impuls, sich darauf weiter einzulassen. Sie merkt, wie ängstlich sie eigentlich ist, wie unsicher, wie ohnmächtig. »Ich kann es nicht schaffen, alles richtig zu machen«, wird ihr klar. »Wie sehr ich mich auch anstrenge, ich bin ihm ausgeliefert.«

Was, wenn sie nicht ausgeliefert wäre?, biete ich ihr an, um ihren Blick weiter werden zu lassen. Ich bringe mich selbst ins Spiel und zeige auf, dass wir in diesem Moment zu zweit sind, dass sie nicht allein ist. Ob sie das merkt? Ob das was ändert?

»Da müssten Sie schon hinter mir stehen, um mich zu schützen. Er ist ja hinter mir.«

Sie ist so klar in diesem Impuls, dass wir ein Experiment machen: Ich stelle mich hinter sie. Sie entspannt sich wirklich etwas, hat aber Angst, dass ich wieder weggehe und sie das nicht mitbekommt. Also lege ich meine Hand auf ihren Rücken, damit sie spürt, dass ich da bin.

»Ja«, sagt sie, »so ist es gut. So ist alles gut. So kann er mich nicht antreiben, nicht beurteilen, nicht richten. So macht er mir keine Angst.«

Sie spürt, wie ihr Atem tiefer wird und ihre Haltung sich weiter entspannt. »Es ist, als ob ich jetzt freier sein dürfte, etwas auszuprobieren. Mir ist gerade so klar, dass ich gar nicht alles perfekt machen muss. Ich kann es auch einfach gut machen. Und Fehler kann ich korrigieren. Meine Idee und die Umsetzung mit meinem Team sind trotzdem gut. Der Kollege hat den Spot falsch ausgerichtet. Jetzt würde ich ihm sagen, dass wir die Zahl gerne korrigieren, ich aber nun wieder auf den Kern des Themas zurückkäme und auf den Mehrwert, den unsere Idee für das Unternehmen bietet.«

Sarah kann mit dieser Situation souverän umgehen, sobald sie der inneren Soldatenstimme nicht mehr ausgeliefert ist. In dieser Stunde habe ich die Rolle übernommen, sie im Rücken zu stützen. Sie hat damit eine erste kleine, aber gute und neue Erfahrung gemacht: dass sie nicht allein der inneren kritischen Stimme ausgeliefert ist, sondern dass jemand da ist und ihr den Rücken stärkt. Und sie hat sich selbst eine Erlaubnis ausgesprochen, die ihrem tief liegenden Antreiber »Sei perfekt« etwas entgegensetzt, nämlich: »Ich darf ausprobieren und Fehler korrigieren.«

Jetzt geht es für Sarah darum, diese neue Erfahrung zu stärken und zu stabilisieren. Sie nimmt daher als Hausaufgabe mit, sich regelmäßig an diese Situation zu erinnern, in der sie mit meiner Hand im Rücken dastand und sich frei fühlte. So lange, bis das für sie auch in kritischen Situationen als innere Stütze abrufbar ist.

Im Verlauf des Coachings hat Sarah an ihren eigenen Ansprüchen und der Art, wie sie sich unter Druck setzt, weitergearbeitet. Und sie hat selbst gemerkt, dass ihr der Umgang mit kritischen Kollegen immer leichter fällt, weil sie aufgehört hat, sich selbst infrage zu stellen. Aus der inneren Sicherheit heraus kann sie inzwischen verbale Angriffe schnell parieren.

Sarah weiß nun, dass ihre hilflose Reaktion auf Typen, die übergenau sind und andere leidenschaftlich gerne auf deren Fehler hinweisen, daher rührt, dass sie selbst so eine Stimme in sich trägt. Wenn sie den Eindruck hat, dass sie nichts falsch machen darf, schlägt ihre innere Stimme Alarm. Sie fühlt sich ausgeliefert und entlarvt, wenn jemand sie auf Ungenauigkeiten oder Fehler hinweist. Sie fühlt sich schuldig. Auch in ihrer

Logik dürfen solche Fehler eigentlich nicht passieren. Deshalb bleibt ihr nur das Schweigen.

Was ihr helfen wird, in Zukunft reaktionsfähig zu bleiben, wenn sie auf den Soldaten trifft, ist eine innere Wertschätzung für sich selbst und eine entspanntere Haltung, in der zählt, was sie tut – auch wenn mal etwas nicht perfekt ist. In so einem inneren Raum hat sie alle Möglichkeiten, den Angriff des Soldaten abzuwehren. Sie kann den Fehler zugeben, ohne sich dabei minderwertig zu fühlen; sie kann dem anderen sagen, worum es tatsächlich geht; sie kann ihn fragen, warum ihn das so sehr beschäftigt, und vieles mehr – je nachdem, wie die Situation sich gerade darstellt und was die Gesprächsatmosphäre zulässt.

Der »Nicht mit mir!«-Schlüssel: Menschen, die bei Soldaten strammstehen und innerlich die Hacken zusammenschlagen, glauben häufig, perfekt sein zu müssen.

Übung

Sarah gibt der kritischen Stimme in ihr eine Gestalt: den Soldaten. Er hat seinen Platz in ihrem Rücken. Mithilfe dieses Bildes kann sie ein Gefühl dafür entwickeln, was sie bräuchte, um sich dieser inneren Instanz nicht ausgeliefert zu fühlen.
- Wie ist das bei Ihnen: Kennen Sie auch den Soldatentypus im Alltag?
- Wie klingt Ihre innere Stimme dazu? Wie laut ist sie? Ist sie männlich oder weiblich?

Die Typologie der Auslöser

- Geben Sie der Stimme in Ihrer Fantasie eine Gestalt. Machen Sie Ihren inneren Antreiber zu einem Gegner, den Sie kennen. Dann können Sie sich ihm auch besser stellen.

Die Gletscherfürstin

Merkmale: Edlen Gemüts, eiskalten Herzens.
Haltung: »Empathie ist nur ein Wort.«
Auftrag: Friert alle Gefühle ein, denn sie sind schädlich! Ein starker Geist bewahrt einen kühlen Kopf.

Sie gibt sich freundlich – wenn sie etwas von uns will. Es dauert eine ganze Weile, bis wir erkennen, dass eine vermeintliche Bitte von ihr in Wahrheit ein eiskalt kalkulierter Auftrag ist. Wichtig ist, was ihr dient und zur Ehre gereicht, und nicht, was anderen Freude bereitet. Als Fürstin weiß sie sich elegant zu kleiden und hoheitsvoll zu geben. Und sie wird geschätzt. Huldigungen nimmt sie kühl zur Kenntnis – Hauptsache, sie kommen regelmäßig. Geld haben andere; sie verfügt über den wahren Reichtum: Contenance, Distanziertheit und tief gekühltes blaues Blut in den Adern. Wisse also, sie zu ehren und dich so zu benehmen, dass es ihr zum Wohlgefallen gereiche!

Die Endfünfzigerin Maria fühlt sich belastet und – wie sie sagt – zerrissen durch das Verhältnis zu ihrer Tante. Mal gelingt es ihr, zu der alleinstehenden alten Dame innerlich wie äußerlich Abstand zu wahren – dann raubt ihr die Sorge um die Verwandte wieder den Schlaf. Maria kommt schließlich mit dem Thema ins Coaching, weil ihr innerer Konflikt sie zunehmend auffrisst. Außerdem leidet auch ihr Umfeld – also Familie und Freunde – darunter. Die Ratschläge, die sie in den vergangenen Jahren von vielen Seiten empfangen hat, sind gut gemeint, aber umsetzen kann und will sie die meisten nicht.

Ich bitte sie, die Tante zu beschreiben und den Konflikt zu schildern.

»Meine Tante ist nun 82 Jahre alt und wohnt seit dem Tod ihres Mannes vor acht Jahren allein. Meist geht es ihr gut, und sie bewältigt ihren Alltag wunderbar allein – natürlich mit Unterstützung einer Putzhilfe. Es gibt aber auch Phasen, in denen sie unter starken Rückenschmerzen leidet. Dann bittet sie um Hilfe beim Einkaufen und möchte zu Arztbesuchen gefahren werden – meist sehr spontan.«

Ich will wissen, ob und wie sich diese »Bitten« in Marias Alltag integrieren lassen.

»Ich arbeite momentan nicht zu festen Zeiten in einem Büro, sondern unterstütze meinen Mann, der Handwerker ist und einen kleinen Betrieb hat, bei der Abrechnung und Steuererklärung im Homeoffice. Deshalb kann ich mir meist tatsächlich ganz spontan Zeit für meine Tante nehmen, und ich verschiebe eine eigene Tätigkeit oder Aufgabe wirklich gerne, wenn sie Hilfe braucht. Dennoch passen ihre und meine Zeitvorstellungen manchmal überhaupt nicht zusammen, und dann wird es schwierig für mich.«

Ich hake nach: »Inwiefern schwierig?«

»Sie ist dann rasch beleidigt, und ihre Stimme bekommt so einen leidenden Unterton. Zugleich hat sie etwas Gönnerhaftes. Das verwirrt mich, und sie bringt mich damit aus der Ruhe.«

Ich bitte sie, mir das Gefühl genauer zu beschreiben.

»Ich kann ihre Beweggründe nicht einordnen: Muss das jetzt wirklich unbedingt in diesem Moment passieren, weil es ihr tatsächlich so schlecht geht? Oder ist ihr das aus einer Laune heraus in diesem Moment wichtig, weil sie es eben gerade jetzt so will? Sie müsste doch aus eigener Erfahrung wissen, dass ich nicht wie eine Dienerin jederzeit zur Verfügung stehe. Auch wenn mein Job nicht an fixe Zeiten gebunden ist: Arbeit habe ich allemal und Termine auch. Ich bin doch kein Gegenstand, den man einfach jederzeit aus dem Schrank herausnehmen und dann wieder hineinstellen kann, bis man ihn erneut benötigt.«

»Und wie fühlen Sie sich in diesen Situationen, wenn Ihre Tante sich durchsetzen will und den leidenden Unterton bekommt?«

»Wie erstarrt. Regungslos, bewegungsunfähig. Ja, irgendwie schockgefroren.«

Ich möchte wissen, was Maria benötigt, um wieder aufzutauen.

Sie überlegt eine Weile und sagt dann: »Anerkennung. Einfach nur ein kleines ›Danke, dass du so spontan Zeit hattest, das ist sehr lieb von dir‹. Wären unsere Rollen vertauscht, hätte ich ihr auch längst schon mal einen Blumenstrauß geschenkt oder sie zum Essen ausgeführt oder ihr einen Gutschein für einen Besuch bei einer Kosmetikerin geschenkt. Aber nichts. Im Gegenteil: Wenn wir nach einem ihrer Termine noch einen Kaffee zusammen trinken gehen, kruschtelt sie so lange in ihrer Handtasche herum, bis ich das Portemonnaie zücke. An Parkscheinautomaten zeigt sie überhaupt keine Reaktion, sie nimmt es einfach als Selbstverständlichkeit, dass ich auch noch die Parkgebühr zahle, wenn ich sie mit meinem Auto durch die Gegend fahre. Irgendwie bin ich das fast schon gewöhnt und kann meist damit umgehen. Aber nun zieht sie plötzlich neue Seiten auf – und die hauen mich endgültig um.«

Ich bitte Maria um genauere Angaben.

»Vor ein paar Wochen ging es ihrem Rücken wieder schlecht, und sie konnte kaum noch aufrecht sitzen. Deshalb wollte sie sich nach einem neuen Polstersessel umsehen. Sie bat mich also, sie in ein paar Möbelhäuser zu fahren. Ich habe das gerne gemacht, auch wenn bei mir – kurz vor einem Familienfest – gerade viele Punkte auf der To-do-Liste standen und ich nicht wusste, wo mir der Kopf steht. Und dann gab eins das andere: Beim ersten Möbelhaus war schnell klar, dass es nichts für sie zu bieten hatte, und so verließen wir den Laden wieder. Gerade noch schwer schmerzgeplagt, meinte sie plötzlich, wir könnten jetzt doch einen Ausflug zu einem der umliegenden Seen machen, sie würde so gerne mal wieder die Natur bestaunen. Das konnte ich nachvollziehen, denn natürlich sitzt sie meistens allein zu Hause, und da hätte ich auch das Bedürfnis, mal wieder rauszukommen. Sie fährt zwar mit dem Auto noch selbst zum Einkaufen, aber keine weiteren Strecken übers Land. Obwohl ich zu Hause wirklich viel zu erledigen hatte, unternahm ich also wieder mal einen Ausflug mit ihr. Ich muss zugeben: Es war ein wunderschöner Tag. Aber ständig nörgelte sie an meiner Fahrweise rum. Ich solle beide Hände ans Steuer legen, ich solle jetzt mal schneller oder auch langsamer fahren, ich solle das Auto vor uns überholen – auf einer kurvigen Waldstrecke! Wo sind wir denn? Ich hasse das, denn ich fahre immerhin seit 30 Jahren unfallfrei und lasse mir auf Routen, die ich gut kenne, ungern reinreden. Manchmal frage ich mich, ob sie mich eigentlich für doof hält!

Sie hat sich bis zum Tod meines Onkels nie für mich interessiert. Erst danach wurde ihr bewusst, dass wir beide ursprünglich mal den gleichen Beruf gewählt hatten. Das tat unserer Beziehung gut, denn endlich nahm sie mich mal wahr. ›Ich wusste gar nicht, dass du so erfolgreich warst‹, entfuhr es ihr

Die Typologie der Auslöser

irgendwann. Das tat mir sehr gut – endlich fühlte ich mich gesehen, erkannt und respektiert. Auf der anderen Seite erzählte sie meinen Kindern oder gemeinsamen Bekannten und Freunden immer wieder – auch vor mir –, ich würde unter einem Helfersyndrom leiden. Das ist einfach unerhört, finde ich! Was maßt sie sich an?

Zurück zum Möbelhaus: Ein paar Tage nach dem Ausflug kam es im nunmehr dritten Möbelhaus zum Eklat. Sie war angestrengt und ihr war heiß. Deshalb setzte sie sich im Ausstellungsraum auf einen Stuhl und knöpfte den Mantel auf. Ich dachte, sie wolle ihn ganz ausziehen und wollte ihr dabei helfen – immerhin hat sie ja Probleme in der Brustwirbelsäule. Da fährt sie mich an, ich solle das gefälligst lassen! Ich würde sie behandeln wie ein Baby. Die Leute um uns herum waren total irritiert, weil sie so laut wurde. Ich fand das unmöglich und war entsetzt über ihren Ausbruch, habe aber trotzdem mein Verhalten ganz ruhig erklärt und mich entschuldigt. Aber natürlich war ein Bruch da, und das hat sie auch gemerkt. Auf der Rückfahrt über die Autobahn schwieg ich. Sie saß wie ein Eisberg neben mir. Es war grauenhaft.«

Edel sei der Mensch, hilfreich und gut ...

Ich will genauer wissen, wie es denn mit der Anerkennung von Marias Leistungen aussieht.

»Das stört mich schon ein wenig: Sie nimmt offensichtlich alles ganz selbstverständlich in Anspruch. Aber dass sie sich an den Kosten für unsere Ausflüge beteiligt, kommt nicht vor. Das ärgert mich schon enorm, immerhin hat sie neben ihrer guten Witwenrente auch einiges auf der hohen Kante.«

Ich frage Maria, ob sie die einzige Verwandte der alten Dame sei. Nicht die einzige, meint sie, aber nur sie mache sich um die Tante Gedanken und sei für sie da. Bis auf die üblichen Feiertagsbesuche natürlich – zum Geburtstagskuchen ließen sich alle gerne einladen.

»Nur ist es auch da so, dass allein ich einen oder meist sogar zwei Kuchen mitbringe. Und es tut einfach weh, wenn sie mich dann mit ihren eiskalten blauen Augen fixiert und vor allen Gästen sagt: ›Du immer mit deinem Helfersyndrom! Du kannst es einfach nicht lassen.‹ Dann dreht sie sich zu ihrem Sohn, seiner Familie und den anderen Gästen um und sagt: ›Langt mal ordentlich zu! Ich kann den Kuchen ohnehin nicht essen und muss ihn sonst der Putzfrau mitgeben.‹ Und zwei Minuten später schaufelt sie sich eine extra Portion Schlagsahne auf ihr Kuchenstück und nimmt weitere nach. Ich verstehe das nicht. Warum behandelt sie mich so? Sie ist herzlos und eiskalt. Nett ist sie nur, wenn sie dringend etwas braucht.«

Ich will wissen, ob Maria sich schon mal Gedanken gemacht habe, der Tante die »Dienste« zu versagen.

»Ja, das habe ich. Wenn ich nachts wach liege und mich wieder über sie ärgere, dann möchte ich ihr alles vor die Füße werfen und ihr mal richtig Bescheid stoßen, wie unmöglich sie sich mir gegenüber benimmt! In Gedanken und sogar in der Realität habe ich ihr schon viele Briefe geschrieben, aber abgeschickt habe ich noch keinen einzigen.«

Woran das liegt, interessiert mich.

»Sie ist doch die Witwe meines Onkels, den ich sehr mochte. Sie gehört doch zur Familie, und in einer Familie ist man füreinander da! Ich kann einfach nicht reinen Tisch machen, obwohl sie mich immer wieder in den Wahnsinn treibt mit ihrer Art. Da schlagen gleich mehrere Seelen in meiner Brust und nicht nur zwei«, seufzt Maria.

Dieses Stichwort greife ich umgehend auf und schlage Maria vor, diese inneren Seelen beziehungsweise Stimmen näher zu beleuchten. Schließlich hat wirklich jeder Mensch verschiedene Ich-Anteile, die durch Erziehung einerseits und Erfahrungen andererseits geprägt sind und alle ihre Daseinsberechtigung haben. Das Problem ist jedoch, dass der Mensch sich nicht all dieser Anteile und ihrer Stimmen bewusst ist. Und so gibt es jede Menge innere Rumpeleien und spürbares Unbehagen, wenn die Anteile (Macht-)Kämpfe miteinander ausfechten oder wenn starke Anteile sich zu häufig zu Wort melden und so die leisen und zarten völlig unterdrücken, bis sie nicht mehr hörbar sind. Dumm nur für den Betroffenen, dass das alles zunächst recht unbemerkt vom Bewusstsein abläuft.

Und genau da setzt die Übung an: Es geht nun für Maria darum, sich der einzelnen Teammitglieder und ihrer Stimmen bewusst zu werden und ihre Motivation zu verstehen, um sie in der Folge je nach Bedarf ordnen und steuern zu können. Sie lernt so, erfolgreicher Trainer ihrer eigenen Fußballmannschaft zu werden und etwa bei Begegnungen mit besagter Tante bewusst zu entscheiden, wer – im übertragenen Sinne – aufs Spielfeld darf, wer auf die Reservebank muss und wer eben auch mal in der Kabine bleiben sollte.

Maria stürzt sich mit Begeisterung auf die Übung. Sie selbst hatte ja schon erkannt, dass es verschiedene innere Anteile gibt.

Ich bitte sie, die Teammitglieder in der Reihenfolge ihres aktuellen Auftretens zu nennen sowie einen für sie typischen Satz zu formulieren.

Im Team statt ganz allein

Voller Elan legt sie los: »Da ist die brave Maria in mir, die artig und gut erzogen ist. Ich kenne sie seit der Kindheit gut. Sie sagt: ›Das gehört sich so!‹«

Ich bitte Maria, »die Brave« auf eine selbstklebende Karte zu schreiben. Auf einem Flipchart habe ich einen Oberkörper skizziert, und sie soll nun die Karte dort positionieren, wo sie die Stimme in sich wahrnimmt. Sie bringt die Karte mittig unterhalb des Halses an, und wir betrachten und besprechen kurz die Aussage dieser sehr zentralen Position. Dann widmen wir uns weiteren Anteilen und deren Sätzen.

»Wenn ich an meine Tante denke, gibt es auch einen wütenden Anteil in mir. Und einen verletzten.« Auf der Suche nach den Mitgliedern ihres inneren Teams begegnet Maria nun »alten Bekannten«, aber auch bislang Unbekannten, die erst vor wenigen Jahren durch Erfahrungen im Job oder im Privatleben hinzugekommen sind. Sie entdeckt laute und leise Stimmen und hat Freude daran, sie zu benennen. Dabei beschriftet sie für jeden hinzukommenden Protagonisten eine neue Karte und klebt sie recht spontan auf den Torso. Nur bei den leiseren Stimmen benötigt sie etwas mehr Zeit. Kein Wunder: Sie muss sie ja erst noch bewusst kennenlernen.

Maria ist richtig in Fahrt gekommen und schaut begeistert auf ihr Teamplakat: »Da ist wirklich eine ganze Frauenfußballmannschaft zusammengekommen – das hätte ich gar nicht gedacht!«

»So ist es«, bekräftige ich. »Und Sie sind der Trainer, deshalb können Sie sich jetzt Ihr Team für die nächste Begegnung mit Ihrer Tante zusammenstellen. Wen benötigen Sie da, und welche Position ordnen Sie ihm beziehungsweise ihr zu? Es müssen übrigens nicht elf sein …«

Die Typologie der Auslöser

»Eins ist mir sofort klar: Die kleine Brave kommt nicht aufs Spielfeld«, lacht Maria. »Dafür packe ich gleich mal die große Selbstbewusste hinein, die mit beiden Beinen im Leben steht. Sie muss ins Zentrum, also auf die Brust, kurz unterhalb des Halses. Dort kann sie laut und deutlich die Führung übernehmen. Direkt darunter, um sie zu stärken, setze ich die Familienmanagerin. Sie ist strukturiert und erinnert an alle Termine und die Aufgaben, die sonst noch bewältigt werden sollen. Daneben darf die Finanzministerin – sie achtet darauf, dass ich die Parkgebühr und eine Spritbeteiligung einfordere. Und dann die Geduldige, die es aussitzen kann, bis meine Tante zum Geldbeutel greift, wenn wir im Café oder Restaurant sitzen. Erst als Nächste darf die Mitfühlende auch dabei sein, aber eher am Rande zur Beobachtung – oder doch eher weiter unten? Sozusagen als Fundament für alle? Ja, das passt so für mich.«

Maria kann die selbstklebenden Karten leicht versetzen und betrachtet die Konstellation immer wieder auch aus ein paar Schritten Entfernung. Manchmal ergeben sich daraus weitere Umgruppierungen. So wandert die unkonventionelle und leicht rebellische Hippie-Maria ein paar Mal hin und her. Und auch die starke und selbstbewusste Kämpferin benötigt ein paar Anläufe, bevor sie ihren Platz »als Verteidigerin meines Herzens« findet.

»Wie geht es Ihnen nun mit Ihrem Team?«, frage ich Maria abschließend.

»Ich fühle mich sehr lebendig und unglaublich stark. Mir ist richtig warm ums Herz, und ich spüre eine enorme Energie. So kann meine Tante mir nichts mehr anhaben.«

»Fällt Ihnen etwas in Ihrer Wortwahl auf?«

Maria überlegt eine Weile, dann helfe ich ihr: »Sie bezeichneten Ihre Tante im Laufe Ihrer Erzählung mehrmals als Gletscherfürstin, die Sie frösteln und erschaudern lässt und deren Blick Sie schockfrostet. Und nun beschreiben Sie die Wärme, mit der Ihre inneren Teammitglieder Sie kräftigen. Das passt doch prima – so kann Ihr Wärmeteam die Frostgefahr in der Nähe der Tante gut reduzieren.«

Maria lächelt. »Stimmt«, sagt sie, »und es kann sie ja vielleicht sogar ein wenig zum Schmelzen bringen.«

Maria hat für sich entdeckt, dass sie sich ganz und gar mit dem braven Teil in sich identifiziert hatte. Sobald die Gletscherfürstin die Bühne betrat, wurde dieser Teil in ihr aktiv – und alle anderen Teile verstummten. Deshalb konnte sie sich gegen die Tante nicht zur Wehr setzen und fühlte sich ihr ausgeliefert. Indem sie sich bewusst macht, dass sie noch so viel mehr ist als das angepasste Mädchen, kann sie einen guten Zugang zu anderen Kräften in sich finden, die sie in Zukunft bei der Konfrontation mit der Gletscherfürstin aktivieren wird.

Der »Nicht mit mir!«-Schlüssel: Menschen, die im Kontakt mit eiskalt fordernden Typen erstarren und innerlich einfrieren, meinen häufig, nichts wert zu sein und es anderen recht machen zu müssen.

Übung

- Wer fällt Ihnen spontan ein, wenn Sie an eine Gletscherfürstin oder einen Gletscherfürsten in Ihrem Umfeld denken? Und wie lautet sein oder ihr Satz?
- Nehmen Sie sich ein größeres Blatt Papier, einen Stift und einige Post-its. Malen Sie auf das Blatt einen Kreis, symbolhaft für Ihren Kopf, und darunter ein auf dem

Kopf stehendes »U«, das für Ihren Brust- und Bauchraum stehen soll.

- Nun geben Sie sich Zeit, um Ihre inneren Teammitglieder, deren Aussagen und die Bedürfnisse dahinter
bewusst kennenzulernen. Notieren Sie die Bezeich-
nung oder den (Spitz-)Namen jedes Mitglieds sowie
seinen Kernsatz auf ein Post-it. Anschließend kleben
Sie den Zettel auf den Platz Ihres Körpers, an dem es
sich spontan stimmig anfühlt.

- Sie können die Übung jederzeit unterbrechen und
später wieder aufnehmen – es ist keine Eile geboten,
denn all Ihre Teammitglieder sind sozusagen in Ihnen
wohnhaft. Sie ziehen nicht aus. Sie haben also Zeit, sie
kennenzulernen. Manche finden Sie vermutlich so
sympathisch, dass Sie sie gleich an Ihren Esstisch
(das Herzstück jedes Hauses) bitten und sich intensiv
mit ihnen austauschen wollen. Andere wiederum
entdecken Sie eher zufällig und können sie zunächst
nicht richtig einordnen. Geben Sie sich und ihnen Zeit,
miteinander in Kontakt zu kommen und warm zu
werden – nur vergessen Sie sie nicht! Mit der Zeit
können Sie gut zuordnen, wer wo in Ihrem inneren
Gebäude wohnt und welche Eigenarten er hat.

- Überlegen Sie dann, wer Ihnen in unliebsamen Situationen als stärkender Helfer zur Seite stehen könnte
und wer Sie eher hemmen oder hindern würde.
Positionieren Sie dazu auch die Post-its so um, wie es
sich richtig anfühlt.

- Zur besseren Erinnerung und auch Verankerung des
neuen Wissens können Sie Schnappschüsse mit dem
Smartphone machen und abspeichern.

- Gönnen Sie sich ruhig ab und an, auf eine Fantasiereise

zu gehen: »Wenn alles möglich wäre, dann wäre ich Tennisprofi, Graffiti-Künstler, Tänzerin, Chef einer großen Firma, selbstständig mit einem Woll-Laden-café ...«. Welche Mitglieder aus Ihrem Team bräuchten Sie dann an Ihrer Seite?

Der Drängler

Merkmale: Blitzschnell und atemlos.
Haltung: »Immer den Blick nach vorn richten!«
Auftrag: Mit Vollgas als Erster durchs Ziel!

Wroooooom! Ein Luftzug pfeift Ihnen scharf um die Ohren, vor Ihnen bildet sich eine Staubwolke, und am Horizont nehmen Sie gerade noch einen winzig kleinen Punkt war. »Was zum Teufel war das denn?«, fragen Sie sich verdattert. Nun, der rasende Drängler war es. Und Sie können sich glücklich schätzen, ihm in der freien Wildbahn begegnet zu sein, denn hier konnte er sie mühelos überholen. »Die hab ich so richtig Staub schlucken lassen«, lautet seine Devise. Wären Sie ihm auf einer Stadtautobahn begegnet, hätten Sie seinen Fahrstil länger beobachten und »genießen« können. Dort schießt er zwar aufgrund der Überfüllung nicht an Ihnen vorbei, dafür zieht er aber das komplette Register des professionellen Dränglers: Er hupt – lang, kurz-kurz, laaaaaaang –, und blicken Sie in den Rückspiegel, können Sie die Choreographie seines kompletten Handzeichenrepertoires sehen. Er flucht laut und nahezu vernehmbar – auch wenn Sie nur die Veränderung seines Blutdrucks im Rückspiegel wahrnehmen können. Er betätigt die Lichthupe, zieht nach links und dann wie-

Die Typologie der Auslöser

der nach rechts und versucht mit nahezu allen Mitteln, Sie endlich von der Straße zu drängen. Denn Sie nerven ihn mit Ihrer Gemütlichkeit.

Was heißt hier Gemütlichkeit? Mit Ihrer tranigen Art! Hey, Sie, jetzt bewegen Sie sich doch endlich mal: Zeit ist Geld!!! Das haben Sie Langweiler wohl noch nie gehört! Kein Wunder, dass so nie etwas aus Ihnen werden kann. Kommen Sie doch endlich mal in die Puschen! Jetzt mal marsch – zackzack!

Er bringt Sie aus der Puste. Er setzt sich Ihnen ins Genick, packt Sie und lässt Sie nicht mehr los: Schneller – höher – weiter! Sie beginnen zu hyperventilieren und spüren, dass Sie das nicht mehr lange durchhalten. Sie sind der Ohnmacht nahe.

Mario wird mir von seinem Vorgesetzten im gemeinsamen Vorgespräch »übergeben« mit Worten, bei denen sich jedem Coach erst mal die Haare aufstellen: »Er funktioniert nicht mehr so richtig. Bringen Sie mir den Mario mal wieder auf Spur – die Zahlen stimmen nicht mehr.«

Mario sitzt ruhig – und fast brav, wie ein Musterschüler – daneben, nickt und ergänzt: »Ja, machen Sie ruhig mal. Wobei es ja letztlich darum geht, dass mein Team endlich auf Trab kommt. Ich weiß wirklich nicht mehr, was ich noch alles mit denen machen muss, damit die endlich aus dem Quark kommen.«

Ich hake gleich ein und stelle klar, was meine Aufgabe und mein Selbstverständnis als Coach ist: Ich steuere den Prozess, der es meinen Klienten ermöglicht, ihre Themen und Probleme zu beleuchten, zu erkennen und zu hinterfragen, um über einen Wechsel der Perspektive zu ihren eigenen und somit auch wirklich realisierbaren Lösungen zu finden. An beide

Herren gewandt bekräftige ich abermals: »Ich nehme also garantiert weder eine Peitsche noch einen Zauberstab zur Hand, um meine Klienten in die eine oder andere gewünschte Richtung zu verwandeln. Ich stehe Ihnen gerne als Tourguide beiseite. Laufen müssen Sie allerdings selbst. Und ich schlage folgende Route vor: Wir können gerne beleuchten, welche Gründe es dafür geben mag, dass ›die Zahlen nicht mehr stimmen‹, wie Sie es formulieren.«

»Na ja, eigentlich will ich mich nicht lange mit Fragen aufhalten, ich brauche Lösungen. Manchmal denke ich, so 'ne Peitsche wäre für mein Team ganz angemessen, damit die endlich mal an Fahrt gewinnen. Sie ahnen ja nicht, wie gemütlich sich die Herren ihre Abläufe gestalten wollen: hier noch etwas besprechen, dort noch etwas prüfen – als würde die Welt ausgerechnet auf sie warten, bevor sie sich weiterdreht. Völlig ineffizient, die Jungs«, seufzt Mario. »Aber okay, wie auch immer: Auf geht's – packen wir es an! Hauptsache, wir haben rasch ein Ergebnis!« Spricht's, reibt sich die Hände und springt auf. »Wir sehen uns in fünfzehn Minuten in meinem Büro. Ich muss noch einen Happen essen, dann legen wir los!« Und schon ist er weg.

Zeit ist Geld

Tatsächlich starten wir unsere erste Sitzung auf die Sekunde pünktlich. »Wow! Da sind Sie jetzt aber mit dem ICE durch die Kantine gefahren«, bemerke ich.

»Klar, länger brauche ich mittags sonst aber auch nicht. Geht doch ruckzuck: Tablett und Besteck nehmen, Menü holen, zahlen, hinsetzen, essen, fertig. Zeit ist Geld! Deswegen sitzen wir ja jetzt auch zusammen. Und wie lösen wir das

Die Typologie der Auslöser

nun?« Er lässt mich mit jedem Wort deutlicher spüren, dass ordentlich Druck auf seinem Kessel ist.

»Nun, wir werden den Blick darauf richten, welche Ursachen hinter besagten Zahlen stehen und können im zweiten Schritt in die Veränderung gehen. Und wir können daran arbeiten, was Ihren Vorgesetzten zu seiner Aussage veranlasst haben mag. Lassen Sie uns nun die Analyse starten«, erkläre ich Mario. Der Mittdreißiger leitet das Kompetenzzentrum Business Intelligence des Unternehmens. Somit bestimmen Zahlen, Daten und die daraus ableitbaren Fakten sein Leben. Ich bitte ihn zunächst, mir sein aktuelles Thema und Problem darzustellen.

»Eigentlich kennen Sie es ja schon, aber na gut – wenn es sein muss, dann eben noch mal. Als Frau verstehen Sie ja sicher von Big Data nicht allzu viel, also mach ich mal einen Schnelldurchlauf.« Und schon jagt er von Abkürzung zu Abkürzung und haut mir allerlei Fachbegriffe um die Ohren. Ich höre ihm ruhig zu, bis er seinen Vortrag beendet hat und auf die Uhr blickt. Dann frage ich ihn, ob sich etwas hinter seinem Blick aufs Zifferblatt verbirgt.

»Na, ich hab da so einen internen Wettbewerb mit dem Kollegen aus dem Verkauf laufen. Wir beide versuchen immer, uns mit unseren Kurzvorstellungen zu unterbieten. Ich hab's gerade unter drei Minuten geschafft. Muss ich ihm nachher beim Sport gleich sagen. Das wird ihn ärgern«, grinst Mario fröhlich.

»Zeit ist Ihnen sehr wichtig, nicht wahr?«, frage ich ihn.

Er bestätigt das: »Klar! Zeit ist das halbe Leben. Zeit ist Geld. Und Geld wollen wir schließlich alle nicht verplempern. Warum sollten wir also dann Zeit verplempern? Wissen Sie, heutzutage kann man sich das nicht mehr erlauben, einen auf gemütlich zu machen und Zeit zu verschwenden – nicht im

Job und nicht im Privatleben. Das ist ja auch das Problem mit meinem Team: Die meinen, sie haben alle Zeit der Welt. Und deshalb machen sie ein Meeting und unterhalten sich in Kleingruppen noch mal, und dann recherchieren sie noch mal und sprechen wieder mit den Kollegen aus anderen Abteilungen, und dann sitzen sie bis spät in die Nacht im Büro … Aber ich habe am nächsten Morgen meine Zahlen immer noch nicht auf dem Tisch! So geht's einfach nicht weiter – das macht mich wahnsinnig!«, erzählt er erregt. Er ist aufgestanden und läuft wie ein Gepard im Käfig hin und her und her und hin. Die Hände sind ständig in Bewegung und unterstreichen seine Worte. Dazu räuspert er sich immer wieder tief und laut – ähnlich einem Motor, dessen Anlasser streikt und der deshalb immer wieder gezündet werden muss.

»Sind Sie nervös?«, frage ich ihn.

Er bleibt stehen und sieht mich fragend an. »Ich? Nervös? Nein, eigentlich nicht – wieso fragen Sie?«

Ich mache ihn darauf aufmerksam, wie hochgradig unruhig er auf mich wirkt, und schildere ihm meinen Eindruck.

Er lacht auf: »Ja, ein Gepard im Käfig, das passt super! Genau so fühl ich mich. Dabei will ich raus! Ich will laufen, ich will jagen, ich will Beute reißen – im übertragenen Sinne, natürlich. Aber wie soll ich das schaffen, wenn ich ein Team dreibeiniger, blinder und fetter alter Hauskatzen hinter mir herschleppen muss?«

Offensichtlich hält er wirklich nicht viel von seinem Team. Ich bitte ihn, das etwas zu konkretisieren.

Es umfasst zwölf Männer im Alter von Mitte Zwanzig bis Anfang Vierzig, alle in Vollzeit angestellt und zum Teil mit außertariflichen Gehältern, was ihn besonders ärgert: »Da verdienen die Jungs richtig gutes Geld und kommen trotzdem nicht zu Potte! Statt der erwünschten konkreten Zahlen und

Fakten muss ich mir immer wieder dieses Gelaber von wegen ›sorgsamer Aufbereitung‹ und all die anderen Ausreden anhören. Eine ganze Weile konnte ich meinen Boss ja noch hinhalten. Aber nun hat er Lunte gerochen und will endlich Ergebnisse. Verstehe ich, geht mir ja nicht anders. Und dann steh ich wieder vor diesem Haufen unsäglicher Schnecken, und die kommen ums Verrecken nicht in die Gänge. Leider funktioniert bei uns das mit dem ›Hire and Fire‹ nicht, sonst wären die längst weg.«

Ich spiegle ihm, dass er immer wieder überaus verachtende Bemerkungen über andere macht, und frage ihn, ob er sich dessen bewusst ist und es gezielt einsetzt. Zunächst ist er fast empört, dass ich ihm schlechtes Benehmen – wie er es nennt – unterstellen möchte.

»Hören Sie mal, meine Mutter hat immer größten Wert auf meine Erziehung gelegt, auch wenn sie kaum Zeit für mich hatte. Ich kann mir deshalb gar nicht vorstellen, dass ich jemanden verbal abwerte.«

Als ich die Sätze wiederhole, die er vor wenigen Minuten ausgesprochen hat, und schildere, wie diese auf mich wirken, ist er jedoch wirklich betroffen. Er setzt sich hin und stützt den Kopf für einen Moment in beide Hände.

»Scusi – Entschuldigung«, sagt er, »das hatte ich so nicht gemeint. Ich bin tatsächlich überrascht, kann aber nachvollziehen, dass meine Aussagen so auf Sie wirken. Das tut mir leid.«

Ich gebe ihm zu verstehen, dass ich ihn nicht darauf aufmerksam mache, weil ich mich etwa persönlich davon getroffen fühle, sondern vielmehr, weil ich wahrnehme, dass seine Definition von Wertschätzung offensichtlich eine andere ist, als ich sie sonst erlebe und kenne. Und nun bitte ich ihn, mir seinen Lebensweg zu skizzieren.

Kein Leben – nur Arbeit

»Meine Mutter ist Italienerin, mein Vater war Deutscher. Er ist bei einem Unfall gestorben, als ich drei Jahre alt war. So bin ich natürlich vorwiegend vom italienischen Teil der Familie erzogen und geprägt worden. Und ein paar Worte habe ich so tief in meinem täglichen Wortschatz verankert, dass ich manchmal gar nicht mehr bemerke, dass ich sie benutze. Sogar mein Team hat diese paar Ausdrücke übernommen! Das fiel mir auch erst auf, nachdem mich die Buchhaltungskollegin drauf aufmerksam gemacht hatte. Schon irre, für so was haben die Jungs anscheinend Zeit! Stattdessen sollten sie doch lieber in die Tasten hauen und ihren Job machen, verdammt noch mal! Aber nein: Gemütliche Kaffeekränzchen wollen die Herren – als wären sie schon Rentner! Unfassbar, die Kerle.«

Ich signalisiere ihm, dass er schon wieder anfängt, despektierlich zu werden. Da wirkt er auf einmal wie ein kleiner Junge, der bei einer Missetat erwischt wurde und sich nun – in Erwartung einer Sanktion wie Fernsehverbot oder Ähnlichem – dafür schämt. Als ich ihn mit diesem Bild konfrontiere, attestiert er mir einen überaus scharfen Blick für Details, denn genau so fühle er sich gerade tatsächlich. Woher ich diese Fähigkeit hätte, will er wissen, darum würde er mich fast ein bisschen beneiden.

»Nun, ich versuche wahrzunehmen, was Sie oder natürlich auch andere Menschen ausmacht, was Sie bewegt, wann es Sie mit welcher Intensität bewegt, wie Sie reagieren, was Sie mit welcher Emphase wann sagen – zu oder auch über jemanden. Sie können es mit Achtsamkeit oder Aufmerksamkeit umschreiben. Das ist eines der wesentlichen Werkzeuge in meinem Coaching-Werkzeugkoffer – neben einigen Arbeitstechniken natürlich.«

»Das verstehe ich. Aber dass Sie mich so schnell an einem so persönlichen Punkt erwischen, das überrascht mich doch sehr, muss ich zugeben. Das ist ja fast wie bei einem Adler, der scheinbar gelassen und auf alle Fälle mit viel Zeit durch die Lüfte schwebt und – zack – dann eben doch urplötzlich zu Boden stürzt und sich seine Beute holt! Wie machen Sie das? Das muss ich lernen!«

Jetzt muss ich lachen: »Sie wollen also, dass ich Ihnen als Gepard das Verhalten und die Fähigkeiten eines Adlers vermittle?«

»Ja! Mich fasziniert das total: über den Dingen schweben und dann aber im Handumdrehen – sozusagen ratzfatz – auf den Punkt kommen! Das möchte ich lernen.«

Wir bleiben eine Weile bei dem Bild des fliegenden Geparden: Mario ist verwirrt, versucht für sich zu sortieren, worin der Widerspruch liegt – ein Gedanke jagt den nächsten, und als er für sich keine Lösung findet, legt er das Thema auch mit einem »Na ja, Blödsinn, darum geht's ja jetzt auch nicht« für sich ad acta. Wie sehr es »darum geht«, wird er später erkennen können. An dieser Stelle kehren wir jedoch zunächst zu seiner Biografie zurück. Ich möchte zudem mehr zur Team-Thematik erfahren.

Schon gibt er wieder Vollgas: »Klar, das haben wir schnell. Also: Meine Eltern haben sich auf einer Weinmesse kennengelernt, sich verliebt, wenige Monate danach geheiratet – und neun Monate später war ich auf der Welt. Mein Vater hatte schon vorher eine kleine Weinhandlung für italienische Weine. Als meine Mutter hierherkam, haben sie das Geschäft in einen Feinkostladen mit Mittagstisch und Partyservice umgewandelt. Meine Mutter hat den kompletten Lebensmittelbereich übernommen. Alles lief gut, es war ein großer Erfolg, ich war als Baby und Kleinkind oft im Laden dabei oder sonst eben bei der Oma. Als ich drei Jahre alt war, starb mein Vater bei einem Unfall. Von jetzt auf gleich war alles anders. Meine Mutter hatte die alleinige Verantwortung für den Laden und für mich, und schwanger war sie auch wieder. Meine Schwester kam zwei Monate nach Papas Tod auf die Welt ... Sie können sich vorstellen, dass meine Mutter da wirklich rotierte. Wie sie es geschafft hat, das alles zu organisieren und hinzubekommen – einfach bewundernswert! Ich ziehe heute noch den Hut vor ihr.«

Ich möchte wissen, welcher Satz aus der Kindheit ihm spontan einfällt.

»Meine Mutter rief immer: ›Mario, beeil dich!‹ Klar, wir hatten es ja auch immer eilig: Sie musste früh aufstehen, das Frühstück für uns vorbereiten und dann in den Großmarkt fahren, um frische Ware zu kaufen. Auf dem Weg zurück hat sie mich abgeholt und in die Schule gebracht, danach im Laden gekocht für das Mittagsgeschäft, dann die Restaurants mit Wein beliefert, normales Kundengeschäft gehabt, den Laden abends geschlossen und geputzt und uns schließlich von der Oma abgeholt. Dann hat sie für uns gekocht und meine Hausaufgaben kontrolliert, und wenn wir im Bett waren, hat sie sich um den Haushalt und ihre Buchhaltung gekümmert. So ging es auch an den Wochenenden zu und an den Feiertagen. Ruhe oder Gemütlichkeit kannte sie gar nicht. Immer machen, immer tun, immer arbeiten. Immer weiter, weiter, weiter. Kein Wunder eigentlich, dass sie nach zwanzig Jahren einen Schlaganfall hatte, einfach umfiel und tot war. Sie konnte sich noch so sehr anstrengen und beeilen – die Zeit war immer zu knapp in ihrem Leben. Letztlich hatte sie doch gar kein Leben, nur Arbeit.« Mario ist ruhiger geworden und wirkt sehr berührt von seiner Erzählung.

Wir beschließen, die Erinnerung für den Moment so stehen

zu lassen, und verabreden uns für den nächsten Morgen auf dem Firmenparkplatz, um gemeinsam eine Runde zu laufen.

Er erscheint wie vereinbart in legerer Bekleidung, wirkt allerdings auch damit wieder wie aus dem Ei gepellt. Und er drängelt mich, als wir in meinem Auto fahren: »Ich habe gestern Nacht noch ein paar Mails bekommen und geschrieben. Können wir bitte heute mal einen Zahn zulegen und schneller machen? Ich muss noch was Dringendes erledigen.«

Was Mario nicht ahnt: Ich fahre ihn zwar wie vereinbart zum Wald, parke das Auto jedoch am Walderlebniszentrum. Als ihm das klar wird, meint er genervt: »Och nööö, Sie wollen jetzt aber nicht, dass ich Bäume umarme und so 'nen Quatsch, oder?«

Ich verneine, lasse ihm aber die Option offen, es jederzeit mal zu versuchen – falls ihm danach ist. Und ich spaziere mit ihm zum sogenannten Tastpfad. Mario blickt auf den Parcours, und es entfährt ihm ein »Ach du gute Güte!«.

Ich erkläre ihm mein Vorhaben: »Ich möchte Sie heute bitten, sich auf diesen Parcours mit zehn verschiedenen Bodenbelägen einzulassen. Bitte ziehen Sie dazu Ihre Schuhe und Socken aus und nehmen Sie Ihre Sonnenbrille ab. Ich möchte Ihnen gerne die Augen verbinden.«

Eile mit Weile

Mario gesteht, sich auf diese Übung nur einzulassen, weil meine achtsame Art gestern seine Neugierde weckte und ihm zugleich Vertrauen gegeben hat. Und so begibt er sich barfuß und blind auf den Parcours. Ich bitte ihn, im Schneckentempo einen Fuß vor den anderen zu setzen und mir zu beschreiben, was er spürt.

Beim ersten und zweiten Belag – Borke und Späne – fällt ihm das leicht, denn schließlich hatte er beide Bahnen vorher sehen können. Die dritte Bahn beginnt nach einer leichten Kurve und ist mit Moos belegt. Ich führe ihn an den Startpunkt und bitte ihn wieder, den Belag langsam zu betreten. Er zuckt nach dem ersten Tasten zurück, erschrickt aufgrund des weichen und feuchten Untergrunds, den er sich rational nicht sofort erklären kann. »Boah – führen Sie mich etwa auf Schneckenschleim oder ähnliche Widerlichkeiten? Das ist ja fies!«

Ich versichere ihm, dass er hier keinerlei TV-übliche Ekelprüfung absolvieren muss, und bitte ihn, mir zu vertrauen, sich einfach auf sein Gefühl einzulassen und zu beschreiben, was er wahrnimmt. Und Mario lässt sich tatsächlich darauf ein. Anfangs ringt er noch nach Worten, in die er seine Wahrnehmungen fassen kann. Beim letzten Schritt auf der Moos-Bahn bemerkt er, dass zum Tastsinn seiner Füße auch der Geruchssinn hinzukommt. Das fasziniert ihn. Von Bahn zu Bahn entdeckt er Neues – und vor allem gewinnt er Freude am Entdecken und an der zunehmenden Kniffligkeit der Aufgaben. Ob Steine, Waldboden, Nadeln, Sand, Wurzeln – er lässt sich auf die Materialien und Strukturen ein und hat sogar Spaß daran, sie zu erkunden. Hat er mit seiner Materialvermutung ins Schwarze getroffen, freut er sich wie ein Kind.

Als der Parcours hinter ihm liegt, ist Mario tatsächlich enttäuscht, denn er hätte zu gerne noch weitergemacht. Als er beginnt, laut zu überlegen, wie es sich wohl auf Asphalt oder sogar auf Glasscherben laufen lässt, muss ich lachen und erinnere ihn: »Sie hoppeln schon wieder in die Zukunft, anstatt im Hier und Jetzt zu verweilen! Bleiben Sie doch bei der aktuellen Erfahrung, in genau diesem Moment.«

Auch er lacht: »Stimmt, Sie haben mich schon wieder ertappt!«

Ich erkläre ihm, dass ich ihm nur spiegle, was ich wahrnehme, und er versteht, dass das Gefühl des Ertapptwerdens unangebracht ist, denn ich bin nicht die Mutter des kleinen Jungen, der gerade etwas anders gemacht hat, als er es sollte. »Wenn wir aber gerade beim Thema sind: Was würde wohl Ihre Mutter sagen, wenn sie Sie jetzt gerade in dieser Situation beobachtet hätte?«, frage ich ihn.

Er überlegt eine Weile: »Ich glaube, ihr hätte das gefallen. Wahrscheinlich hätte sie sogar mitgemacht. Sie war neben all ihrem Fleiß eigentlich eine so vielseitig interessierte und offene Frau. Sie hatte nur nie die Zeit, das auszuleben. Wie traurig das doch ist. Sie hat immer nur gearbeitet und nie genießen können. Manchmal hat sie meine Oma zitiert, deren Lieblingsspruch lautete: *Chi va piano, va sano e va lontano.* Auf Deutsch sagt man: Eile mit Weile.« Mario strahlt mich plötzlich an: »Jetzt verstehe ich, warum Sie mit mir hierher gegangen sind! Natürlich fällt man irgendwann über die eigenen Füße, wenn man immer nur völlig planlos durch die Gegend rennt – ohne Ziel und ohne Strategie. Puuh«, sagt er und atmet deutlich hörbar aus.

Ich frage nach, was ihn so zum Seufzen veranlasst.

»Mir wird gerade bewusst, wie das bei uns ja schon System hat: Der Chef macht mir immer Druck und Druck und noch mehr Druck mit seinen Zahlen. Ehrlich gesagt, fühle ich mich dem völlig ausgeliefert und denke immer, ich muss schneller werden mit meinem Team, damit es ihm besser geht. Wie bei meiner Mama damals. Und dann düse ich los und übe auch jede Menge Druck aus. Und weiß eigentlich gar nicht, warum und wofür.«

»Wem machen Sie Druck?«, frage ich nach.

»Na, meinem Team natürlich … und mir ja auch. Dabei weiß ich oft gar nicht, warum nun gerade dies oder das so wahnsinnig wichtig sein soll. Mein Chef hüllt sich ja auch meist in Schweigen. Das macht es nicht gerade einfacher.«

»Was könnten Sie denn an der Situation verändern?«, will ich wissen.

Mario überlegt. »Ich könnte einfach mal nachfragen. Überhaupt meinem Chef einfach mal ein paar Fragen stellen. Denn mir fällt gerade auf: Eigentlich braucht es die ganze Hektik oft gar nicht – meist sind unsere Kunden ohnehin überrascht, wie fix wir fertig sind und Ergebnisse liefern. Nur, dass die halt nicht immer stimmen oder, was fast noch schlimmer ist, einfach nicht zu dem passen, was der Kunde wollte. Aber das könnte sich ja auch verbessern, wenn wir vorher vielleicht mal drüber nachdenken, was wir da wirklich brauchen, und nicht einfach losrennen wie die Irren.«

Mario wirkt erleichtert in diesem Moment – und zugleich gefestigt in seinem Entschluss, zukünftig den Dialog mit dem Vorgesetzten zu suchen, um Ziele, Aufgaben und Strategien festzulegen. »Da fällt mir der Adler wieder ein: Der kreist auch erst in aller Ruhe, bevor er sich seine Beute ganz gezielt holt. Wie heißt es doch: In der Ruhe liegt die Kraft, oder?«, grinst er mich an.

Ich nicke und grinse zurück: »So ist es.«

Abschließend bitte ich ihn, die Zeit einzuschätzen, die er sich für den Parcours genommen hat. Er grübelt und zuckt schließlich mit den Schultern: »Keine Ahnung, ich weiß es wirklich nicht. Mir ist jegliches Zeitgefühl abhandengekommen. Wie lange war ich hier?«

»Ungefähr eine Stunde«, verrate ich ihm.

Er seufzt, und ich blicke ihn fragend an. »Eine ganze Stunde lang habe ich barfuß damit verbracht, die Bodenbeläge zu erkunden? Irre!«, seufzt er.

»Irre? In welchem Sinne meinen Sie das?«, will ich wissen.

»Im Sinne von: ›Das ist ja wohl der Hammer!‹ Das war überaus spannend und eine echte Bereicherung! Ich habe in dieser Stunde und auf diesen paar Metern mehr über mich erfahren als in den vergangenen Trainings und Seminaren«, jubiliert er nahezu. »Ich habe Ihnen vertraut und mich blind auf dieses Experiment eingelassen. Nie im Leben hätte ich gedacht, dass ich acht von diesen zehn Belägen erkenne – nur mit den Füßen und mit meiner Nase. Und das Irrste ist: Ich habe nicht eine Sekunde darüber nachgedacht, dass es auch nur einen Deut schneller gehen müsste. Ich habe mir einfach die Zeit gelassen, die ich benötigt habe. Sensationell. Die Ruhe habe ich überhaupt nicht als stressig empfunden, wie sonst. Im Gegenteil: Es tat gut, mir die Zeit zu gönnen, um mich innerlich auf den Schritt auf die nächste Bahn vorzubereiten.«

Als wir zum Firmenparkplatz zurückfahren, fasst Mario einen Entschluss: »Ich werde gleich mal einen Termin für das ganze Team ansetzen. Und dann fahre ich mit den Jungs zu dem Barfußpfad, und wir begeben uns gemeinsam auf den Parcours. Das ist sicherlich eine super Teambildungsmaßnahme.«

Ich grinse ihn an und überreiche ihm ein verlassenes Schneckenhaus. »Hier, für Sie, Mario. Dieses Schneckenhaus habe ich neben einer der ersten Bahnen gefunden. Es soll Sie daran erinnern, dass in der Langsamkeit manchmal ein wichtiger Schlüssel zum Erfolg liegen kann. Und daran, wie sehr Sie gerade die Zeit vergessen haben und sich nur Ihrem Fühlen, Ihrer Wahrnehmung hingegeben haben.«

Bei der nächsten Sitzung in Marios Büro entdecke ich das Schneckenhäuschen auf seinem Schreibtisch, genau zwischen dem Notebook und dem Telefon.

Erinnern Sie sich an die drei aus dem Abschnitt »Alltagsdyna-mik: Warum vorher schon feststeht, wer später gewinnt«: das Opfer, den Verfolger und den Retter?

In Marios Fallbeispiel können Sie erkennen, wie nahtlos und unbewusst man von einer Position in die nächste sprin-gen kann. Mario ist Opfer und Verfolger zugleich: Er hat das in der Kindheit aufgenommene »Beeil dich!« zu seinem Lebens-motto gemacht, hat sich das passende Umfeld gesucht, um das Motto leben zu können, hetzt sich beständig und erwartet – nun in die Position des Verfolgers wechselnd – auch von sei-nem Team, keine Sekunde für scheinbar Sinnloses zu vergeu-den. Aufgrund der Hektik bleibt ihm kein Moment zum Inne-halten.

Warum das sein Lebensmuster wurde, ist verständlich: Der kleine Mario, der früh zur Halbwaisen wurde und der Mutter zuliebe funktionieren musste, schützte sich – und seine Mut-ter – so vor Gefühlen wie Trauer und Einsamkeit. Mario flüch-tete sich in Betriebsamkeit und Funktionsfähigkeit, um die Mutter, die Schwester und auch sich selbst zu schützen. Denn es gab so weder Raum noch Zeit für Innehalten, Ruhe und Schmerz. Das Verharren in der Rolle des Opfers war damals lebensnotwendig für ihn und die Familie, die unter Schock stand und dennoch funktionieren musste. Das mütterliche »Beeil dich!« verstärkte sein Verhalten zusätzlich. Der heran-wachsende Mario verinnerlichte diese Botschaft so sehr, dass er sein Leben perfekt darauf abstimmte und dies schließlich auch von seinem Umfeld – im konkreten Falle seinem Team – verlangte. Er hat sich ein Umfeld gesucht, in dem die Überzeu-gung, dass Eile nottut, einen Wert hat – das wird am Chef, der ebenfalls unter Druck steht, deutlich.

Doch nun ist es an der Zeit, innezuhalten, sich der Ursache bewusst zu werden, um schließlich das alte Muster auch los-

Die Typologie der Auslöser

lassen zu können, wo es ihm nicht dient, sondern sogar hinderlich ist. Erst durch die Konfrontation mit dem kompletten Kontrastprogramm – in dem es auf Achtsamkeit ankommt, auf blindes Vertrauen in seine Sinne und auf Entschleunigung – wird ihm bewusst, dass die Wahrnehmung seiner Sinneseindrücke und Gefühle ihn nicht einengen muss, sondern durchaus bereichern kann. So absurd es vielleicht auch auf den ersten Blick aussehen mag: Manchmal verstärkt man genau das in sich, was einen hindert, in die eigene innere Mitte und Freiheit zu gelangen.

In der Folge haben wir Marios Wahrnehmungsfähigkeiten weiter im Fokus behalten und seine innere Mitte durch Atem- und Achtsamkeitsübungen weiter gestärkt.

Der »Nicht mit mir!«-Schlüssel: Menschen, die sich von anderen antreiben lassen, meinen häufig selbst, sich beeilen zu müssen. Kennen Sie die ständige Lichthupe in Ihrem Rückspiegel auch?

Übung

Haben Sie wie Mario auch immer wieder das Gefühl, sich unendlich beeilen zu müssen? Essen Sie hastig, oft vielleicht einfach nebenbei am Arbeitsplatz? Bestimmt die Uhr Ihr Leben? Dann legen Sie sie doch einfach mal ab, oder legen Sie Ihr Smartphone auf die Vorderseite, sodass Sie die Zeit aus den Augen verlieren.
- Vielleicht haben Sie einen ähnlichen Walderlebnis-Parcours in erreichbarer Nähe und wollen Marios Erfahrung nachvollziehen?
- Sie können aber auch jetzt – in Ihrem Wohn- oder Arbeitszimmer – die Schuhe und Socken ausziehen,

die Augen schließen und im Zeitlupentempo ein paar
Schritte machen. Was nehmen Sie wahr? Und nehmen
die unterschiedlichen Bereiche Ihres Fußes alles
gleich wahr – oder doch unterschiedlich?
Wenn Sie den Bodenbelag wahrgenommen haben,
machen Sie ein paar weitere Schritte und stellen Sie
sich vor, Sie würden nun über Moos laufen. Oder
über Herbstlaub – oder durch Schnee – oder über
Klee. Wie würde sich das jeweils anfühlen?
Lassen Sie sich Zeit! Und wiederholen Sie die Übung
ruhig ein paar Tage hintereinander.

Der Guerillakämpfer

Merkmale: Wechselt ständig die Richtung, ist unverbindlich.
Haltung: »Wenn du sie nicht überzeugen kannst, verwirre sie.«
Auftrag: Gewinnen, egal was.

Der Guerillakämpfer überzeugt nicht durch seine plötzlichen,
frontalen Angriffe, wie es die meisten anderen Typen tun, die
einen außer Gefecht setzen. Der Guerillakämpfer bringt einen
mit der Zeit um den Verstand. Er ist wendig, taktisch, klug und
einfach nicht zu greifen. In der Tierwelt wäre er ein Aal. Im
Kampf wechselt er ständig die Richtung, das Tempo, die Waffen. Gerade noch ging es um unbewaffnete Auseinandersetzung, schon zückt er sein Schwert. Gerade noch war er in Ver-
teidigungsposition, schon ist er in Angriffslaune. Er kommt
von links, von rechts, von hinten, von vorn. Seine Argumente
hebeln sich gegenseitig aus, bis das Unlogische logisch erscheint. Sein Ziel bleibt dabei eigentlich immer unklar. Wo-

rum es geht, weiß nicht einmal er selbst. Er kämpft, um zu kämpfen, um zu siegen, egal worin und gegen wen. Er muss im Recht sein, worum auch immer es geht. Sein schärfstes Schwert ist die tangentiale Antwort: eine Antwort also, die zwar irgendwie mit der ursprünglichen Frage zu tun hat, sie aber nicht direkt beantwortet. Kaum glauben Sie, Sie hätten den Punkt, um den es geht, getroffen, tänzelt er auch schon um Sie herum und sticht von hinten zu. Bis Sie aufgeben. Bis Sie nicht mehr weiterwissen. Bis Sie aus Verzweiflung schweigen, weil Sie nicht mehr wissen, ob er jetzt doch recht hat oder ob Ihre Sichtweise stimmt. Bis er das Gefühl hat, er habe gewonnen.

Roman verzweifelt regelmäßig an diesem Typ Mensch. Er hat einen älteren Kollegen im Führungskreis, der ihn in Meetings immer wieder in sinnlose Diskussionen verstrickt. Wenn Roman A sagt, sagt der Kollege B – und wenn Roman B sagt, kontert der Kollege mit A. Daraus entspinnen sich endlose Diskussionen, die oft genug den Rahmen sprengen. Zum Schluss geht Roman völlig verwirrt und ohne seine Themen platziert oder gar vertreten zu haben aus dem Termin. So kommt er strategisch und inhaltlich nicht weiter. Noch schlimmer für ihn ist aber das Gefühl, dass er daran Schuld trägt, dass die Besprechungen so aus dem Ruder laufen. Er hat das Gefühl, völlig inkompetent zu sein.

Inzwischen hat er schon Angst vor den Abteilungsleiterrunden, in denen er auf den Guerillakollegen trifft. Er bereitet sich akribisch und mit viel zu viel Aufwand auf diese Termine vor, schläft schlecht, ist angespannt und nervös. Sein Magen krampft sich zusammen, und immer öfter bekommt er Kopfschmerzen. Der Guerillakämpfer steht mit seiner psychologischen Kriegsführung kurz vor dem finalen Sieg. Denn Roman überlegt bereits, ob er den Job wechselt, um diesem Kollegen nicht mehr ausgesetzt zu sein. Aber keiner kann ihm die Garantie geben, dass er im nächsten Job nicht wieder auf so einen Kandidaten in seinem Umfeld trifft. Deshalb ist es wesentlich sinnvoller, dass Roman sich jetzt damit beschäftigt, wie der Kollege so viel Macht gewinnen kann, dass er ihn außer Gefecht setzt.

Ausgeliefert und orientierungslos

Während Roman davon erzählt, wird deutlich, wie sehr sein Blick auf den anderen gerichtet ist. Das erinnert mich an meine Erfahrungen beim Escrima, einer philippinischen Kampfkunst: Wenn ich nur die Stöcke meines Ausbilders im Blick habe, bekomme ich auch nur mit, was sie tun und reagiere darauf. Wenn ich hingegen mit meiner Aufmerksamkeit bei meinen Bewegungen bin und dabei auf die Mitte meines Gegners schaue, habe ich mich, ihn und das gesamte Umfeld im Blick. Ich kann schneller reagieren und bewege mich sicherer im Raum. Dieses Bild biete ich Roman an: Es scheint mir, als starre er auf die wirbelnden Stöcke des anderen und verliere sich selbst und alles drum herum komplett aus dem Blick.

Damit kann er etwas anfangen. Er nimmt das Bild auf, denn es passt zu seinem Empfinden: »Wie ein wild fuchtelnder Kämpfer, der um mich herumtanzt und mich von allen Seiten angreift, genau so kommt er mir vor!«

Ich schlage ihm vor, seinen Blick nun weg vom anderen und auf sich selbst zu richten. Wie fühlt er sich denn in solch einem Augenblick?

»Ausgeliefert, hektisch, orientierungslos. Ich weiß gar nicht, woher der nächste Schlag kommt. Ich strenge mich an, gehe auf jedes Argument ein und verliere dabei meine Kraft immer mehr. Zum Schluss kann ich nur die Waffen strecken und mich ergeben. Mir ist ganz schwindelig von dem Hin und Her.«

Ob ihm dieses Gefühl bekannt vorkomme, frage ich ihn.

Seine Assoziation ist sehr spontan: »In der Schule hatte ich auch immer das Gefühl, ich passe nicht. Ich wurde viel gehänselt: wie ich spreche, was ich anhabe, wie ich mich bewege. Egal, was ich machte, es war immer falsch. Lächerlich für die anderen. Ich gehörte nicht dazu. Und dabei habe ich mir viel Mühe gegeben, herauszufinden, wie ich sein muss, damit ich dazugehöre. Ich habe immer versucht, es allen recht zu machen, aber das ist mir nie gelungen. Das Gefühl, dass alle mit dem Finger auf mich zeigen und mir zu verstehen geben, dass ich so nicht zu ihnen passe, ist geblieben.«

Eine Rückreise in die Schulzeit

Er versucht, das Gefühl durch die Erinnerung an eine konkrete Situation zu schärfen. Ihm fällt der Moment ein, in dem er an der Tafel steht. Da fühlt er sich besonders ausgeliefert. Alles wird beobachtet und infrage gestellt: was er dort tut, wie er dort steht und wer er ist. Er fühlt sich schrecklich unpassend und unverstanden. Es ist dieser Junge, der in den Meetings den Angriffen des Kollegen ausgeliefert ist. Der Junge, der gelernt hat, dass er nicht passt, dass die Position der anderen immer die richtige ist und dass es seine Aufgabe ist, sich passend zu machen, wenn er dazugehören will. Er ist mit den Verbalattacken völlig überfordert und hat keine Orientierung. Deshalb stehen ihm die Möglichkeiten eines Erwachsenen dann nicht zur Verfügung. Für ihn ist es, als sei er in den Moment an der Schultafel zurückversetzt.

Roman wird mit der Zeit klar, dass er seine Ressourcen gar nicht alle nutzt, weil er sich wie ein kleiner, ausgelieferter Junge fühlt. Ich stelle ihm eine imaginäre Fee an die Seite. Sie erfüllt ihm jeden Wunsch. »Was passiert, wenn die kleine Fee ihre großen Kräfte ins Spiel bringt?«, frage ich ihn.

»Dann würde der Lehrer einspringen«, fällt ihm dazu ganz spontan ein. »Er schützt mich und stellt sich vor mich.«

In seiner Fantasie zeigt der Lehrer mit dem Finger erst auf die Klasse und dann auf ihn. »Klappe halten!«, sagt er scharf zu den anderen. »Er ist o. k., so wie er ist!«, ergänzt er mit fester Stimme und blickt Roman dabei ermutigend in die Augen.

Roman versetzt sich so sehr in diese Situation, dass er glücklich lächelt. Es tut ihm sichtlich gut und er gewinnt Boden unter den Füßen. Von dem orientierungslosen Jungen ist keine Spur mehr da. Kess schaut er, selbstsicher. »Wenn ich so in mir selbst ruhe, kommt mir das hektische Taktieren des Kollegen ganz albern vor«, sagt er und grinst.

Ich ermutige ihn dazu, in dieser Haltung für einen Moment zu verweilen – als könnte es immer so sein. Er kann dabei wahrnehmen, wie es für ihn ist, in sich zu ruhen, wie es ist, den anderen zu beobachten, ohne Teil seines Spiels zu sein, sondern – gut geschützt durch die Klarheit des Lehrers – bei sich zu bleiben, bei dem zu bleiben, was für ihn gerade wichtig ist, was er gerade denkt, worauf er gerade hinauswill.

Roman lässt sich darauf ein und macht die Erfahrung, wie es sich anfühlen kann, souverän zu bleiben, während der andere ständig die Richtung ändert. »Jetzt gerade weiß ich gar nicht mehr, warum mich das so stresst. Das ist doch sein Problem und nicht meins! Es ist, als würde mein Blick vom Nebel befreit. Ich sehe klar. Ich würde das jetzt ansprechen, wie er sich benimmt, und es zum Thema machen, dass er dauernd die Richtung ändert. Und ich würde dann, fokussiert auf mein Thema, fortfahren.«

Für Roman wird deutlich, wie er sich selbst gehemmt hat in dem Versuch, es anderen recht zu machen, und in dem Glauben, dass etwas mit ihm nicht stimme. Er hat aus dieser Haltung heraus gar nicht gewagt, etwas zu entgegnen – ohne dass es ihm bewusst war. Jetzt hat Roman eine neue Erfahrung gemacht, die ihn in Zukunft stärken kann.

Ich gebe ihm als Hausaufgabe mit, die Handbewegung des imaginären Lehrers öfter mal auszuführen und sich dabei das Gefühl, das er in der Coaching-Stunde hatte, herbeizuholen.

Die Erfahrungen, die er damit macht, unterstützen ihn sehr. »Wenn mich die Argumentation des Kollegen irritiert, hole ich mir das Bild mit dem Lehrer und fühle mich dadurch wirklich stärker. Ich habe jetzt schon ein paar Mal aufgedeckt, wie merkwürdig die Argumentation ist, und die Kollegen sind mir sogar beigesprungen. Man muss nur den Mut haben, den anderen doof dastehen zu lassen«, lacht er in einer der folgenden Stunden.

Die Aussage zeigt, wie tief verwurzelt Romans Überzeugung ist. Er traut sich zwar, etwas Neues auszuprobieren, es bleibt aber seine Perspektive, dass er, indem er bei seiner Meinung bleibt, den anderen »doof dastehen lässt«. Ich mache ihn darauf aufmerksam, dass so, wie er die Situation im Nachhinein bewertet, sein Blick noch von der alten Überzeugung getrübt ist. Er lässt den anderen ja gar nicht »doof dastehen«. Er macht einfach seine Position deutlich. Roman sieht mich ganz überrascht an, als ich ihm das sage. Es ist deutlich zu beobachten, dass es ihm wie Schuppen von den Augen fällt.

Für Roman ist klar, dass er in einem Entwicklungsprozess steckt und dass es auch weiterhin Momente geben wird, in denen ihm nichts einfällt, wenn der andere dauernd die Richtung ändert. Aber er ist sich sicher, dass er ab jetzt innerlich nicht mehr so in sich zusammenfallen wird. Roman hat sich eine große Portion Souveränität erobert, indem er sich wirklich auf diesen Moment eingelassen hat, der ihn bisher außer Gefecht setzte. Das ist ein schönes Beispiel dafür, dass das Vermeiden das Problem nur größer macht. Wer sich dem Problem zuwendet, sich selbst verstehen möchte und sich so akzeptiert, wie er ist, macht echte Veränderung möglich.

Für Roman ist klar geworden, dass er seine Ohnmacht aufrechterhält, indem er versucht, es dem anderen recht zu machen und diesen auf jeden Fall gut dastehen zu lassen hat. Damit ist er dem Taktieren und den sprunghaften Richtungsänderungen des anderen ausgeliefert. Weil er nun anfängt, sich selbst ernst zu nehmen, erschließt er sich die Vielfalt an Möglichkeiten, mit solchen Artgenossen zurechtzukommen. Um sich selbst auf diesem Weg zu unterstützen, nutzt er die Geste und die Vorstellung vom Lehrer, der sich einbringt und als neutrale Instanz zwischen ihm und den anderen vermittelt. Mit dieser Gestalt stärkt er den fürsorglichen Teil in sich, den er braucht, um für sich einzustehen.

Der »Nicht mit mir!«-Schlüssel: Menschen, die sich von Guerillakämpfern ins Aus schicken lassen, neigen dazu, gefällig zu sein, da sie das Gefühl haben, dass etwas mit ihnen nicht stimmt.

Übung

Für Roman lässt die Fee den Lehrer aktiv werden.
Er springt ein, schützt den kleinen Jungen und stärkt ihn
in seinem Sein.

- Was würden Sie sich wünschen? Wie soll Ihnen
  geholfen werden, wenn Sie orientierungslos dastehen
  und sich den Guerillakämpferangriffen ausgesetzt
  fühlen? Lassen Sie Ihre ganz persönliche Fee (oder
  vielleicht auch einen Magier) für Sie herbeizaubern,
  was Ihnen die nötige Kraft gibt, bei sich zu bleiben.

Der Herunterspieler

Merkmale: ER IST GROSS. Der andere ist klein.«
Haltung: »Ich bin wichtig. Du darfst mich bewundern.«
Auftrag: Der Welt zeigen, wie sie funktionieren kann.

Er ist groß, er ist allmächtig und irgendwie ist er gottähnlich.
Fast könnte man den Eindruck gewinnen, Sternenstaub fiele
von seinen Schultern, wenn er über die Flure des Firmen-
sitzes schreitet. Eine edle Uniform mit Posamenten und
Epauletten stünde ihm sicher gut zu Gesicht – wie in alten
Zeiten, als Zucht noch Zucht und Ordnung noch Ordnung
waren. Und wieso nennen wir ihn den Herunterspieler? Das
zeigt sich in nahezu jeder Begegnung mit diesem Typus:
Neben ihm ist man immer etwas »zu sehr« – zu empfindlich,
zu wichtig, zu gestresst, zu überbewertend, zu laut, zu auffällig, zu verkrampft. Er muss uns kleinkriegen, denn nur so
kann der eigentlich arme Wicht selbst an Größe gewinnen.

Und das ist übrigens meist nicht nur auf die Psyche bezogen ...

Die Pressesprecherin Carolin, Mitte dreißig, macht ein Coaching, weil zunehmende Auseinandersetzungen mit einem Kollegen sie so aus dem Gleichgewicht bringen, dass sie inzwischen schlecht schläft.

Ihre Situation in der Firma beschreibt sie mit einem leicht sarkastischen, manchmal auch verzweifelten Unterton. Das Start-up-Unternehmen wächst schnell, es gewinnt Kunden und Partner und nähert sich »der schwarzen null«. Doch auch nach drei Jahren ruckelt es noch an einigen Stellen. Die Firma ist rasch gewachsen und hat junge und deshalb noch recht unerfahrene Mitarbeiter eingestellt. Bislang blieb allerdings vor lauter Arbeit nicht wirklich Zeit, sich als Team zu finden. Der Geschäftsführer, an den Carolin direkt berichtet, ist prinzipiell ein umgänglicher und guter Typ, der seinen Job nach Aussage von Carolin »ernst nimmt und gut macht«. Nur: Es gibt kein Miteinander – jeder arbeitet ganz klar für seine Ziele, und so kümmert es kaum eine Abteilung, was die benachbarte macht. Das führt an mancher Stelle zu Überbelastung, Unsauberkeiten, Spannungen und Missmut.

Carolin erzählt, dass sie aktuell ganz schön unter Druck steht: Sie muss für das in zwei Wochen anstehende Jahresplanungs-Meeting die Zahlen und Ergebnisse ihrer Abteilung aufbereiten und Hintergründe und Ursachen für mögliche Planabweichungen belegen. Daneben steht eine recht detaillierte Vorschau für die Folgejahre auf der Agenda. Carolins Fokus liegt darauf, endlich die gewünschte Budgetsteigerung sowie die Genehmigung für eine zusätzliche Stelle zu erhalten. Schließlich will sie die in ihren erfahrenen Augen erforderliche und sinnvolle Kommunikationsstrategie endlich umsetzen können: »Wenigstens nächstes Jahr muss das doch mal klappen! Unsere Kommunikationsstrategie sitzt perfekt auf den Punkt – das wird einschlagen wie ein Hammer.« Carolin kommt beim Erzählen richtig in Fahrt. Man merkt, dass sie ihre Sache mit Leidenschaft und aus voller Überzeugung macht.

Allerdings hat der Geschäftsführer sie beim letzten Jour fixe aufgefordert, sich im Vorfeld mit dem Marketingleiter zusammenzusetzen – ausgerechnet also mit dem Kollegen, an dem sie sich immer wieder die Zähne ausbeißt, wie sie sagt. Beide sollen Synergien zwischen den Abteilungen suchen und finden. Carolin macht das mit innerem Widerstand, denn sie weiß, was sie zu erwarten hat: Der Kollege greift gerne ihre Ideen ab, um dann jovial zu behaupten, dass er diese ja schon vor einer ganzen Weile entwickelt habe. Oder er reagiert mit herablassendem Kopfschütteln und der Belehrung, dass das so ja nie funktionieren könne und er sich doch sehr wundern müsse, warum sie das noch nicht erkannt habe. Carolin resümiert: »Es ist immer wieder dasselbe. Nie kommt es zur Zusammenarbeit, immer muss er beweisen, dass Marketing die Königsdisziplin ist und PR eine nette Zusatzbeschäftigung, deren Erfolge ohnehin nicht messbar und somit fraglich sind.«

So schwer ihr diese Meetings mittlerweile im Magen liegen, sie kommt nicht drum herum. Und so schildert sie mir jetzt die Szene, die das Fass zum Überlaufen brachte.

»Ich stehe pünktlich vor seinem Büro und atme noch mal tief ein und aus. Dann klopfe ich, drücke die Türklinke runter – und das Büro ist leer. Das ist so typisch für ihn! Termine hält er nie ein. Er hält sich überhaupt nie an Absprachen oder Abmachungen, er ist so schwer greifbar wie die berühmte Seife in der Badewanne.«

Carolins Ohnmacht ist spürbar, wenn sie das erzählt.

Eine Dreiviertelstunde später findet das Meeting doch noch statt. Carolin schildert es so: »Justus ist entspannt. Er hat sein typisches Relaxgrinsen auf den fleischigen Lippen. Völlig überzogene Fröhlichkeit ist seine Strategie, auch wenn er mal wieder jemanden versetzt hat. Dass er sich einmal an Vereinbarungen hält, erlebt man nie. Wir haben zum Beispiel eine Compliance-Vereinbarung, und er lässt sich trotzdem von seiner Agentur zu Wochenend-Genussreisen einladen. Der Kerl ist so fies tiefenentspannt.«

Carolin schildert nun das Gespräch. Er habe so losgelegt: »Ach, stimmt, wir haben ja einen Termin. Hatte ich schon ganz vergessen. Aber setz dich ruhig. Na, hat deine hohe Kunst der weisen Worte diesmal auch ein bisschen was bewirkt? Unsere Supersommeraktion hat dir ja auf jeden Fall jede Menge Medienresonanz gebracht. Das haben wir gut gemacht, was? Sag Bescheid, wenn du wieder Ideen brauchst. Hier bist du richtig.«

Schon mit diesen Bemerkungen bringt er Carolin innerlich zum Kochen. Sie versucht dennoch, sachlich zu bleiben und erwidert mit gefasster Stimme: »Die Aktion mit dem Gewinnspiel hat tatsächlich jede Menge Echo gebracht, nur leider negatives. Darauf hätten wir gut verzichten können – vor allem auf den Shitstorm bei Facebook.«

»Ich weiß gar nicht, was du hast?! Das bisschen Welle ist doch nun wirklich nicht der Rede wert. Außerdem: Hauptsache, die Leute beschäftigen sich mit uns«, erwidert er und lehnt sich gelassen in seinem Designersessel zurück. Mit einem herablassenden »So ein bisschen Mimimi von ein paar überaktiven Fans bei Facebook darfst du doch nicht persönlich nehmen«, leitet er seinen Vernichtungsschlag ein: »Da musst du einfach drüberstehen.«

Nun ist Carolin auf 180: »So ein bisschen Mimimi?«

Dieses »bisschen« habe sie einen kompletten Freitagabend und ein ganzes Wochenende gekostet, erzählt sie mir aufgebracht – unbezahlt natürlich und auch ohne Zeitausgleich. Den ganzen Ärger hatten die Leute bei ihr wie auf einer Müllhalde ausgeschüttet, und sie hatte die undankbare Aufgabe, auf die (übrigens durchaus nachvollziehbaren) Vorwürfe zu reagieren. Der feine Herr sei ja am Freitag »wie immer um 14 Uhr abgerauscht und in seinem Cabrio mit seiner blond gefärbten Blödschnepfe aus der Agentur ins Wellnesshotel zum Golfen gefahren. Dieser faule, überbezahlte Trottel, der nichts, aber auch gar nichts blickt und …« Carolin platzt fast vor Wut und ihr Kopf wird rot. Und doch verstummt sie auch jetzt wieder.

Auf meine Frage, wie sie ihr Gefühl in diesem Moment beschreiben würde, antwortet sie: »Ich bin innerlich weiß, leer, hoffnungslos. Wie immer in diesen Situationen. Ich fühle mich so klein, so unwichtig.«

Ich hake ein und spiegle ihr meine Wahrnehmung, dass sie mit ihrer Wortwahl den Kollegen soeben sehr kleingemacht hat. Als ich ihre Worte wiederhole und sage, dass ich darin viel Geringschätzung höre, erschrickt sie: »Dessen bin ich mir gar nicht so bewusst. Eigentlich ist das auch gar nicht mein Stil, so über jemanden herzuziehen. Es tut mir leid.«

Wir arbeiten heraus, dass sie durch dieses Kleinmachen des Gesprächspartners letztlich versucht, selbst an Größe und damit wiederum an Bedeutung zu gewinnen (eigentlich genauso wie ihr Widersacher, der Herunterspieler) – und das, weil sie sich in Momenten wie diesen so klein fühlt.

Anschließend schildert sie, wie der Kollege fortfuhr: »Weißt du, so was musst du souveräner lösen. Einfach vorbeirauschen lassen. Mach dich mal ein bisschen locker. Die paar Motzer da draußen, die übersieht man doch einfach.«

Jetzt war bei ihr jeglicher Wind aus den Segeln. Endgültig Flaute! Carolin schildert das Gefühl während ihrer Ohnmachtssituation so, als werde sie vom Kollegen in ein verrottetes, altes Boot mit defektem Ruder verfrachtet und weit auf den Ozean hinaus geschoben. Das macht sie endgültig handlungsunfähig. Mit letzter Energie versucht sie, sich aus dem Gespinst seiner Floskeln zu befreien.

»Es waren ein paar Hundert Kunden – und die beiden Journalisten, die unseren Fall ja dann auch für den ›So werden Kunden voll verarscht!‹-Artikel genommen haben. Das kostet unsere Marke jede Menge Ansehen! Da geht Glaubwürdigkeit verloren, von jetzt auf gleich. Und die bekommst du so schnell nicht wieder. Da gibt's Untersuchungen, die das belegen.« Carolin versucht, sich in Sachlichkeit zu retten und mit Fakten zu untermauern, was sie meint. Sie rudert mit Worten, als gehe es um ihr Leben: Sie zitiert Studienergebnisse und benennt Fälle anderer Unternehmen ähnlicher Größe und Bekanntheit und die daraus resultierenden Probleme.

Ihr Gegenüber fährt erneut dazwischen: »Das mag ja sein, dass euch Social-Media-Junkies so was in Wallung bringt, aber Auswirkungen auf unsere Marke? Nein, das überschätzt du. Nimm dich mal nicht so wichtig, sei nicht so emotional und komm mal wieder runter. Lass uns lieber darüber reden, wie du mich mit der neuen Aktion in die Medien kriegst.«

Es ist, als schlüge er ihr das Ruder endgültig aus der Hand: Carolin fühlt sich leer und zugleich verwirrt. Und irgendwoher kriecht eine tiefe Traurigkeit in ihr empor. Sie beschreibt eine innere Unruhe und ein Gefühl wie auf glühenden Kohlen. »Als wäre ich ein Vulkan kurz vor der Explosion.« Ihr Mund möchte endlich aussprechen, was tief in ihrem Inneren brodelt: »Was willst du eigentlich? Ich bin hier der PR-Experte, nicht du! Und ich weiß, welche Themen ich der Presse anbiete. Dich garantiert nicht!« Das aber traut sie sich nicht. Die Flucht in einen Rechtfertigungs-Tsunami schien Carolin die letzte realistische Möglichkeit zu sein, die Situation wieder verlassen zu können.

Nimm dich nicht so wichtig!

Als ich sie frage, woher sie Sätze wie diese kennt und wann sie sie das erste Mal gehört hat, ist sie sichtlich berührt.

»Meine Mutter und meine Klassenleiterin haben das immer wieder gesagt«, flüstert sie. »Ich war neun Jahre alt, unsere Familie war in den Sommerferien umgezogen – von einer Großstadt in Holland in eine Kreisstadt in Bayern. Und mein jüngster Bruder war gerade erst ein paar Wochen alt. Als ich dort die vierte Klasse wiederholte, um sicher den Übertritt aufs Gymnasium zu schaffen, sagte meine Klassenleiterin immer wieder zu mir: »Nimm dich nicht so wichtig!«, wenn ich mich meldete, weil ich die Lösung auf eine Frage wusste. Dabei wollte ich doch einfach nur beweisen, dass ich mit den anderen mithalten konnte. In Bayern war die Schule strenger und schwerer, und meine Eltern hatten mir eingeschärft, dass ich mich ganz besonders anstrengen müsse, zugleich aber nicht auffallen dürfe.«

»Haben Sie den Übertritt geschafft?«, frage ich.

»Ja, klar – mit einem Notendurchschnitt von 1,3.«

Als ich ihre Leistung mit einem »Wow!« anerkenne, blickt sie mich erstaunt an. »Das ist doch nichts Besonderes«, widerspricht sie.

Ich erwidere scheinbar gelangweilt: »Da haben Sie recht, 1,3 ist ein Klacks, wenn man als Kind gerade aus dem Ausland zurückkommt, nach Bayern aufs Land zieht, neue Freunde finden muss und einen weiteren kleinen Bruder bekommen hat.«

Carolin blickt mich irritiert an. Dann beginnt sie zu lächeln: »Stimmt, das ist eigentlich eine ganze Menge, was ich da meistern musste.« Ihr wird klar, dass sie damals sehr wohl für sich beanspruchen durfte, sich wichtig zu nehmen. Jedes Kind darf das – erst recht in einer so umwälzenden Situation bei einer so großartigen Leistung.

Auf meine Frage »Was hat denn Ihre Oma dazu gesagt, von der wir neulich schon mal gesprochen haben?«, antwortet sie: »Sie war mächtig stolz auf mich und hat mir zum Übertrittszeugnis einen silbernen Anhänger in Form eines Pferdes geschenkt. Die Liebe zu Pferden hat uns sehr verbunden, und wir sind täglich miteinander zum benachbarten Gestüt gegangen, wenn ich sie in den Ferien besucht habe.«

Wir arbeiten heraus, was Carolin mit Pferden verbindet: Für sie strahlen sie Ruhe und Temperament, Kraft und Eleganz, Schönheit und Wildheit zugleich aus. Sie will noch am gleichen Abend den Anhänger aus der Schmuckschatulle nehmen, um ihn als stärkenden Talisman zu tragen.

Ich will wissen, wie ein Pferd wohl reagieren würde, wenn es auf Carolins Kollegen träfe. Sie überlegt eine Weile: »Na, es würde wohl unruhig werden wie ich, wenn er ihm zu nahe käme und es so zulabern würde.«

»Und dann? Würde es ihn aufsitzen lassen? Sich reiten lassen?«, frage ich weiter.

»Nein, reiten lassen keinesfalls! Ein Pferd benötigt klare Aussagen und Ansagen. Und die macht er nie. Das Pferd würde sich also aufbäumen. Und schnauben, fest durch die Nüstern schnauben.«

»Nehmen Pferde sich also wichtig?«

»Oh ja, eindeutig. Sie verlangen Respekt und verschaffen ihn sich auch.« Sie grinst.

»Und würden Sie sagen, dass Pferde Emotionen zeigen?«

Die Typologie der Auslöser

Sie lacht laut: »Auf alle Fälle, die zeigen einem das sofort! Und sie nehmen auch sofort wahr, wie du drauf bist, und reagieren darauf.«

Mit den Zügeln in der Hand

Wir sprechen über die Bedeutung und Qualität von Emotionen. Carolin kommt dabei zu dem Schluss, dass sie für Aufrichtigkeit stehen und uns menschlich machen. Sie entdeckt, dass Emotionen zu zeigen, sie wahrzunehmen und ernst zu nehmen, Teil unseres Wesens ist – und somit keinesfalls verwerflich oder gar verurteilenswert. Vielmehr ist es seit Urzeiten von großer Bedeutung für unser Überleben und Weiterkommen. Carolin wirkt erleichtert, als sie diese Erkenntnisse ausspricht.

»Wie wäre es, wenn Sie im Gespräch mit Ihrem Kollegen dieses Pferd, das Sie gerade vor dem inneren Auge haben, neben sich stellen – geistig natürlich?«

Sie überlegt. »Die Präsenz und dieses Sich-in-voller-Größe-Zeigen – das würde ich dann vielleicht auch können. Das Wissen um die eigene Kraft, das wäre schon gigantisch.«

»Wenn Sie nun das Pferd neben sich spüren – was würden Sie dann zu Ihrem Kollegen sagen? Und wann?«

»Ich würde vermutlich gleich zu Beginn sagen: ›Lass uns sofort zum Wesentlichen kommen, zum Austausch unserer Gedanken über die geplanten Maßnahmen und Aktivitäten. Wo legt ihr denn nächstes Jahr die Schwerpunkte im Marketing, und wie können wir euch dabei unterstützen? Im Anschluss skizziere ich dir gerne noch unsere Pläne und Vorschläge für die Nutzung von Synergien.‹ Ich würde damit sozusagen die Zügel in die Hand nehmen.«

Nun muss ich grinsen: »Welch schönes Bild!«

Sie lacht: »Nun, und falls er sich wieder rauswinden will … Ich meine, ich muss sie ja nicht nutzen, aber beim Reiten habe ich ja auch immer eine Gerte dabei …«

»Als inneres Bild hat das durchaus seine Würze … Aber Spaß beiseite: Wie reagieren Sie, wenn er dennoch das unliebsame Thema erneut aufgreift?«

Wieder denkt sie eine Weile nach und sagt dann: »Ich könnte einmal tief ausatmen – so wie ein Pferd schnaubt. Und dann könnte ich ihm klar sagen, dass wir die knappe Zeit doch wirklich nutzen sollten, um nach vorn zu schauen und wohl nicht die längst zerfallenen Pferdeäpfel von anno dazumal erneut begutachten und sezieren wollen.«

In einer Folgesitzung berichtet Carolin von einer ähnlichen Ausgangssituation während der Jahrestagung. Sie trug dort bewusst die Kette mit dem Anhänger ihrer Großmutter, und sie genoss es, die neuen Erkenntnisse zu ihren alten Glaubenssätzen anwenden zu können. Sie berichtete strahlend davon, wie kraftvoll sie sich gefühlt habe in diesem Gespräch und wie souverän sie agieren konnte.

Was Carolin davon abhielt, ihrem Kollegen in seiner anmaßenden Haltung Paroli zu bieten, war die innere Überzeugung, dass sie sich nicht wichtig nehmen darf. Sobald sich jemand ihr gegenüber herablassend verhält, springt das alte Muster des kleinen Mädchens an. »Nimm dich nicht so wichtig!« ist eine fundamentale Botschaft, die Carolin in ihrem Reaktionsvermögen einschränkt. Im Coaching hat sie sie aufgedeckt und angefangen, sich Erlaubnis für ihre Gefühle, Meinungen, Impulse und Themen zu geben. Das Bild des Pferdes unterstützt sie dabei, denn anders als bei ihr selbst erscheint es ihr bei Pferden selbstverständlich, dass sie ihrer Natur fol-

gen. Damit hat sich Carolin einen Zugang zu ihrer Handlungsfähigkeit geschaffen, den sie weiter ausbauen kann.

Der »Nicht mit mir!«-Schlüssel: Menschen, die sich von dem
Herunterspieler in die Enge getrieben fühlen, haben meist
verinnerlicht, sich zurückzunehmen, und verlernt, ihren eigenen Gefühlen und Bedürfnissen Bedeutung zu geben.

Übung

Kennen Sie auch jemanden, der meint, Sie sollten sich
nicht so wichtig nehmen oder Sie sollten nicht so
emotional reagieren, sich also einfach mal zusammenreißen? Warum glauben Sie diesem Menschen in diesem
Augenblick?

- Hatten Sie auch Erlebnisse mit Autoritäten in der
  Kindheit, die Ihnen weismachen wollten, Sie selbst
  seien nicht so wichtig?
- Wie lautet Ihr Satz genau? Wer hat ihn zum ersten Mal
  zu Ihnen gesagt?
- Benötigen Sie Unterstützung, um Ihrem Herunterspieler entgegentreten zu können? Falls ja: Wer könnte es
  sein, der Ihnen erlaubt, Ihren Impulsen Bedeutung zu
  geben – eine Fantasiegestalt, ein Tier oder ein Mensch?
  Wie macht der- oder diejenige das? Und wie sieht er
  oder sie aus?
- Vielleicht haben Sie ja auch eine Idee, was Ihnen als
  Talisman dienen könnte, den Sie dann bei sich tragen
  und der Sie immer mal wieder daran erinnert, dass Sie
  wichtig sind und dass Ihre Gefühle absolut okay sind.

Der Fechter

Merkmale: Denkt schwarz-weiß, redet neunmalklug.
Haltung: »Ich bin richtig, du bist falsch.«
Auftrag: Sorgt für Ordnung in der Welt.

Der Degen des Fechters trifft immer exakt auf den Punkt. Wer zu diesem Typus gehört, weiß alles ganz genau: wie die Welt ist und wie sie zu sein hat, was schwarz ist und was weiß, was gut ist und was böse, was woraus folgt, wie die Menschen sind, wie man selber fühlt, was man zu denken hat. Er kennt die feindlichen Linien ganz genau. Was nicht in sein Schema passt, wird passend gemacht. Das gilt für Fakten wie für Gefühle, für Menschen wie für Entscheidungen. Was übersteht, wird abgeschnitten. Klar müssen die Dinge sein, eindeutig, beweisbar, zumindest, was die anderen angeht. Für ihn selbst reicht, dass er es so sieht. Grautöne sind definitiv nicht sein Stil. Er mag es plakativ. Er steht auf Beständigkeit, Tradition, hält Werte hoch, die er selbst nicht lebt, und findet alles verdächtig, was fließt, sich entwickelt, ambivalent ist oder paradox.

Wenn Sie es mit einem Fechtertyp zu tun haben, dann brauchen Sie die Flexibilität, seine Angriffe blitzschnell zu parieren. Denn sie kommen unvermittelt und direkt. Deshalb sind diese Typen auch so gefährlich für die eigene Souveränität. Man sieht es ihnen nicht an, dass sie ihren Degen im Alltag jederzeit griffbereit halten. Im Gegenteil: Oft blicken sie sogar ganz freundlich drein, wirken ungefährlich und nett. Ganz normal eben. Das sind sie auch, solange alles in ihren Grenzen bleibt.

Doch wehe, wenn sie mit etwas konfrontiert werden, das nicht zu ihrer Sicht der Dinge passt. Dann zücken sie blitzschnell ihre verbalen Waffen, und mit einem gezielten Stich wird es passend gemacht. Hochgezogene Augenbrauen, eine versteinerte Miene, ein scharfer Ton. Manchmal reicht schon ein »Ach ja?!« von so einem Menschen, um das Gefühl der Lähmung auszulösen. Manchmal erklären sie auch ihre Welt so, dass die Linien klar gezogen werden. »Du bist falsch, ich bin richtig.« Das ist die Botschaft, die sitzt. Egal wie lässig Sie sich eben noch gefühlt haben, egal wie klar Ihre Haltung zum Thema gerade noch war: Jetzt fällt Ihnen erst mal gar nichts mehr ein – außer zuzustimmen vielleicht. Wenn Sie dafür noch Luft finden.

Tobias ist in seinem Job mit so jemandem konfrontiert. Er kommt ins Coaching, weil er »besser werden« soll. Besser in seiner Präsentation, überzeugender in seinem Auftreten. Er leitet ein großes Projekt in einem mittelständischen Unternehmen. Seine Geschäftsführerin ist der Meinung, dass er Themen nicht auf den Punkt bringen kann und bei Präsentationen unprofessionell wirkt. Sie sieht das Projekt gefährdet, da die Geschäftsführung den Projektleiter nicht ernst nimmt. Sie meint, die Brisanz mancher Inhalte werde nicht deutlich, Entscheidungen würden nicht getroffen, Konflikte schwelten. Er erhält das Coaching, um seine fachliche Kompetenz in den wichtigen Gremien zum Ausdruck bringen zu können.

Tobias sieht das Problem auch, dass er mit seinen Themen nicht landen kann. Die Ursache aber verortet er ganz woanders: bei seiner Chefin. Er fühlt sich ihr völlig ausgeliefert. Seiner Meinung nach verdreht sie die Inhalte in den Vorbesprechungen so, dass er in den Gremien schließlich Dinge vertreten muss, hinter denen er gar nicht steht. Er ist sich sicher: Wenn er ihr gegenüber souveräner bleiben könnte, würde es ihm auch leichter fallen, seine Themen in den Geschäftsführersitzungen zu vertreten.

Es geht also nicht wirklich um die Situationen, in denen er präsentiert. Seine Art zu präsentieren ist nur ein Symptom. Die Ursache liegt noch einen Schritt davor, nämlich in der Vorbereitung seiner Präsentation.

Im Coaching richten wir das Augenmerk ganz konkret auf die Momente, in denen er die Präsentation mit seiner Chefin vorbespricht. Immer wenn er mit seinen Themen bei ihr sitzt, fühlt er sich anfangs gut vorbereitet. Inhaltlich ist er sicher.

»Und dann«, beschreibt er die Situation, »habe ich plötzlich ihren Degen auf der Brust.« Mit einem Mal fällt er in seinem Stuhl in sich zusammen, wie ein Ballon, aus dem die Luft entweicht.

Wie macht sie das?, frage ich mich, während ich ihm zuhöre.

Er überlegt einen Moment, worauf er da wohl reagiert, und sagt dann: »Ihre Stimme wird spitz. Sie holt damit förmlich aus und sticht unvermittelt zu, wenn ich etwas vorschlage, das ihr nicht passt. Das merke ich sofort. Sie wartet auch nicht ab und fragt nicht nach. Sie wehrt direkt ab. Touché. Mit der Art, wie sie dazu die Augenbrauen hochzieht, stellt sie mich kalt.«

Er will schon weitersprechen, aber mehr ist erst einmal gar nicht nötig. Das Bild ist prägnant.

Eine vertraute Stimme aus neuem Munde

Es geht darum, diesem Augenblick, der im Job so schnell vergeht, jetzt und hier Bedeutung zu geben. Ich spiegle ihm, wie seine Worte wirken, und er wird ganz nachdenklich. Jetzt erst merkt er, wie heftig dieser Moment für ihn ist. Es wird ihm durch seine eigene Wortwahl bewusst. Der Augenblick, über den er sonst tapfer hinweggeht, in dem er versucht, sich nichts anmerken zu lassen, fühlt sich für ihn wie eine Niederlage an.

Die Typologie der Auslöser

Schlimmer noch: wie ein Stich in die Brust, der ihm die Luft nimmt. Je länger wir diesen Moment beleuchten, umso mehr nimmt er wahr. Er lenkt seine Aufmerksamkeit jetzt auf das, was er in seinem Körper spüren kann: wie sich der Bauch zusammenkrampft, wie er aufhört zu atmen, wie er sich anspannt, wie erstarrt er ist. Als ich wissen will, warum sein Körper wohl so reagiert, hat er eine prompte Antwort.

»Es ist wie ein Angriff, auf den es für mich nur Unterwerfung gibt. Komisch eigentlich … es fühlt sich an wie ein ›So nicht, Freundchen!‹«.

Aufgrund dieser Assoziation erinnert er sich an Erlebnisse aus seiner Kindheit, an die Stimme der Mutter, die genau diesen Satz oft zu ihm gesagt hat. Er erinnert sich auch daran, wie sie sich abwandte, wenn er etwas in ihren Augen nicht richtig gemacht hatte. Er spürt im Coaching als erwachsener Mann das Gefühl der Einsamkeit des kleinen Jungen, der er einmal war.

»Wenn ich die gleiche Meinung wie meine Mutter hatte, wenn ich in ihren Schablonen geblieben bin mit dem, was ich machte und sagte, dann war ich mir sicher, dass sie mich liebt. Dann war ich ihr ›guter Junge‹. Wenn nicht, wenn ich also etwas angestellt, gedacht oder gesagt hatte, das für sie nicht in Ordnung war, dann war ich Luft für sie. Als wäre ich gar nicht existent. Sie war dann nicht mehr erreichbar für mich, egal, was ich noch gesagt oder getan habe. Sie wurde schnippisch, bekam eine scharfe Stimme und sandte bohrende Blicke, die wie Hiebe auf der Haut brannten. Ich war ihr völlig ausgeliefert und wusste überhaupt nicht mehr, was ich machen sollte.«

Damit hat Tobias erkannt, was ihm heute den Umgang mit diesem bestimmten Typus Mensch so schwer macht. Es aktiviert in ihm das Gefühl und damit das Reaktionsmuster aus den Erfahrungen, die er mit seiner Mutter gemacht hat. Er ist damit in diesem Augenblick an sein »inneres Buch« gebunden, und das verlangt von ihm, still zu sein und zu gehorchen. Denn damals war das für ihn tatsächlich die einzige Möglichkeit und eine sinnvolle Strategie, still in die gesetzten Grenzen seiner Mutter zurückzugehen und sich so Liebe und Aufmerksamkeit zu sichern. Heute ist er erwachsen und kann sich andere Möglichkeiten im Umgang mit verbalen Angriffen erschließen – aber erst jetzt, nachdem er verstanden hat, weshalb er ein festes Handlungsmuster abspult. Jetzt weiß er auch, wo er ansetzen kann, um das Heft wieder in die Hand zu nehmen.

In einer seiner Coaching-Stunden experimentiert er damit, das Buch ab der Szene weiterzuentwickeln, in der er merkt, dass sein Tun seiner Mutter nicht passt. Tobias wird zum Autor seiner eigenen Geschichte. Ihm sind viele Szenen eingefallen, zu denen das Gefühl mit der Chefin passt, und spontan entscheidet er sich für den Augenblick, in dem er allein in seinem Kinderzimmer ist und eben stolz seine Kleidung aus dem Schrank zusammengesucht und sich selbst angezogen hat. Die Mutter kommt herein und zieht die Augenbrauen hoch … Wie läuft die Geschichte weiter, damit der kleine Junge in einem entspannten Modus bleiben kann? Wie kann er als Autor dafür sorgen, dass es dem Jungen gut geht, bis das Buch zu Ende ist?

»Du kannst stolz auf dich sein«, sagt der Großvater

Tobias denkt sich seine Story mit viel Leidenschaft neu aus: »Der Junge ist etwa zwei Jahre alt und davon überzeugt, dass ihm etwas ganz Tolles gelungen ist. Er zieht sich gerade noch die Socken an, da kommt seine Mutter ins Zimmer, sieht die Anziehsachen, die auf dem Boden herumliegen, und schaut dann zu ihm. ›Was soll das?‹, hört er, bevor sie es ausspricht, schon aufgrund ihrer Körperhaltung. Sie zieht die Augenbrauen hoch, und ihm wird ganz schwindelig und wackelig in den Knien. Gerade war er noch so selbstsicher, jetzt hat er das Gefühl, dass er anscheinend eine große Dummheit gemacht hat. Hätte er nicht an den Schrank gehen sollen? Ist die Mutter ärgerlich wegen der Wäsche am Boden? Passt das gar nicht zusammen, was er anhat? Die Zweifel wollen ihn gerade in die Knie zwingen, da kommt der Großvater ins Zimmer, hockt sich vor ihn hin, fasst ihn an die Schulter und sagt: ›Tobi, du bist ein fescher Kerl. Du hast dich selbst angezogen. Da kannst du stolz auf dich sein!‹«

Ich bitte Tobias zu beschreiben, wie es dem Kind geht. Was können wir als Zuschauer beobachten?

Tobias beschreibt den kleinen Jungen so: »Er richtet sich auf und strahlt von einem Ohr zum anderen. Sein Herz klopft wie wild vor Freude darüber, dass jemand sieht, was ihn beschäftigt, dass er eine tolle Idee hatte und selbst etwas geschafft hat. Und dass sein Kleidungsgeschmack dem Opa gefällt, freut ihn auch. Er fühlt sich jetzt sicher mit dem milden Lächeln des Großvaters und dessen Händen auf den Schultern. Jetzt kann ihn nichts aus dem Gleichgewicht bringen. Seine Mutter könnte ihren Degen auspacken, aber sie würde ihn nicht treffen, denn der Junge ist durch das breite Kreuz des Opas geschützt. Er fühlt sich wie in einem kleinen Raum, in dem alles so passt, wie es ist. Und die Mama muss draußen bleiben. Sie darf gucken, und sie darf denken, was sie will. Aber sie kann den Jungen nicht damit treffen. Die spitze Stimme hört man da drinnen gar nicht.«

Es macht Tobias eindeutig Spaß, sich die Geschichte auszudenken, und er bekommt dabei eine ganz entspannte Haltung, wird sichtbar innerlich freier. Seine Augen werden klar, seine Haltung richtet sich auf, die Gesten werden ausladender, er strahlt. Er fasst sich beim Erzählen selbst auf beide Schultern, als der Großvater dazukommt.

Ich mache ihn auf diese Geste aufmerksam und bitte ihn, sie zu wiederholen. Er nimmt dabei seine entspannte Haltung wahr, seinen fließenden Atem und sein Gefühl, unangreifbar zu sein, und er bezieht die Leichtigkeit des Jungen in seiner neuen Dramaturgie klar auf sich.

Damit er diesen Moment als neue Option in sich verankern und im Leben nutzen kann, bekommt er als Hausaufgabe, seine Hände immer mal wieder auf die eigenen Schultern zu legen, sich den Großvater als Schutzschild vorzustellen und diesen Moment abzurufen, in dem er spürt, dass er okay ist, auch wenn jemand seine Meinung nicht teilt. Er nimmt die Erfahrung aus der Coaching-Sitzung in den Alltag mit und probiert aus, ob er mithilfe dieser inneren Unterstützung besser zu seiner Meinung stehen kann.

Tatsächlich ist es Tobias gelungen, den imaginären Großvater in einen der nächsten Vorbereitungstermine mit seiner Chefin mitzunehmen. Bei ihrer ersten kritischen Reaktion hat er bewusst die Hände gespürt, seiner Meinung Raum gegeben und sie gegen ihren Widerstand vertreten. Nach und nach wurden auch seine Präsentationen vor der Geschäftsführung klarer, pointierter und überzeugender.

Tobias Logik war: »Wenn jemand meine Meinung zurückweist, nehme ich mich lieber ganz zurück, damit ich nicht in Ungnade falle.« Ein Hochziehen der Augenbrauen seines Gegenübers genügte inzwischen, um dieses früh verinnerlichte »Storyboard« automatisch abzuspulen. Dabei gehört diese

Reaktion nicht in sein Repertoire als Erwachsener, sondern in die Überzeugungen, die er als Kind gewonnen und nicht mehr weiterentwickelt und überprüft hat. Als ihm das klar wird, kann er als Erwachsener diese Erfahrung und die damit einhergehenden Reaktionsmuster zuordnen. Er übt sich als Entscheider, indem er die Geschichte mit dem Blick eines Autors neu entwickelt. Dabei erfährt er sich als mächtig und handlungsfähig und schafft sich mit dem Großvater auf der inneren Bühne eine wohlwollende Instanz, die sein wahres Ich stärkt. Damit hat er den Freiraum für eigene Gedanken und Impulse, der vor den Hieben und Stichen der anderen sicher ist. Mit dieser Haltung kann er natürlich auch Fakten prüfen, verwerfen oder Impulse der Chefin aufnehmen, die hilfreich sind. Doch dies tut er bewusst als sein eigener Autor – und nicht in der Haltung des ausgelieferten Jungen.

Je öfter Tobias die Erfahrung macht, dass er seine Gedanken als wertvoll erachtet, auch wenn sie nicht den Beifall anderer bekommen, desto flexibler wird er auf Dauer auch mit überzeugten Fechtmeistern ins Duell gehen können.

Der »Nicht mit mir!«-Schlüssel: Menschen, die sich von den Attacken des Fechters verletzen lassen, glauben oftmals, dass sie den Vorstellungen der anderen entsprechen müssen, um zu gefallen.

Übung

Kennen Sie eine ähnliche Situation, in der Sie einem geübten Fechtertypus ausgeliefert sind? Dann nehmen Sie sich doch ein paar Minuten Zeit, um in die Geschichte Ihres eigenen Buches einzusteigen.
• Was ist so eine typische Situation, in der Sie Ihr

Gegenüber mit seiner Spitze zum Wackeln oder zum Umfallen bringt?

- Was würde Ihnen in einer neuen Geschichte guttun? Was oder wer könnte Sie in diesem bedrohlichen Augenblick unterstützen? Erschaffen Sie sich einen Helfer, der das ängstliche Kind in Ihnen schützt und stärkt.

Der Kampfhund

Merkmale: Wachsam. Blitzschnell. Schonungslos.
Haltung: »An mir kommt keiner vorbei.«
Auftrag: Erbarmungslos dafür sorgen, dass niemand sein Revier betritt oder es ihm streitig macht.

Arglos und fröhlich spazieren wir vor uns hin und genießen das saftige Grün der Wiese, den Duft der Blumen und die Wärme der Sonnenstrahlen. Plötzlich schießt aus einem Hinterhalt Zerberus hervor, der Kampfhund aus der Hölle! Bereits der Hauch eines Knurrens aus der Tiefe seines Inneren lässt das Blut in den Adern gerinnen, verheißt es doch schonungslose Brutalität. Sein kernig-kraftvoller Stand zeigt eine stählerne Muskulatur – jederzeit startbereit zur Verfolgungsjagd, die nur mit seinem Zugriff enden kann. Wir sehen tunnelartig einen einzigen Ausweg, um unser Leben zu retten: Flucht! Kehlig-tief bellend, die scharfen Reißer gefletscht, verfolgt er uns mit der niederwalzenden Kraft eines Panzers. Wir versuchen noch, uns auf eine Mauer oder einen Baum zu retten und uns möglichst unsichtbar zu machen. Doch es ist zu spät: Wir spüren, wie sich seine Zähne in unseren Muskeln verbeißen und er unseren schockstarren Körper wie eine willenlose Puppe hin- und herschleudert. Aus – vorbei – der Schmerz lässt uns ohnmächtig werden.

Die 24-jährige Mathematikerin Marion ist schon beim Eintreffen nervös. »Ich habe mich nicht vorbereitet«, gesteht sie und ist sichtbar erleichtert, als ich ihr »Absolution« erteile. Mir brennt die Frage unter den Nägeln, warum sie glaubt, sich entschuldigen zu müssen, obwohl ich gar nichts eingefordert hatte. Aber weil es unsere ersten Sekunden miteinander sind, vertage ich die Frage auf später – so sie dann noch relevant sein könnte. »Ich bin etwas faul«, erklärt sie zudem im Laufe unseres Gesprächs immer wieder.

Marions Anlass für das Coaching ist eine Kollegin, für die sie unsichtbar zu sein scheint, wenn es um die gemeinsame Planung der Mittagspause geht oder wenn über das Hochzeitsgeschenk für einen Kollegen gebrainstormt wird. Und wenn alle einen gemeinsamen Ausflug auf den Weihnachtsmarkt planen oder auch beim Absacker nach dem Messetag – Marion wird übersehen, vergessen, ist nicht mit dabei. Nun hegt sie schon seit einigen Wochen den Verdacht, es könne mehr dahinterstecken, womöglich bewusstes Mobbing. Anscheinend mag die Kollegin sie nicht. Sie hat ihr aber doch nichts getan!

Marion sprudelt ihre Gedanken heraus: »Ich will weder ihren Job, noch will ich ihr sonst irgendetwas Böses. Im Gegenteil: Ich komme bestens vorbereitet in jedes Meeting, versorge jeden überpünktlich mit den Infos, die er oder sie in der Projektarbeit von mir benötigt, und verschicke keine überflüssigen Mails. Und jedes Mal, wenn ich in unsere Kaffeeküche gehe, räume ich das herumstehende Geschirr in die Spülmaschine, obwohl das gar nicht mein Job ist. Erst letzte Woche hatte ich angeboten, den Blumenstrauß und das Geschenk für eine Kollegin zu besorgen, um ihr zur Geburt ihres Kindes zu gratulieren – aber nein: Auch das übernahm wieder die besagte Kollegin. Irgendwie weiß ich nicht mehr mit der Situation umzugehen. Es ist unerträglich, ich halte das nicht mehr lange aus. Ich kann aber doch nicht deshalb meinen Job kündigen, oder? Das wäre doch Wahnsinn! Das kann es doch nicht sein!«

Ich signalisiere ihr, dass ich verstehe, wie sehr sie das nahezu tägliche Geschehen belastet. Da dies jedoch unsere erste gemeinsame Sitzung ist, bitte ich Marion, mir erst mal ihren Lebenslauf und Werdegang zu schildern. Dazu bitte ich sie, ihre »Lebenskurve« aufzumalen und zugleich von Ereignissen zu erzählen, die sie als ihre persönlichen Meilensteine bezeichnet. Dies können Lebenssituationen oder Entscheidungen sein, durch die sie besondere Kenntnisse oder Erkenntnisse gewonnen hat – Situationen, die sie geprägt haben, wie Umzüge, die Aufnahme einer ehrenamtlichen Tätigkeit, besondere Erfolge in der Schule, Uni und beim Sport, oder auch traurige Ereignisse wie der Verlust eines nahestehenden Menschen.

So entsteht eine Grafik wie bei einem EKG, mit dem Ärzte Herzströme analysieren. Und von ganz ungefähr kommt die Analogie auch nicht: Unser Herzrhythmus, Puls und Blutdruck, können ebenso von starken äußeren Ereignissen beeinflusst werden wie unsere Gemütslage und psychische Kraft.

Die Typologie der Auslöser

Ich muss mich anstrengen, um dazuzugehören

Marion setzt ihren ersten wichtigen Punkt gleich auf das Alter von zwei Jahren: »Da ging ich freiwillig in den Kindergarten, weil mein drei Jahre älterer Bruder ebenfalls dort war.«

Ich zeige mich verwundert: »Das ist ungewöhnlich.«

»Ich wollte das einfach. Zu Hause war es zwar wunderbar, aber ich wollte partout in den Kindergarten gehen. Als ich vier Jahre alt war, musste ich dann umzugsbedingt in einen anderen Kindergarten. Der Wechsel machte mich traurig, und ich habe viel geweint, denn die dortige Kindergärtnerin hatte ihren Job verfehlt.«

»Wie meinen Sie das?«

»Sie war nicht herzlich. Wir mussten ständig Tee trinken und Mittagsschlaf halten. Seither mag ich keinen Tee mehr.«

Ein weiterer Punkt, der mich aufhorchen lässt und den ich mir für einen späteren Zeitpunkt merke. Marion wirkt hier extrem sachlich auf mich.

»Was hätten Sie sich denn damals gewünscht?«

»Auf alle Fälle keinen Tee. Und ich wollte zurück zu der vorherigen Kindergärtnerin. Aber es ging eben nicht. Tja, und dann kam diese Schulzeit«, fährt Marion fort.

Ich hake nach: »Wie meinen Sie das, ›diese‹ Schulzeit?«

»Nun, nach dem ersten Halbjahr habe ich die Klasse übersprungen und bin in die zweite Klasse gewechselt. Für mich war das ganz normal, nur die anderen fanden das irgendwie besonders. Ich hatte mich aber einfach in der ersten Klasse gelangweilt.«

Wieder bekunde ich mein Erstaunen, denn das ist ein ungewöhnlicher Schritt in dem Alter.

Sie beschreibt, dass es ihr mit dem Lehrstoff nun hervorragend ging – endlich konnte sie interessante Dinge lernen.

»Aber sonst war es schlimm. Meine Mutter wollte mir das Einleben erleichtern und lud alle Mädchen der Klasse zu uns nach Hause ein. Das war ja an sich eine tolle Idee – nur kamen von elf eingeladenen Mädchen gerade mal zwei.«

Ich hake ein und frage nach dem Grund. »Claudia hatte ihnen verboten zu kommen. Sie war die typische Mitschülerin, die alle im Griff hat. Sie gab den Ton an, wie ein Rudelführer.«

Wieder ein Bild, das mich aufhorchen lässt. Aber zunächst beleuchten wir Marions Begegnungen mit der dominanten Mitschülerin genauer: »Wie war das für Sie?«

»Unendlich traurig. Ich konnte das nicht wirklich verstehen. Mit der Zeit wurde ich immer stiller. Obwohl ich anfangs noch versuchte, ihre Meinung von mir zu ändern, habe ich mich zunehmend zurückgezogen. So sehr ich auch versuchte, mir durch besonderes gute Leistungen Respekt zu verschaffen, nett zu den Mitschülern zu sein, indem ich ihnen Hilfe bei den Hausaufgaben anbot oder versuchte, ihr Unwissen auszugleichen, indem ich mich meldete, wenn ich eine Frage der Lehrer beantworten konnte und sie eben nicht: Für die anderen war ich einfach nur die ›Streberin‹, die immer alles wusste, gute Noten hatte, von den Lehrern gelobt wurde. Dabei konnte ich doch gar nichts dafür. Eigentlich war ich ja auch irgendwie faul und hätte sicherlich noch mehr lernen können. Am Schluss hatte ich nur noch eine einzige Freundin, mit der ich mal etwas unternehmen konnte. Irgendwann ist sie jedoch weggezogen, und dann war ich ganz allein. Claudia hatte einfach zu viele aus meiner Klasse überzeugen können, dass mit mir nichts anzufangen sei, weil ich ja ohnehin immer nur strebern würde.«

Ich bitte sie, mir zu erklären, was sie unter »faul sein« versteht.

»Nun, ich habe mir den Stoff eben ein Mal durchgelesen, und

dann konnte ich ihn einfach. Das ging sehr fix. Ein fotografisches Gedächtnis nennt man das wohl. Sicherlich hätte ich noch jede Menge mehr dazu nachlesen können. Aber das habe ich eben nicht getan – weil ich dafür zu faul war, auch mal Sport machen oder etwas unternehmen wollte und meine Noten ja auch so schon recht gut waren mit lauter Einsern und Zweiern.«

Als sie ihre Lebenskurve weiter zeichnet, erschrickt Marion. Ihr wird bewusst, dass es in der Studienzeit eine ähnliche Situation gab. Diesmal war es ein Kommilitone, der bei einer Semesterarbeit, die im Team verfasst wurde, wichtige Teilbereiche regelrecht sabotierte und ihr die Schuld für die Verzögerung in die Schuhe schob. Marion kam erstmals nur mit Ach und Krach durch. Und nun also die Kollegin, die sie immer übersieht und die es irgendwie wohl auch schafft, dass Marion für die anderen unsichtbar ist.

Kämpfen gegen die Kampfhunde

Wir beschließen gemeinsam, die Ursprungssituation genauer unter die Lupe zu nehmen. In einer systemischen Strukturaufstellung (mit kleinen Figuren als Stellvertretern) kehrt Marion sozusagen noch einmal in die zweite Klasse zurück. In dieser Aufstellungsarbeit kann sie den damaligen Gefühlen im geschützten Rahmen auf den Grund gehen, sie zulassen und aussprechen.

Sie spürt ihre Wut auf die Widersacherin, die sie als Kind unterdrückte und mit heimlich unter der Bettdecke geweinten Tränen überdeckte – ein Fluchtmechanismus, den sicherlich viele Menschen kennen. Sie nimmt den Druck auf der Brust wahr, den sie während der Schulzeit immer wieder verspürte und für den der Kinderarzt keine wirkliche Erklärung fand. Sie kann Handlungsoptionen erarbeiten, erproben und erkennen, ob und wie sich die Wahrnehmungen wandeln, ihre eigenen und die der anderen Beteiligten.

Als Sechsjährige allein unter lauter Älteren – das ist kein Honigschlecken, wenn man von einer Rädelsführerin als Streberin abgestempelt und somit als Außenseiterin ausgegrenzt wird. Nun gäbe es mehrere Reaktionsmöglichkeiten: Man kann kämpfen und versuchen, seine Position zu verteidigen. Man kann seine Eltern zurate ziehen und um Hilfe bitten, sodass diese das Gespräch mit der Klassenleitung suchen. Andere Kinder wiederum würden sich vom Geschehen abwenden und Freunde außerhalb des Schulumfelds suchen. Marion wählte damals – unbewusst, wie es eben meist geschieht – die Rolle des angepassten Kindes. Sie verstummte gegenüber ihren Mitschülern und versuchte zugleich, sich durch beste Leistungen Aufmerksamkeit und Anerkennung zu verschaffen. Trotz aller Bemühungen funktionierte es aber nicht. Und Marion gab sich immer mehr Mühe, in der Annahme, dass sie sich nur mehr anstrengen müsse, um Anerkennung und Zugehörigkeit zu finden, gemocht zu werden, aufgenommen zu werden in den gewünschten Kreis von Freunden beziehungsweise im aktuellen Fall von Kollegen.

In unserer systemischen Strukturaufstellung kann Marion als Erwachsene aussprechen, was ihr als Kind nicht gelang. Sie stellt die Kontrahentin zur Rede und traut sich ins verbale Duell. Sie formuliert ihre Enttäuschung und ihren Ärger gegenüber den anderen, die nicht bereit waren, sich ein eigenes Bild von ihr zu machen. Sie vertritt ihren Wunsch, Teil der Gruppe zu sein. Und sie nimmt wahr, dass die anderen Respekt vor ihr bekommen und Claudias Ränkespiel beenden. Claudia, die bissige Kampfhündin, die Marion über das Spielfeld jagte, lässt zusehends Zähne und ist somit entmachtet.

Sich selbst und das Gegenüber verstehen

In den folgenden Coachings entwickelt Marion neue Ideen und Strategien, um aktuellen und zukünftigen Kampfhunden etwas entgegensetzen zu können. Wir nutzen dabei immer wieder die sogenannte Meta-Stuhl-Technik, bei der Marion die jeweiligen Gesprächspartner virtuell auf einen Stuhl gegenüber setzt und mit ihnen kommuniziert. Unmittelbar danach wechselt sie auf den Stuhl des Gegenübers und beschreibt, wie das Gesagte auf sie in ebendieser Position wirkt. Das ist eine sehr wirkungsvolle Methode des Perspektivenwechsels.

Marion kann dadurch, dass sie sich in die verschiedenen Perspektiven der Beteiligten wirklich hineinversetzt, die Lösungsmöglichkeiten eher fühlen und erleben, statt sie nur theoretisch zu formulieren. So wird Veränderung möglich, so kann sie sich innerlich festigen und schließlich auch für das Gegenüber erlebbar und spürbar werden. Marion will das Gefühl, nicht erwünscht zu sein, hinter sich lassen. Sie will raus aus ihrem Versteck und mit den anderen »Mitspielern« in Kontakt kommen und bleiben. Und es gelingt ihr zusehends.

In einem unserer Termine stelle ich ihr die sogenannte Wunderfrage: »Stellen Sie sich vor, Sie gehen heute Abend zu Bett und schlafen durch bis morgen. In der Nacht kommt eine Fee und erfüllt alle Ihre Wünsche. Woran merken Sie morgen früh, dass das Wunder geschehen ist?«

Lange überlegt Marion. Schließlich sagt sie: »Ich habe dann meinen Platz gefunden. Ich müsste mich nicht länger anstrengen, ihn zu finden – wie ein Hund, der weiß, wo im Raum sein Platz ist, der dorthin geht und sich hinlegt, der sich also nicht mehr an x Orten ewig um die eigene Achse drehen muss, sondern der sich einfach an seinen Platz legt. Und alles ist in Ordnung: Er ist ruhig und entspannt und zugleich ist er auch wach und aufmerksam. Er muss nichts – er darf einfach sein.«

»Und wie fühlt sich das an, dieses Sein-Dürfen?«

Marion nimmt sich Zeit, hinzuspüren. »Unendlich ruhig im Innersten. Befreit. Beseelt. Angenommen. Warm.«

»Wo nehmen Sie dieses Gefühl körperlich wahr?«

»Hier im Herzen«, antwortet Marion und führt ihre Hände vor den Brustkorb. Sie lächelt und schließt die Augen. »Hier ist Frieden. Ich komme zur Ruhe, muss nicht mehr knurren und nicht mehr kämpfen – es fühlt sich einfach friedvoll an. Ich kann atmen, ganz leicht. Himmlisch.«

Einfach so ein Teil des Rudels sein

Ich mache Marion darauf aufmerksam, dass sie ihre kindliche Widersacherin Claudia als Rudelführerin bezeichnete. Anschließend frage ich sie, wo sie denn gerne ihren eigenen Platz sehen würde: als Anführerin oder als Teil der Gruppe?

Wie aus der Pistole geschossen kommt ihre Antwort: »Ich sehe mich als Teil des Rudels. Allerdings bin ich durchaus bei denen, die eine wichtige Funktion haben und auf die man sich verlassen kann, wenn es um etwas geht. Und das kann man: Ich bin jung und agil, erfasse Situationen umgehend und kann mich den Erfordernissen anpassen. Für mich und für das Rudel.«

»Wären Sie gerne das Leittier?«, hake ich noch einmal nach.

»Vielleicht später mal – im Moment sicherlich nicht. Denn ich will nicht dauernd auf alle aufpassen müssen, die Grenzen sichern oder alle Verantwortung tragen. Ich will nur dabei sein und meinen Teil zum Überleben und Leben der Gemeinschaft beitragen.«

Erleichtert erkennt sie nun auch, dass sie keineswegs faul war und zu wenig Zeit mit den Schulbüchern verbrachte, wie sie eingangs erwähnte, sondern vielmehr das Talent einer raschen Auffassungsgabe hat und zugleich über ein exzellentes Erinnerungsvermögen verfügt. Sie hat in ihrer Logik Dinge verknüpft, die gar nicht unmittelbar im Zusammenhang standen. Ihre Überzeugung, dass sie sich durch Anstrengung Zugehörigkeit verschaffen kann, und der Umstand, dass sie nicht viel lernen muss, um zu verstehen, hat sich in ihr zu dem Glauben verbunden, dass sie eben faul und *deshalb* nicht zugehörig sei. Da es nur an ihrer Faulheit zu liegen schien, musste sie sich nicht völlig machtlos fühlen (denn es wäre ja durch Fleiß zu ändern). Damit hat sie den eigenen Schmerz abgewehrt, der dadurch entsteht, nicht zugehörig zu sein.

Heute gilt es, das Gefühl des Ausgeschlossenseins anzunehmen und zu betrauern, so weh das auch tut. An diesem selbstverantwortlichen Punkt ist Marion nun und spürt bei allem Schmerz gleichzeitig, dass sie anfängt, endlich zu sich zu stehen und nicht gegen sich selbst zu kämpfen.

In der Folgesitzung zeigt Marion mir gleich zu Beginn strahlend eine Postkarte, die ihr auf dem Heimweg nach unserem ersten Gespräch in einer Buchhandlung ins Auge stach. Sie kaufte sie umgehend und steckte sie im Bad an ihren Spiegel. Außerdem fotografierte sie den Spruch und nutzt ihn nun als Bildschirmschoner auf Smartphone und Notebook. Er lautet: »Ich muss gar nichts!«

Marion ist klar geworden, dass sie sich der Kampfhundhaltung ihrer Kollegin so hilflos ausgesetzt fühlt, weil ihre bisherige Lebensstrategie da nicht hilfreich war. Sie hat immer in dem fest verankerten Glauben gehandelt, dass sie sich anstrengen muss, um dazuzugehören. Sie ist dem Kampfhund kämpfend begegnet und konnte bei aller Anstrengung doch nichts erreichen. Auch bei den Kolleginnen half das Anstrengen nichts. Im Gegenteil: Sie hat sich damit immer weiter ausgegrenzt. Marion hat also mehr vom Gleichen probiert und ist damit ans Ende ihrer Kräfte gekommen. Das Anstrengen ist für sie so »normal«, dass sie darin niemals den Schlüssel für die Lösung im Umgang mit den Kampfhunden ihres Lebens vermutet hätte.

Mit der Erkenntnis, dass sie auch etwas wert ist, ohne sich anzustrengen, hat sie sich einen Freiraum geschaffen, in dem sie den Kollegen in Zukunft mit einem vielfältigen Repertoire begegnen kann. Denn das, wonach sie sich wirklich sehnt, ist Verbindung. Und die kann nur entstehen, wenn sie sich selbst in den Kontakt einbringt und nicht nur ihren Fleiß.

Tatsächlich hat sie aufgehört, alle Kraftreserven zu mobilisieren, um zum Kollegenkreis dazuzugehören. Sie hat einen sanften Umgang mit sich selbst gefunden und so als Teil eines Rudels, in dem sie ihren Platz kennt und ausfüllt, auch einen neuen Zugang zu einem Teil der Kollegen. Mit der Kampfhündin ist Marion zwar noch immer nicht befreundet, aber sie kann ihr das Verteidigen ihres Reviers lassen – als Eigenart der Kollegin, nicht als Herausforderung für sich selbst. So hat sich Marion ihren Platz im Team gesichert und setzt ihre Energie da ein, wo sie Mehrwert bringt.

Der »Nicht mit mir!«-Schlüssel: Menschen, die das Gefühl haben, dauerhaft mit Kampfhunden zu kämpfen, glauben häufig, dass sie immer tüchtig sein müssen, um akzeptiert zu werden.

Übung

- Welches Tier wären Sie, falls Sie sich so einordnen müssten?
- Was macht Sie gerade zu dieser Tierart zugehörig? Sind das Einzelgänger oder Rudeltiere? Was schätzen Sie an ihnen und was bereitet Ihnen vielleicht Unbehagen? Was zeichnet die Tierart aus – wofür wird sie geliebt und warum haben wir auch Respekt vor ihr?
- Mit welchen anderen Tieren stehen Sie in Konkurrenz? Welche natürlichen Feinde gibt es und welche Abwehrmechanismen oder -strategien helfen gegen sie?

Je mehr Sie über sich wissen, umso mehr Bedeutung geben Sie sich selbst. Das Ziel ist, dass Sie wissen, was Sie an sich haben, was Ihnen wichtig ist und welchen Platz Sie sich in welchem Kontext wünschen. Wenn Sie sich das dann auch noch zugestehen, wird es Ihnen leichter fallen, sich in brenzligen Situationen gut zu vertreten.

Der Würger

Merkmale: Clever, knallhart, ausgebufft.
Haltung: »Es gilt, was ich sage. Und sonst nichts.«
Auftrag: Weltmacht mit drei Buchstaben? ICH!

Der Würger geht uns an den Kragen. Er raubt uns die Luft. Und manchmal dreht er uns die Gurgel ganz um. Anfangs versuchen wir noch, uns lautstark zu wehren und ihm zu entwinden. Aber wenn sich seine Hände erst um unsere Kehle geschlossen haben, lässt er nicht mehr locker. Irgendwann wird unsere Stimme brüchig und verstummt schließlich. Tief in unserem Innern schreien wir, aber die Schreie dürfen nicht gehört werden. Auf keinen Fall soll ruchbar werden, wer dafür verantwortlich ist. Das Geheimnis darf nie gelüftet werden. »Gelobe es – für immer und ewig!«

Das gilt allerdings nur für das Opfer. Der Würger selbst verteilt seine Wahr- und Weisheiten gern unters Volk – natürlich nur an Auserwählte seiner Entourage, von denen er sich sicher sein kann, dass sie der weiteren Verbreitung dienlich sind. Man muss eben wissen, wem man was erzählt, um seine volle Wirksamkeit zu entfalten. Aber: pssst! Das alles wurde nie gesagt. »Sie würden doch nie von mir annehmen, dass ich zu so etwas fähig wäre. Oder? ODER? Eben. Alles paletti – sag ich doch!«

Sophie hat so einen »Alles-paletti-Chef«. Sie schätzt vieles in der Zusammenarbeit mit ihm, aber manches betrachtet sie auch kritisch. Sie ist Pressesprecherin und kommt ins Coaching, weil sie in dieser Funktion unterschiedlichsten Zielgruppen gerecht werden, unter hohem Zeitdruck arbeiten und mit hochsensiblen Themen umgehen muss. Eines Tages erlebe ich sie völlig außer sich. Sie beschreibt, was ihr ein paar Tage zuvor im Job widerfahren ist und wie sie das in völlige Hilflosigkeit versetzte.

»Ich starrte fassungslos auf den Bildschirm und las die Mail meines Chefs noch einmal. Und gleich noch mal. Dann fragte ich meine Mitarbeiterin, ob sie diesen ›Auftrag‹ aus dem Vertrieb wie besprochen geklärt habe. Sie bejahte das. Warum in aller Welt hatte ich dann eben diese Mail vom Chef bekommen? ›Ich erwarte, dass ihr das erledigt, es ist eure Aufgabe.

Das ist eine Anweisung!‹ Heftig: Er hat sogar eine andere Grußformel als sonst verwendet. So kenne ich ihn gar nicht.«

Endlich reden!

Sophie atmet flach, als sie mir von der Situation berichtet. Sie war schon spürbar durcheinander, als sie unseren Termin telefonisch vereinbarte. Jetzt wirkt sie, als brodele ein Vulkan in ihr. Sie erklärt mir, dass besagte Kollegin aus dem Vertrieb überaus arbeitsscheu sei und wieder mal versucht habe, ihre Aufgaben auf Dritte abzuwälzen, in diesem Fall konkret auf Sophies Mitarbeiterin.

Ich lasse sie weitererzählen, denn ich spüre ihr Bedürfnis, das Erlebte endlich in Worte fassen zu dürfen. In der akuten Situation beschloss Sophie, besonnen zu reagieren und dem Chef zunächst nicht zu antworten. Vielmehr konzentrierte sie sich so gut wie möglich darauf, die obersten Prioritäten zu erledigen, denn wie immer quoll ihr Schreibtisch ohnehin über vor Aufgaben. Spätabends antwortete sie ihrem Vorgesetzten doch noch:

»Ich bin etwas verwundert über deine Mail: Du weißt, wir sind selbstverständlich gerne für die Kollegen/-innen da und unterstützen sie, wo es geht. In diesem Fall fehlen jedoch bis jetzt jegliche Infos. Ein mündliches ›Macht mal, wir brauchen da was!‹ im Türrahmen ist kein Briefing. Daher äußerten wir die Bitte an die Kollegin, die Eckdaten zusammenzustellen und den beabsichtigten Gedanken kurz zu fixieren. Wir finalisieren das dann gerne.«

Sophie zeigte sich also kooperativ, machte aber auch klar, dass ihre Abteilung nicht aus dem Blauen heraus arbeiten kann. Mit einem guten Gefühl, klar und konstruktiv geantwortet zu haben, verließ sie gegen 22 Uhr das Büro. Am nächsten Morgen stürmte ihr Chef unangekündigt ins Zimmer, schloss die Türe hinter sich und setzte sich auf ihren Tisch.

Sophie hält einen Moment inne in ihrer Erzählung und greift zu einem Snack. Noch ein Schluck Wasser, einmal Luft holen und dann fährt sie fort in ihrer Erzählung: »Er sagte, er habe meine Nachricht gegen Mitternacht gelesen und sei total überrascht gewesen. Und dann kam der Hammer: ›Die Mail an dich kam nicht von mir.‹«

Seine Sekretärin habe sie geschrieben, ohne sein Wissen. Das dürfe aber nicht bekannt werden, ich solle da gar nichts machen! Er habe meine Antwort gelöscht und kläre das direkt mit ihr. Den besagten Auftrag aus dem Vertrieb allerdings solle ich jetzt umgehend erledigen. Ich selbst. Und mit einem bedrohlich wirkenden ›Kein Wort über die Angelegenheit! Zu niemandem!‹ rauschte er ab.«

Es ist spürbar, wie geschockt Sophie immer noch ist. Sie fragt sich, ob das ein Komplott gegen sie war oder einfach »nur mal wieder« die bodenlose Faulheit der Vertriebskollegin? Oder muss diese ihre Macht demonstrieren? Sophie verrät: Der fernehegeplagte Chef hat seit geraumer Zeit ein Verhältnis mit besagter Vertriebsfrau. Seiner Assistentin ist das natürlich auch bekannt, sie hat ja Einblick in seine Korrespondenz.

Sophie erklärt, wie es zu der fingierten Chef-Mail an sie gekommen sein musste: Die Vertriebskollegin – vermutlich verärgert über die Antwort von Sophies Mitarbeiterin – marschierte offenbar ins Sekretariat und stellte sich als Opfer der »stets abwehrenden und ach so unkooperativen« Sophie dar. So brachte sie die Assistentin wohl dazu, sich mit ihr zu verbünden, besagte Arbeitsanweisung zu formulieren und vom Chef-Account aus zu verschicken. Und das ist es, was Sophie nun wirklich zum Rasen bringt:

»Das ist doch Amtsanmaßung, was sie da betreibt! Das geht gar nicht! Und so was bleibt ungesühnt? Da darf ich nichts sagen? Sie nicht zur Rede stellen, wenn sie mir so übel mitspielt?« Sophie ist auch jetzt in unserem Coaching wieder sehr erregt, als sie das Geschehen schildert, und beruhigt sich erst, als sie noch einen Schluck Wasser trinkt.

Wir wollen genauer hinschauen und die Punkte herausarbeiten, die sie so aus der Bahn werfen. Denn eines ist klar: So ohnmächtig möchte sich Sophie nie wieder fühlen müssen.

Zum Schweigen verdammt

Wir sammeln also die Punkte und ziehen den Fokus scharf. Es ist zunächst die hinterhältige Art der Vertriebskollegin, eigene Arbeit auf Sophies ohnehin überlasteten Bereich abwälzen zu wollen. Sophie beschreibt ihr Gefühl dazu umgehend mit dem Wort Entrüstung. Hinzu kommt dann der anmaßende Versuch der Assistentin, Sophie offensichtlich für dumm verkaufen zu wollen. Hier wird Sophies Gefühl deutlich stärker: Wut. Und zu guter Letzt folgt der Chef mit seinem Handeln. Warum in aller Welt soll sie diesen vermaledeiten Auftrag ausführen? Noch dazu sie selbst und nicht ihre Mitarbeiterin?

»Weshalb erniedrigt er mich so? Was soll das? Und dann soll ich auch noch schweigen? Dann wäre die Rechnung der beiden falschen Schlangen ja aufgegangen!« Sophies Wut wandelt sich jetzt in ein Ohnmachtsgefühl.

Ich spiegle ihr, was ich wahrnehme: »Gerade noch haben Sie sich voller Energie aufgepumpt zu einem großen Ballon, der kurz vor dem Platzen ist. Und dann erzählen Sie von Ihrem Vorgesetzten, und mit einem Mal kann ich förmlich sehen, wie Ihnen die Luft ausgeht und der Ballon in sich zusammenfällt.«

»Ja«, bestätigt sie, »dabei bin ich doch gerade auf ihn so besonders wütend! Ich hätte schreien können, als er mir verbot, darüber zu sprechen!«, sagt sie, den Tränen nahe. »Es ist, als stünde ich im Zentrum eines teuflischen Dreiecks, und ich habe das Gefühl, den Dreien ausgeliefert zu sein. Ich fühle mich verhöhnt. In der Nacht darauf hatte ich einen Albtraum: Sie standen alle um mich herum – die ganze Firma. Sie haben mit dem Finger auf mich gezeigt und sich vor Lachen ausgeschüttet. Eiskalt war es, einfach grausam. Ich wollte weglaufen und konnte es nicht. Und das Schlimmste war: Ich wollte schreien – und auch das konnte ich nicht! Es kam kein Ton! Nichts.«

Sophie schildert nun, warum genau sie sich ohnmächtig gefühlt hat: »Es ist nicht dieser klitzekleine Text. Der wäre im Handumdrehen erledigt gewesen, wenn die notwendigen Infos vorgelegen hätten. Es ist das Zusammenspiel der vielen kleinen und hinterhältigen Komponenten: Die Vertriebskollegin betrachtet sich durch ihre besondere Nähe zu unserem Geschäftsführer als Nabel der Welt – zumindest in unserer Firma. Zugleich ist sie aber arbeitsscheu und auch noch intrigant. Wenn jemand Gerüchte in Gang setzt und am Laufen hält, dann sie. Sie wusste ganz genau, dass sie mich mit ihrem Anliegen nicht um den Finger wickeln könnte. Also hat sie sich gleich an meine Mitarbeiterin gewandt und sie beauftragt. Dumm nur, dass sie diese nicht ausreichend informiert hatte. So kam der Ball zu ihr zurück. Na ja, letztlich doch nicht. Jetzt klebt alles an mir, die lachen sich ins Fäustchen, und ich darf mich nicht wehren. Es ist immer wieder dasselbe: Ich bekomme alles mit und muss die Klappe halten.«

Das »immer wieder« lässt mich aufhorchen, denn hinter

dieser Formulierung stecken oft eigene Glaubenssätze. Wenn etwas immer wieder geschieht, liegt die Frage nahe, was man selbst dazu bewusst oder unbewusst beiträgt.

Im Laufe unseres Gesprächs geht Sophie ein weiteres Licht auf: »Immer, wenn es in den letzten Jahren bei mir zu viel wurde, kommt eine Erkältung daher und setzt mich komplett außer Gefecht. Dann geht nichts mehr: Ich verliere für ein oder zwei Wochen meine Stimme und huste mir zugleich die Seele aus dem Leib. Eigentlich kein Wunder.«

Ich fasse diese Gegensätze bewusst noch einmal zusammen: »Sie verstummen einerseits, und gleichzeitig wirft Ihr Husten alles Belastende ›bellend‹ aus.«

Sophie erschrickt, als sie die Zusammenhänge erkennt. »Wissen Sie, ich fühle mich, als bekäme ich keine Luft mehr, als würde man mir die Kehle zudrücken.« Sie hält sich beide Hände vor Brust und Hals.

»Was machen Sie in so einem Fall dann? Wie reagieren Sie?«

»Nichts – gar nichts kann ich mehr machen. Ich bin wie gelähmt.«

Sie ergänzt, sie habe schon mit Freunden darüber gesprochen und mit dem Partner. Von allen gab es viele gut gemeinte Ratschläge – das Repertoire reichte von »Dem hätte ich ja ordentlich die Meinung gegeigt!« bis zu »Ich hätte gekündigt. Sofort!«.

Ich konfrontiere sie mit dem Spruch »Auch Ratschläge sind Schläge«.

Sie nickt: »Ja, das stimmt. Mit jedem Ratschlag komme ich mir hilfloser vor. Ich kann das nicht einfach so umsetzen, auch wenn es sich gut anhört. Das ist nicht mein Ding!«

Vom Erleiden über das Erleben in die Veränderung

Ich schlage ihr vor, die Situation mit Holzfiguren aufzustellen und so Klarheit zu gewinnen, um letztlich einer für sie richtigen Lösung näher zu kommen. Sophie, die gerne mit dem Aufstellungssetting arbeitet, wählt je eine Figur als Stellvertreter für sich selbst, den Chef und die beiden Kolleginnen und stellt sie auf dem Tisch auf.

Sie wird unmittelbar ruhiger – die Übertragung auf die Holzfiguren und die Einprägsamkeit der dadurch entstehenden Bilder machen ihr die Arbeit am Thema leichter.

Die Figuren der anderen stehen im Dreieck, und Sophie rückt die für sich selbst ausgewählte Figur in die Mitte. Dabei zögert sie zuerst, lässt sich aber dann doch auf diese Position ein. Sofort ist ihre Unruhe wieder deutlich wahrnehmbar zurück.

»Was hat sich gerade bei Ihnen verändert? Und wo spüren Sie das jetzt?«, frage ich sie.

Sie legt sich die Handflächen auf die Brust, die Fingerspitzen berühren dabei fast die Kehle. »Es ist wie eine Klammer, die immer enger und enger wird. Das raubt mir die Luft zum Atmen«.

Um sie diesem beängstigenden Gefühl nicht länger auszusetzen, wenden wir uns zunächst den drei anderen Figuren zu. Ich bitte sie, zu erkunden, wie es diesen in der Situation so ergeht. Sophie berührt nun nacheinander jede der Figuren, die als Stellvertreter für die Vertriebskollegin, die Assistentin und den Chef stehen. Dabei fühlt sie sich in die jeweilige Position hinein und beschreibt ihre Wahrnehmungen.

Nach der eigenen Stellvertreterfigur (»Ich will nur hier raus. Das ist mir zu eng. Ich will nichts damit zu tun haben!«) schildert sie zunächst die Position der Vertriebskollegin: »Das ist interessant: Das ist so emotionslos, wie abgeschnitten. Aber ich fühle mich in dieser Position extrem mächtig. Und das gefällt mir – ich bin irgendwie in mich selbst verliebt. Seltsam ist das.«

Dann wechselt sie zur Stellvertreterfigur der Assistentin: »Hier bin ich total hektisch und unruhig. Ich will alles perfekt und zu 150 Prozent machen. Das ist total anstrengend. Und der da« – sie deutet auf die Chef-Figur und bekommt dabei etwas fast Verächtliches im Blick sowie eine oberlehrerhafte Strenge in der Stimme – »ist ja nie da oder kommt dauernd zu allem zu spät. Wie soll das denn klappen? Der hat ja seinen eigenen Laden nicht im Griff. Dann muss ich das eben machen! Ohne mich ist der aufgeschmissen!«

Als sie den Kontakt zu der Figur löst, bitte ich sie, ihre Wahrnehmung der Assistentin aus ihrer jetzigen Perspektive zu beschreiben. Sie nimmt deren enormen Ehrgeiz und übergroßes Verantwortungsgefühl wahr. »Fast schon krankhaft fühlt sich das an – total unter Druck. Schrecklich eigentlich. Das war mir gar nicht so bewusst, unter welchen Druck sie sich wohl setzt.«

Nun nimmt sie die Position des Chefs über die Holzfigur ein: »In der Position des Chefs bin ich ganz schön genervt. Viel Lärm um nichts. Weiber halt. Ich erwarte, dass der Laden läuft! Mit solchem Kleinkram möchte ich mich nicht aufhalten. Bevor ich denen jetzt an die Gurgel gehe, will ich mich lieber umdrehen und hier raus. Denn ich habe schließlich andere Sorgen.«

Sophie ist von dieser Perspektive ganz irritiert. Sie selbst nimmt ihren Chef so wahr, als wolle er ihr die Luft abschnüren – und kaum versetzt sie sich in ihn hinein, merkt sie, dass er eigentlich selbst genervt ist und sich eingeengt fühlt. Das starre Bild vom mächtigen Gegenüber, dem sie sich nur ausgeliefert fühlt, kommt in Bewegung.

Endlich frei zu sein heißt, allein zu sein

Im nächsten Schritt kann Sophie die Figuren auf dem Brett so verändern, wie es für sie passender erscheint. Die Ergebnisse: Der Chef blickt abgewandt nach außen und fühlt sich wieder wohler. Seiner Geliebten fehlt die Aufmerksamkeit, was sie entrüstet und zugleich etwas hilflos macht. Sie schaut sich um und versucht herauszufinden, wo sie einen neuen Tummelplatz für sich finden kann. Die Assistentin ist weiterhin hektisch und platzt fast vor Betriebsamkeit.

»Und wie geht es Sophie jetzt?«, frage ich sie schließlich.

Sie geht zaghaft wieder in Kontakt mit ihrer Stellvertreterfigur und atmet erst mal laut hörbar auf. »Ich fühle mich zwar immer noch nicht ganz wohl, aber es ist auf alle Fälle besser. Ich habe das Gefühl, dass ich durch die Öffnung des Dreiecks die Szene verlassen kann.«

»Und wo würden Sie Ihre Figur gerne positionieren?«, frage ich.

»Am anderen Ende des Spielfeldrandes. Um ehrlich zu sein: Am liebsten würde ich das Spielfeld sogar ganz verlassen.«

Ich hake nach: »Ganz verlassen? Was konkret heißt das – wo wären Sie dann?«

»Raus aus der Firma, raus aus der Stadt, raus aus Deutschland. Ich würde wieder auf Reisen gehen.« Sophie erwähnte bereits in einer früheren Sitzung ihre Leidenschaft fürs Backpacking und lange Fernreisen. »Je weiter weg ich bin, desto besser geht es mir – umso freier fühle ich mich.«

»Was meinen Sie mit frei?«

»Ich weiß es nicht genau. Obwohl – jetzt, wenn Sie mich so fragen: Ich komme dann zu mir. In meinen Rhythmus. Ich kann dann endlich wieder frei atmen, frei entscheiden. Dieser Ring um meinen Brustkorb, der ist dann weg. Ich weiß dann, was ich wirklich will und folge auch meiner Intuition. Das tut immer gut, fühlt sich immer richtig an.«

Ich frage sie: »Diesen Würgegriff um die Kehle und den Druck auf der Brust, die Sie vorhin beschrieben haben – kennen Sie die? Und falls ja: Wann haben Sie das zum ersten Mal verspürt?«

Sie überlegt. »Das ist lange her. Fast dreißig Jahre. Meine Mutter hatte mir damals ein Geheimnis anvertraut. Ich war die Einzige in der Familie, die es kannte, und ich musste schweigen. Das war fürchterlich. Ich durfte mich ja nicht verplappern.«

»Ja, das muss schlimm sein für ein Mädchen von zwölf Jahren«, bekräftige ich dies. »Das ist viel zu viel Verantwortung.«

»Vor vier Jahren kam bei der Therapie – nach der Trennung von meinem Mann – alles wieder hoch. Ich war völlig fertig. Das Verhältnis zu meiner Mutter hatte sich im Lauf der Jahre zunehmend verschlechtert. Irgendwann musste ich meine Mutter dann damit konfrontieren.«

Ich bitte sie, mir das Gespräch mit der Mutter zu beschreiben.

»Es war grässlich, aber es musste sein. Ich habe all meinen Mut zusammengenommen und ihr in einem ruhigen Moment gesagt, dass ich mit ihr über das Thema von damals noch mal sprechen müsse. Sie wusste sofort, was ich meinte, und ist völlig ausgerastet. Irre! Ich hab gemerkt, welcher Druck auch auf ihr lastete. Sie weinte zunächst, wurde dann jedoch fast vorwurfsvoll: ›Ja, ich weiß, dass das falsch war. Warum fängst du jetzt damit an? Es ist längst vorbei. Und ich habe es längst bereut. Aber erzähl es den anderen ruhig, wenn du das unbedingt musst! Zerstöre alles, mach es kaputt! Ich weiß, dass ich eine Bestie bin.‹«

Sophie beschreibt nachdrücklich, wie sehr sie das Streitgespräch mit ihrer Mutter durcheinanderbrachte. Das ist überaus nachvollziehbar: Sie nimmt allen Mut zusammen, um das Thema, das sie so sehr bedrückt hat, nach langen Jahren anzusprechen – und ihre Mutter mutiert umgehend zur Dramaqueen. Sie vertauscht sogar die Rollen, stellt sich selbst als das unschuldige Opfer und ihre Tochter als Täterin dar. Ich frage Sophie nach ihrer Reaktion.

»Ich war zunächst ohnmächtig und einfach fassungslos. Und dann wurde ich unendlich wütend. Dadurch habe ich plötzlich eine gigantische Energie in mir gespürt«, sagt Sophie.

Ich erkläre ihr, dass Wut nichts anderes ist als eine starke Energie. Man kann sie nutzen und so aus der Ohnmacht ins Handeln kommen. Ohnmacht hingegen ist unterdrückte Wut beziehungsweise Wut, die man gegen sich selbst richtet. Gut also, dass Sophie sozusagen »in Fahrt« kam. Ich bitte sie, fortzufahren.

»Ich wurde sehr klar und sagte meiner Mutter deutlich, dass sie mit diesem Gejammer aufhören solle. Und dass sie nicht mir die Verantwortung in die Schuhe schieben könne. Und dann habe ich ihr gesagt, was mir die ganzen letzten Jahrzehnte auf dem Herzen gelegen ist. In aller Deutlichkeit habe ich ihr gesagt, dass es allein ihre Sache war, was da passiert sei. Dass ich ein Kind war und mir dieses vermaledeite Geheimnis schlicht zu viel war. Ich war klein! Sie hat mich überfordert. Es ging mich nichts an!« Sophie weint. »Es macht mich immer noch so wütend.«

Ich gebe ihr ein Taschentuch: »Sophie, Ihre Tränen und Ihre Wut sind völlig in Ordnung. Ja: Das war zu viel, was Ihre Mutter Ihnen da zugemutet hat. Sie handelten damals im Alter von zwölf Jahren als braves, angepasstes Kind und erfüllten den Wunsch Ihrer Mutter. Sie waren loyal.«

»Ja«, schluchzt sie, »und das war wirklich nicht leicht. Ich hatte immer wieder Angst, mich zu verplappern. Wenn ich das Geheimnis gelüftet hätte, wäre es zu riesigen Streitereien gekommen. Und vielleicht hätten meine Eltern sich scheiden lassen – wie die Eltern meiner Freunde. Das wollte ich nicht! Ich wollte, dass meine Eltern glücklich sind und zusammenbleiben!«

»Damals lastete wirklich ein enormer Druck auf Ihren Schultern.«

»Ja. Sie sagen es: enorm. Das Geheimnis schnürte mir die Kehle zu.«

Das Geheimnistragen zum Beruf gemacht

Es ist nicht verwunderlich, dass Sophie immer wieder Heiserkeit als körperliche Reaktion zeigt. Jahrzehntelang war sie es in ihrer Familie gewohnt, als Geheimnisträgerin auf ihre Worte zu achten und jedes bedacht zu wählen. Heute ist Sophie Pressesprecherin eines Unternehmens. In dieser Funktion kennt sie frühzeitig Details zu neuen Entwicklungen, die dem allgemeinen Mitarbeiterstab noch unbekannt sind. Gute wie schlechte Nachrichten. Sie weiß frühzeitig von Veränderungen und muss sie kommunikativ bestmöglich begleiten – auch wenn sie erfährt, dass Kollegen gehen müssen oder Abteilungen zusammengelegt werden oder dass es aufgrund schlechter Unternehmensergebnisse keine Erfolgsbeteiligung geben wird. Es ist Sophies Job, gute Nachrichten zu verkünden und die Verbreitung der schlechten Botschaften zu verhindern, wo immer es geht. Sie filtert die Kommunikation des Hauses, für das sie arbeitet. Sie sucht nach den Positivnachrichten des Unternehmens und sorgt dafür, dass die Schattenseiten nicht nach außen dringen. Sie hat ihren Glaubenssatz »Ich darf nichts verraten – ich muss um jeden Preis die Klappe halten« so verinnerlicht, dass sie ihren beruflichen Erfolg darauf aufgebaut hat. Und sie ist beruflich sehr erfolgreich.

Jetzt nimmt sie sich wieder in einer ähnlichen Situation wie in der Kindheit wahr: Sie ist nicht Verursacherin eines Problems, steht aber im Zentrum des Geschehens und trägt erneut die volle Verantwortung für absolute Verschwiegenheit. Außerdem: Zusätzlich zur Geheimniskrämerei soll sie auch noch die eigentliche Aufgabe lösen. Das erhöht den Druck für Sophie weiter. Aber es ist auch ein guter Anlass, um das alte Konstrukt genauer anzuschauen.

Sophie ist überrascht, »dass sich das alles so wiederholt«. Und sie ergänzt: »Ich merke, wie verdammt anstrengend das ist. Ich will es in Zukunft anders machen.«

Ich frage sie, ob sie der kleinen Sophie von damals jetzt gern etwas mitteilen möchte.

»Ja. Ich würde sie in den Arm nehmen, sie festhalten und ihr sagen, dass sie ziemlich viel aushalten musste, dass das echt heftig war und es mir sehr leid tut, dass sie das durchleben musste. Ich glaube, das täte ihr gut.«

Handlungsfähig ist, wer nicht gefällig sein muss

Ich stimme ihr zu und bitte sie dann zu überlegen, wann und wie sie in der Situation mit ihrem Chef anders hätte reagieren können. Sophie denkt eine ganze Weile darüber nach … Ich gebe ihr die Zeit, die sie benötigt, um ihren Blickwinkel auf das Geschehen verändern zu können.

»Ich hätte gleich nach der Mail versuchen können, mit dem Chef persönlich zu sprechen. Dann wäre diese krumme Nummer sofort aufgeflogen. Er saß nämlich im Flugzeug, als die Mail geschrieben wurde.«

»Ja, das wäre mit Sicherheit eine Möglichkeit. Sehen Sie eine weitere?«

Wieder überlegt sie eine Weile, dann sprudeln schlagartig viele Ideen für Handlungsalternativen aus ihr heraus: Sie hätte dem Chef im Gespräch gleich sagen können, dass sie sehr wohl auf einer persönlichen Klärung mit den beiden Damen bestehe und ein Acht-Augen-Gespräch einfordere. Immerhin hatten sie ihr falsche Tatsachen vorgespiegelt. In dem Gespräch hätte sie sachlich und klar auf die Aufgabenbereiche ihrer Abteilung hinweisen und somit Grenzen ziehen und bestätigen können. Sie ist sich jetzt sicher, dass es ihr dadurch besser gegangen wäre.

Sophie beschließt, ihrem Vorgesetzten genau das im nächsten Jahresgespräch zu sagen. Denn wenn sie zurückdenkt an das Gespräch mit ihrer Mutter, kostete es sie zwar einige Überwindung und war auch hart für beide Seiten. Aber Sophie empfand es auch als äußerst befreiend, endlich klarzustellen, dass das Geheimnis für sie als Kind weder zumutbar noch tragbar war, dass es nicht ihr Thema war und dass sie instrumentalisiert wurde. Die Mutter hat es schließlich verstanden. Irgendwann konnte sie ihrer Tochter sogar gestehen, wie leid es ihr tue, sie damals überfordert zu haben.

Sophie schildert das so: »Es hat gedauert, aber sie konnte es mir sagen, und das war unendlich wichtig für mich. Heute können wir uns auf Augenhöhe begegnen, denn wir haben das Thema bewältigt. Und aus dieser Erfahrung heraus werde ich das jetzige Thema tatsächlich mit meinem Chef besprechen. Das schaffe ich.«

Die folgende Coaching-Sitzung nutzen wir dazu, das Jahresgespräch mit dem Chef gut vorzubereiten. Dabei begeben wir uns auch auf die Suche nach Dingen, die Sophie Kraft spenden. Eines ist ein grüner Kiesel von einem spanischen Stand, den sie sich in die Hosentasche stecken wird, wenn sie den Termin wahrnimmt. Er fungiert als kleiner, aber wirksamer Anker für die innere Ruhe, die sie auf ihren Reisen wahrnehmen kann.

Sophie hat erkannt, was sie so hilflos macht. Als Kind hat sie die Erfahrung gemacht, dass sie das Geheimnis ihrer Mutter hüten muss, um die Familie zusammenzuhalten. Daraus ist für sie eine allgemeingültige Verhaltensregel geworden: »Du musst tun, was andere von dir erwarten.« Auch wenn sie in vielen alltäglichen Dingen durchaus überprüfen kann, ob das gerade angemessen ist, tritt diese Regel unverrückbar in Kraft, wenn es darum geht, Geheimnisse zu bewahren. Dann wird das kleine Mädchen in ihr aktiv, und sie hinterfragt nicht mehr, ob das richtig ist. Nun, nachdem sie die Logik des Ganzen verstanden hat und sich erlaubt, zu sich zu stehen, stärkt sie ihre eigenen Impulse und Bedürfnisse. Sie spürt immer schneller und intensiver, ob sie jemanden tatsächlich schützen möchte oder ob es für sie nicht passend ist, in bestimmten Situationen den Mund zu halten. So hat sie inzwischen die Möglichkeit, unterschiedlich zu reagieren, wenn ihr jemand ein Geheimnis anvertrauen möchte oder ihr sogar befiehlt, Stillschweigen zu bewahren. Mal sichert sie es zu, mal macht sie deutlich, dass sie das nicht will. Inzwischen schnürt ihr niemand mehr so schnell die Luft ab.

Der »Nicht mit mir!«-Schlüssel: Menschen, die häufig den Würger an der Gurgel spüren, hören auf den inneren Befehl: »Verrate nichts! Sei loyal, sei gefällig!«

Die Typologie der Auslöser

Übung

Welche Themen und Gegebenheiten sind es, die Ihnen
die Kehle zuschnüren oder die Sprache verschlagen?

- Ist es immer der gleiche Typus, der Ihnen im negativen
  Sinne den Atem raubt? Ist es vielleicht sogar ein und
  dieselbe Person? Oder eine Situation?
  Wie reagieren Sie bislang?
  Wenn Sie jetzt aus der Distanz zu der Person, dem Satz
  oder dem Thema überlegen: Wie könnten Sie sonst
  noch reagieren?
- Schreiben Sie Ihre Gedanken stichpunktartig auf, oder
  formulieren Sie in aller Ruhe auch ganze Sätze als
  Antwort- und Reaktionsmöglichkeiten. Notieren Sie
  alle Gedanken: die völlig absurden voller Witz ebenso
  wie die richtig bösen und die ganz ausgefallenen.
  Es geht zunächst einfach darum, den Gedanken freien
  Lauf zu lassen.
- Wenn Sie nach ein paar Stunden oder auch Tagen
  diese Liste wieder zur Hand nehmen: Fallen Ihnen
  dann weitere Ideen ein, die Sie notieren wollen?
  Streichen Sie ruhig auch wieder den einen oder
  anderen Gedanken.
  Bei den verbleibenden können Sie eine Art Wahr-
  scheinlichkeitsregler anlegen, ähnlich dem Lautstärke-
  regler Ihres Fernsehers oder Handy-Klingeltons: null
  bedeutet »gar nicht«, zehn bedeutet »volle Pulle«. Mit
  welcher Wahrscheinlichkeit auf dieser Skala würden
  Sie die Lösungsansätze beim nächsten Mal einsetzen?
- Und denken und fühlen Sie auch mal in die Vergangenheit zurück: Bei welcher Gelegenheit waren Sie
  mal so richtig zufrieden mit sich selbst und Ihrer

Reaktion? Was war in dieser Situation besonders? Was hat Ihnen die Kraft gegeben, genau so zu handeln? Können Sie sich an dieses Gefühl von damals erinnern, es gar »aus dem Archiv heraufholen«?

Unser Körper speichert Emotionen nämlich bestens ab – die negativen wie die positiven. Nur leider vergessen wir allzu häufig, uns an die »guten« Gefühle zu erinnern und erneut auf die Suche nach ihnen zu gehen. Probieren Sie es doch mal aus und erkunden Sie Ihre innere Landkarte der Wohlgefühle.

Der Bumerangwerfer

Merkmale: Stoisch, unangreifbar, distanziert.
Haltung: »Du aber auch!«
Auftrag: Nur nichts eingestehen! (Wer etwas zugibt, hat verloren.)

An einem Bumerangwerfer kann man leicht verzweifeln. Er steht da, an seinem Platz im Leben, und bewegt sich kaum. Ganz ruhig ist er, unauffällig, aber auch unerbittlich, wenn jemand ihn in Bewegung setzen möchte. Um andere auf Distanz zu halten, hat er eine einfache Masche: Was auch immer auf ihn zukommt, kann bei ihm nicht landen – er macht aus allem einen Bumerang. Mit einem schlichten »Du aber auch«-Schwung wendet der Bumerangwerfer alle Themen ab, die nur ein bisschen nach Kritik riechen, bevor sie bei ihm ihre Wirkung entfalten können.

Das ist wichtig für ihn. In seiner Welt hat nämlich der verloren, der fehlbar ist. Und das kann keinesfalls er sein – weder der Verlierer, noch jemand, der nicht alles richtig macht. »Ha!«, denkt er sich, »gut, dass der andere Fehler macht! Die sind noch viel schlimmer als meine.« Er wendet einfach das Blatt, er schickt den Vorwurf zurück, er klagt an und beschuldigt. So muss er sich nicht bewegen, und seine Fassade bleibt unbeschadet.

Konsequent lenkt er die Aufmerksamkeit von sich auf den anderen. Der ist überrascht, wird plötzlich von seinem eigenen Vorwurf getroffen. Baff, sprachlos steht er da, beschuldigt, noch viel schlimmer zu sein. Verletzt von den Worten des Menschen, mit dem er gerade noch etwas klären wollte. Denn dem Bumerangwerfer ist jedes noch so abstruse Mittel, jeder an den Haaren herbeigezogene Vorwurf recht, um seine eigene Haut zu retten. Eine andere Option gibt es für ihn nicht: Im Raum mit einem Bumerangwerfer kann es bei kritischen Themen nur Verlierer oder Gewinner geben. Wer ihn angreift, hat schon verloren.

Jonathan ist IT-Berater und soll seine Kommunikation mit den Kunden verbessern. Sein Arbeitgeber bezahlt das Coaching, denn im Rahmen eines Entwicklungsprogramms wird Jonathan auf die Senior-Position vorbereitet, in der er die Verantwortung für ganze Projekte erhält. Dafür soll er seine Durchsetzungsstärke und Präsenz weiterentwickeln – so haben er und sein Chef das Ziel fürs Coaching definiert.

Im ersten Termin frage ich ihn nach einer typischen Situation, in der es ihm seiner Meinung nach an Durchsetzungskraft mangelt. Er schildert eine Situation mit seinem Kollegen. Er selbst ist Teilprojektleiter, sein Kollege verantwortet ein anderes Teilprojekt. Für das große monatliche Status-Quo-Meeting müssen alle Teilprojektleiter ihren Stand der Dinge abliefern. In einem Punkt ist er auf die Informationen des Kollegen angewiesen, denn Jonathan hat die Verantwortung für die Dokumentation der gemeinsamen Schnittstelle. Andreas, so heißt der Kollege, liefert aber seine Informationen immer wieder zu spät an Jonathan und dann auch noch unvollständig, sodass dieser in ernsthafte Schwierigkeiten kommt, wenn er selbst noch ein Meeting oder einen anderen wichtigen Termin vor dem Abgabetermin hat.

Aus heiterem Himmel vom Blitz getroffen

Deshalb hat er sich mit Andreas verabredet, um mit ihm über die zeitliche Abfolge und die Qualität der Daten in diesem Prozess zu sprechen, die sie schon mal festgelegt haben, und ihn darum zu bitten, dass er in Zukunft alles pünktlich und vollständig weitergibt. Jonathan wollte nicht länger dafür geradestehen, dass Andreas so knapp und lückenhaft abliefert.

»Ich habe ihm erklärt, wie ungünstig es für mich ist, dass er mir seinen Teil meistens zu spät zuschickt und ich mir dann auch noch mühsam die fehlenden Informationen zusammensuchen muss, damit ich den gemeinsamen Stand aufbereiten kann. Es bleibt bislang an mir hängen, das zu retten, etwas Halbgares abzuliefern, es überhaupt irgendwie möglich zu machen, noch einen aktuellen Status quo zu schreiben oder gar selbst zu spät an den Projektleiter zu liefern. Schon während ich das sage, merke ich, wie er sich anspannt und die Augenbrauen zusammenzieht. Ich habe kaum zu Ende gesprochen, schon wirft er mir an den Kopf, dass ich ja bei anderen auch immer so spät abliefern würde und dass im ganzen Projekt schon bekannt sei, dass meine Arbeit in der Qualität zu wünschen übrig lasse. Er fände es unmöglich, dass ich das jetzt auf ihn abwälzen wolle. Da war ich echt vom Donner gerührt.« Das sieht man ihm an. Er sieht wirklich so aus, als hätte ihn eben etwas unvermittelt am Kopf getroffen. Er schaut verständnislos und wirkt ganz verloren.

»Wie geht es Ihnen denn jetzt gerade, wenn Sie davon erzählen?«, will ich wissen.

Er merkt, dass er sich getroffen und wie versteinert fühlt. »Ich verstehe die Welt nicht mehr.« Er erzählt, dass er darauf einfach nichts zu sagen weiß, weil ihm der Vorwurf so unverschämt vorkommt. Und gleichzeitig fragt er sich, ob da was dran ist, ob die Kollegen im Projekt wirklich so über ihn reden und ob er wirklich Fehler in seinem Projektstatus hat. Er verfängt sich beim Erzählen immer mehr in der Frage, ob ihm tatsächlich Fehler passiert sind, ohne dass er es gemerkt hat. Er kann es sich gar nicht vorstellen, aber falls doch, wäre das peinlich. Und dass er dann über Andreas' Fehler gesprochen hat, obwohl er selber welche gemacht hat, das wäre ihm dann wirklich peinlich.

Das ist der Moment, in dem ich seine Überlegungen unterbreche. Ich war gespannt, wohin ihn sein innerer Monolog führt, und habe ihm deshalb eine Weile aufmerksam zugehört. Jetzt habe ich das Gefühl, dass er auf einen ganz wesentlichen Gedanken gestoßen ist. »Wenn ich Ihnen so zuhöre, bekomme ich das Gefühl, dass Sie Andreas nur dann um eine andere Qualität seines Inputs bitten dürften, wenn Sie selbst alles perfekt abliefern. Sehen Sie das so?«

Jonathan schaut mich überrascht an. »Na klar!«, ist seine prompte Antwort. Für ihn gibt es gar keinen Zweifel an dieser Logik, das wird sehr deutlich.

Ich frage ihn, wie er seine eigene Arbeitsqualität auf einer Skala von null bis zehn einschätzt, wenn null für niedrig und zehn für hoch steht.

Seine Antwort ist eindeutig: »Natürlich bei zehn.« Er führt

aus, dass es für ihn einen hohen Wert hat, perfekte Arbeit zu leisten. Er ist sich sicher, dass es seine Aufgabe ist, fehlerfreie Leistung zu bringen, und dass er dafür ja schließlich bezahlt wird.

Er bekommt beim Sprechen eine eindringliche Haltung. Es scheint mir, als ob Widerworte völlig zwecklos wären, und ich nehme wahr, dass ich selbst anfange, mich anzuspannen. Das spiegle ich ihm, und er bestätigt, dass er sich da auf keine Diskussion einlassen würde und dass man, wenn man etwas mache, auch ganze Arbeit abzuliefern habe. Dass ich es überhaupt anspreche, irritiert ihn trotzdem.

Ein Körnchen Wahrheit bringt Sand ins Getriebe

Ich merke, dass in ihm etwas arbeitet, und warte schweigend ab. Nach einer Pause sagt er, dass genau das der Grund sei, warum ihn der Gegenangriff von Andreas so außer Gefecht setze. Der Kollege trifft Jonathans wunden Punkt. Woraufhin dieser ganz damit beschäftigt ist, sich zu überlegen, ob die Vorwürfe stimmen, und gänzlich aus den Augen verliert, was er ursprünglich vom Kollegen wollte. Es gelten nun für Jonathan nur noch seine potenziellen Fehler und das negative Bild, das dadurch entsteht. Ein Bild – das wird im weiteren Verlauf des Coachings deutlich –, das so nicht sein darf. Jonathan hat sich mit diesem inneren Verbot selbst kaltgestellt. Kein Wunder, dass er dem Kollegen nichts entgegnen kann. Es gilt ja in diesem Augenblick seine Logik: »Ich darf vom anderen nur dann etwas erwarten, wenn ich selbst perfekt bin.«

Wie sehr sein eigener Wert davon abhängt, ob er seinem Anspruch gerecht wird, zeigt sich im Verlauf der Stunde darin, wie er auf das Experiment reagiert, das ich ihm anbiete: Ich

Die Typologie der Auslöser

lasse ihn Formen mit farbigen Stiften ausmalen, wie in einem Malbuch. Er macht das perfekt.

Dann bitte ich ihn, über den Rand zu malen und die Formen nur auszukritzeln. Er hat eine richtige innere Sperre dagegen und erwidert, das sei eine alberne Übung. Schließlich macht er es widerwillig und motzt danach, wie das denn jetzt aussehe.

»Kann es sein, dass Sie so öfter mit sich selbst sprechen?«, mache ich ihn auf seinen Ton aufmerksam.

Jonathan bejaht die Frage, und es kommt ihm gar nicht komisch vor. »Stimmt doch auch!«, sagt er.

»Na ja, darüber kann man unterschiedlicher Meinung sein. Und selbst wenn, dann ist der Ton immer noch bemerkenswert, oder? Ich würde nicht wollen, dass jemand so mit mir spricht.«

»Jemand anderes dürfte das auch nicht, das darf nur ich«, kontert Jonathan.

Ich mache ihn darauf aufmerksam, dass das eine interessante Einstellung ist, und wir ergründen gemeinsam den Sinn und Zweck, warum er so hart mit sich ins Gericht geht. Es wird ihm immer klarer, dass er sich selbst zur Perfektion antreibt, weil er sich erst dann richtig gut fühlen kann, wenn er weiß, dass er wirklich gut ist.

Ich mache mit ihm ein weiteres Experiment und biete ihm an, die Ausmalregeln für die Formen zu verändern. Ab jetzt gilt für ihn, dass die Übung dann perfekt gemeistert ist, wenn er beim Ausmalen der Bewegung des Handgelenks folgt – ohne das Ziel, die Form komplett auszumalen oder akribisch innerhalb der Linien zu bleiben. Er lacht, weil er mich durchschaut hat, lässt sich aber auf den Versuch ein. Er tut sich schwer damit, macht es aber schließlich doch, und seine Bewegungen werden immer flüssiger. Danach resümiert er, dass es ihm tatsächlich leichter fällt, wenn ich vorher definiert habe, dass das die Art von Perfektion ist, die anerkannt ist.

Mit diesem neuen Rahmen habe ich zum einen eröffnet, dass es unterschiedliche Perspektiven auf Perfektion gibt. Und ich habe seine Logik genutzt, um ihn etwas Neues ausprobieren zu lassen. Dabei ist der Fokus vom Ergebnis (perfekt ausgemalte Formen) auf die Art und Weise verschoben (der Bewegung des Handgelenks folgen). Jonathan konnte ausprobieren, wie es ist, seinen Impulsen zu folgen, statt bestimmte Ergebnisse zu erzielen.

Ich zeige ihm auf, dass diese Verschiebung in der Übung aufs Leben übertragbar ist. Bislang hat er geglaubt, dass er nur dann einen eigenen Wert hat und Forderungen stellen darf, wenn er alles perfekt macht. Heute hat er ausprobiert, wie es ist, wenn er auch dann »mitspielen« darf, wenn er seinen eigenen Impulsen folgt. Es ist die Frage, welchen Rahmen er der Situation gibt. In letzter Konsequenz kann er das nur selbst entscheiden.

Ich schneide einen perfekt ausgemalten Kreis und einen aus der Bewegung heraus ausgemalten Kreis aus und gebe ihm beide. Mit dem perfekt ausgemalten Kreis entscheidet er sich für die Regeln der anderen, da gibt der Kreis vor, wo er zu malen hat. Mit dem bewegten Kreis entscheidet er sich für die eigenen Impulse. Er hat es nun im wahrsten Sinne des Wortes in der Hand, wem er in der Situation mit Andreas die Macht gibt, wessen Regeln gelten.

Jonathan tut es offensichtlich gut zu merken, dass er selbst entscheiden kann. Er sitzt ganz lässig in seinem Sessel und grinst mich spitzbübisch an. »Ich wäre ja jetzt doof, dem anderen das Spiel zu überlassen, oder?«

»Doof ja nicht, aber ich sehe auch keine Veranlassung dazu«, entgegne ich ihm.

Die Typologie der Auslöser

Er legt den perfekt ausgemalten Kreis auf das Tischchen neben sein Glas Wasser und sagt: »Meins gilt.«

»Schön«, antworte ich, »was heißt das für Ihr Gespräch?«

»Also, mit meinem Kreis in der Hand würde ich ihm sagen wollen: ›Pass mal auf, Andreas, ich habe dir gerade etwas Wichtiges mitgeteilt. Hast du das mitbekommen? Was *ich* mache und ob das andere stört, steht auf einem anderen Blatt. Das kläre ich mit denen selbst, sollte es da Anlass zur Beanstandung meiner Arbeit geben. Aber jetzt ist mir wichtig, dass wir zwei vereinbaren, wie *du* und wann *du* deine Informationen für die Präsentation zum Statusmeeting einlieferst.‹« Er spitzt den Mund und nickt bekräftigend. Er sieht zufrieden mit sich aus – und sehr präsent und klar.

Im weiteren Verlauf des Coachings beschäftigt Jonathan sich mehr mit seinem Antreiber, der kritischen Stimme in ihm, ihrer Herkunft und dem Sinn dahinter. In dieser ersten Stunde hat er aber eine wichtige Basis gelegt, um in Zukunft seinem Bumerangwerfer spontan Kontra geben zu können. Er geht im übertragenen Sinne durch den Bumerang seines Kollegen deshalb k. o., weil er glaubt, er dürfe nur Ansprüche stellen, wenn er selbst alles perfekt macht. Wenn er selbst fehlbar ist, erlischt in seiner Welt sein Recht darauf, von anderen etwas zu verlangen. Deshalb ist es sinnvoll, an dieser entscheidenden Stelle seine Logik zu hinterfragen und neu zu arrangieren.

Im Coaching habe ich ihm ganz konkret einen neuen Rahmen geboten, um einen ersten Impuls zu setzen. So fiel es ihm leicht, etwas Neues auszuprobieren. Wenn perfekt nun heißt, den eigenen Impulsen zu folgen, dann ist das ein Paradigmenwechsel für ihn. Diesen neuen Rahmen hat er für ein spielerisches Experiment genutzt und auf das Gespräch mit dem Kollegen übertragen können.

Die beiden ausgeschnittenen Kreise stehen für sein gewohntes Verhalten im Perfektionsmodus und für seine neue Möglichkeit, seinen Impulsen zu folgen. Damit hat er zwei Anker, die er in den Alltag mitnehmen kann. Vor dem Treffen mit Andreas legt sich Jonathan in der ersten Zeit nach diesem Coaching immer den bewegten Kreis auf den Schreibtisch und stärkt sich an seinem Anblick. Er vermittelt ihm: »Ich muss nicht immer im Ergebnis perfekt sein. Perfekt ist jetzt, wenn ich meine Impulse ernst nehme.«

Der »Nicht mit mir!«-Schlüssel: Menschen, die sich von Vorhaltungen ausknocken lassen, meinen häufig, dass sie selbst perfekt sein müssen, um von anderen etwas verlangen zu dürfen.

Übung

Werden Sie auch immer mal wieder aus der Bahn geworfen von den Mitmenschen, die jeden Hinweis an sich abprallen lassen – mit einem »Du aber auch!« oder gar »Du aber noch viel schlimmer!« – und die, statt die Kritik ernst zu nehmen, auf Ihre Fehler verweisen? Dann liegt es nahe, dass auch Sie glauben, keine Fehler machen zu dürfen, und deshalb der eigene Stand plötzlich wackelig wird.

- Hören Sie aufmerksam hin, ob Sie so eine Stimme in sich haben, die Sie antreibt, möglichst perfekt zu sein. Beobachten Sie, in welchen Situationen dieser Satz in Ihnen seine Wirkung entfaltet: »Ich bin nur okay, wenn ich perfekt bin.«
- Fällt Ihnen eine andere mögliche Perspektive dazu ein?
- Überlegen Sie sich eine Symbolik für die beiden. Im Beispiel oben sind es die unterschiedlich ausgemalten

Kreise, es können aber auch verschieden farbige Steine sein, zwei Tiere aus der Bauernhof-Kollektion Ihrer Kinder oder etwas ganz anderes. Lassen Sie Ihrer Fantasie freien Lauf.

* Schärfen Sie Ihre Wahrnehmung dafür, in welchen Situationen welche Regeln gelten. Wann müssen Sie performen, wann haben Sie den Erlaubnismodus angeschaltet? Gelingt es Ihnen, bewusst die Seite zu wechseln, wenn Sie merken, dass Sie sich antreiben? Nehmen Sie Ihre Symbole zuhilfe.

Die Schlange

Merkmale: Unberechenbar und blitzschnell verteilt sie ihr lähmendes Gift.
Haltung: »Ich verschlinge dich mit Haut und Haaren.«
Auftrag: Beute machen. So viel wie möglich.

Subtil ist sie ja, das muss man ihr lassen. Klammheimlich und lautlos schleicht sie sich über verborgene Ecken und Winkel an ihre Opfer heran. Langsam, ja nahezu gemütlich – sie hat ja Zeit. Bemerkt man sie schließlich und nimmt ein vages Unbehagen in ihrer Gesellschaft wahr, so schafft sie es dennoch, einen immer wieder zu hypnotisieren und einzulullen – wie die Schlange es mit dem Jungen in Disneys Dschungelbuch-Verfilmung so anschaulich tut: »Vertraue mir …« Besonders ausgeprägte Exemplare sind Meister in der hohen Kunst des »Du langweilst mich unendlich, eigentlich interessierst du mich noch nicht mal«-Spiels. Und wenn man es am wenigsten erwartet, schlagen sie schließlich zu. Unerbittlich. Ein einziger

Biss genügt, um ihre spitzen Zähnchen tief in unser Fleisch zu bohren, und schon Sekunden später verteilt sich ihr lähmendes Gift im Körper.

Oder sie faulenzen im hohen Gras und genießen scheinbar nur die wärmende Sonne. Kommt jedoch das passende Opfer ahnungslos des Weges, fressen sie es mit Haut und Haaren oder würgen es genüsslich langsam und qualvoll zu Tode.

So schildert es auch Sabine, die ein paar Minuten zu spät zum Coachingtermin eintrifft. Ich arbeite mit ihr seit einigen Monaten, und sie ist bislang jedes Mal recht gestresst entweder in letzter Sekunde oder einige Minuten verspätet zu unseren Sitzungen gekommen, was ihr überaus peinlich ist. Und so startet sie auch diesmal mit einer Entschuldigung.

»Es tut mir leid, ich bin schon wieder unpünktlich. Ich habe auch meine ›Hausaufgabe‹ nicht erledigt. Zurzeit bekomme ich gar nichts richtig hin. Es ist einfach zu viel. Ich bin immer nur müde und k. o. Gestern war ich erst gegen ein Uhr nachts zu Hause.«

Ich frage nach dem Grund.

»Es war wieder mal eine meiner wichtigsten Kundinnen, die mich bis Mitternacht im Büro gehalten hat.«

Das Thema scheint eine so hohe Priorität zu haben, dass wir gemeinsam beschließen, es genauer zu betrachten und zum Inhalt dieser Sitzung zu machen. Ursprünglich wurde Sabine vor einigen Monaten von ihrem Arbeitgeber geschickt, um sie und ihr Team mit einem Coaching durch eine Umstrukturierungsphase zu begleiten. Nach den vereinbarten Sitzungen beschloss sie, unsere Zusammenarbeit auf eigene Kosten zweimal monatlich fortzusetzen, um manche Themen, die sie aktuell beruflich oder auch persönlich über Gebühr beschäftigen, zu bearbeiten.

»Kurz vor 18 Uhr rief mich gestern diese langjährige Kundin an, die für uns sehr wichtig ist, und meinte in dem für sie so typischen, leicht hypnotisierenden Säuselton: ›Gut, dass ich Sie erreiche. Ich habe Ihnen gerade eine Mail geschickt mit ein paar Stichpunkten, was ich wofür benötige. Ich wollte Ihnen das ja schon vor drei Wochen gegeben haben, aber irgendwie habe ich es wohl verschwitzt. Jedenfalls brauche ich das Konzept morgen um neun Uhr für mein Meeting. Ich bin mit meinem Mann jetzt bei Freunden zum Spargelessen eingeladen. Sie können ja wieder bis spät arbeiten, auf Sie wartet ja niemand zu Hause! Also tschühüß, schönen Abend – und nicht vergessen: Um 8:30 Uhr brauch ich das Paper, damit ich mich noch einlesen kann!‹ Klack. Aufgelegt.«

Sabine schildert frustriert, dass doch auch sie bei dem wunderschönen Frühsommerwetters ausnahmsweise halbwegs pünktlich nach Hause gehen wollte. Und dann so etwas: »Nicht mal ›Danke‹ hat diese falsche Schlange gesagt. Auch nicht: ›Entschuldigung, dass mir das so spät einfällt.‹ Nichts.« Sabine war so perplex, dass sie den Auftrag annahm und der Kundin einen schönen Abend wünschte.

Ihre Erregung ist auch jetzt deutlich zu spüren: Der Körper wirkt angespannt, sie richtet sich im Sessel auf und rückt an die vordere Sitzkante, sie redet und atmet noch schneller als bei ihrer Ankunft.

Auf meine Frage, wie sie sich während des Gesprächs und danach gefühlt habe, antwortet sie: »Ich war irgendwie nicht anwesend, es war, als würde sich all das in einem anderen Raum abspielen. Das war wie im falschen Film. Nachdem ich den Hörer aufgelegt hatte, war ich baff. Einfach sprachlos und sauer. So etwas kann sie doch nicht einfach zu mir sagen! Nicht als Mensch, nicht als Kundin. Was soll ich denn da antworten? Ernsthaft – was antwortet man denn auf so einen Satz?«

Sabines Frage ist überaus nachvollziehbar. Ich biete ihr an, uns auf die Suche nach Antwortmöglichkeiten zu begeben, mit denen sie sich in einer ähnlichen Situation wohler fühlen könnte.

Zerrissen zwischen zwei Welten

Zuvor interessieren mich jedoch noch ein paar weitere Punkte: »Was ist Ihr Gefühl, wenn Sie mir das jetzt erzählen und an den Anruf zurückdenken?«

»Grässlich! Das Dumme ist: Ich fühle mich innerlich total gelähmt, so als hätte sie mir ein Gift injiziert, das mich betäubt.«

Sie beschreibt ihre Lage genauer: »Ich bin davon überzeugt, dass meine Kundin das Recht hat, für das viele Geld, das sie zahlt, auch eine gute Leistung zu bekommen. Auf der anderen Seite steht meine Chefin: Sie zahlt mein Gehalt, und mein Vertrag besagt nun mal, dass alle Überstunden damit bereits abgegolten sind. Seit Jahresbeginn habe ich Überstunden im Gegenwert von 24 zusätzlichen Urlaubstagen angehäuft, und wir haben erst Anfang Juni! Ich kann bald nicht mehr, ich halte das nicht mehr lange durch. Aber irgendwie muss ich doch auch diesen Spagat zwischen Aufgaben und Budget hinbekommen.« Überstunden werden in diesem Unternehmen weder vergütet, noch können sie abgebaut werden, sie verfallen einfach.

»Was für eine Frechheit: Nur weil ich vor Kurzem auf die Frage meiner Kundin nach einem Partner ehrlich geantwortet habe, dass ich zurzeit Single bin, muss diese Giftschlange mir das doch nicht gleich so unter die Nase reiben. Das hat doch auch mit dem Job nichts zu tun. Außerdem: Woher will sie denn wissen, ob ich nicht mit jemand anderem verabredet bin?«

Ich will wissen, wie ihre Vorgesetzte wohl zu dem Vorfall stehen würde.

Sabines Antwort lässt den Grad ihrer Frustration erahnen: »Die will Lösungen, keine Probleme. Wenn ich mit ihr ein Thema wie dieses besprechen möchte, wird sie glitschig wie eine Schlange und gleitet mir durch die Hände.«

Ich erinnere sie daran, dass sie vorhin erwähnte, »es sei wie im falschen Film«, und frage, in welches Genre sie ihn einordnen würde.

Wieder überlegt sie eine Weile und antwortet dann: »Das ist ein Psychodrama. Wenn nicht sogar schon nahe dran an einem Horrorfilm.«

Ich bitte sie, am Flipchart alle Protagonisten des Films aufzuschreiben und ihnen eine Rolle zuzuordnen. Sie beschreibt sich als blasses Wesen in einer Art Büßerhemd, stets mit dem Gefühl, irgendetwas falsch zu machen. Ihre Kundin schildert sie als orientalische Zauberin und Schlangenbeschwörerin, die einen Schleier über Mund und Nase trägt, was zwar ihre wunderschönen Augen betont, den Blick auf das Gesicht und insbesondere den Mund jedoch nie ganz freigibt. Die Chefin wiederum beschreibt sie als ehrwürdige und unnahbare Herrscherin, geradezu abgeklärt. Am längsten denkt sie über ihr Team nach und nennt sie schließlich voll Entsetzen Sklaven – ein anderer Begriff kommt ihr nicht in den Sinn, auch wenn diese Einordnung eigentlich nicht ihrer Sicht auf ihr Team entspricht.

Ich bitte sie, mir das Szenario mit einigen Worten zu skizzieren. Es fällt sehr düster aus: Sabine zeichnet das Bild einer verbarrikadierten Stadt, die von einem Graben umgeben und nur über eine Zugbrücke erreichbar ist. Die Häuser sind zwar in hellen Lehmfarben gehalten, verfügen jedoch nur über schießschartenartige Minifenster und wirken daher eher wie Festungen, in deren Räumen es kalt, dunkel und unwirtlich ist. Fauliger Geruch durchzieht die Häuser und Gassen – und auch die Geräuschkulisse verheißt Unheil: Immer wieder vernimmt man Schreie und gequälte Laute, Ächzen und Stöhnen, wie aus einem Kellerverlies mit Folterkammern.

Auf meine Bitte, mir nun die Handlung des Films zu erzählen, verstummt sie zunächst. Ich frage sie nach dem Grund.

»Außer dem Alltagstrott in der Stadt passiert nicht wirklich viel: Die Sklaven verrichten Tag für Tag ihre mühevolle Arbeit in einem Steinbruch vor den Toren der Stadt. Ab und an müssen alle Bewohner der Herrscherin huldigen, die sich selten zeigt; dann gibt es schon auch mal ein Fest mit Darbietungen der Tänzerinnen, Zauberer, Schwertschlucker und Schlangenbeschwörer. Oder es herrscht große Betriebsamkeit, wenn die Jagd vorbereitet wird, zu der die befreundeten Fürsten geladen werden.« Die Fürsten stehen für Sabines Kunden und die Geschäftsführung, als Jagd bezeichnet sie die Akquisephase für Neugeschäfte, und die Feste stehen für interne und externe Feierlichkeiten der Agentur.

»Wenn die Sklaven nicht spuren, müssen sie in eine der Folterkammern und werden dort mit siedend heißem Öl übergossen und anschließend Horden von Kakerlaken und anderen Krabbeltieren überlassen, oder sie werden öffentlich in eisernen Käfigen der brütenden Mittagshitze ausgesetzt und verdursten so qualvoll. Am schlimmsten ist jedoch das Verlies mit den Schlangen: Die Delinquenten werden nackt in diesen stockdunklen Raum voller Schlangen geworfen, und dann ertönt das betörende Flöten der Schlangenbeschwörerin, der Lockruf für die Schlangen. Die gleiten zischelnd auf die Delinquenten zu und umschlingen sie genüsslich – ob Würgeschlange oder Giftschlange bleibt in der Dunkelheit ungewiss. Werden die Gefolterten langsam erdrückt oder durch einen Biss vergiftet? Die Panik wächst ... und es gibt kein Entrinnen, der Tod ist vorprogrammiert.« – Das ist nicht die Art von Film, für die ich ins Kino gehen würde«, resümiert sie verzagt und schüttelt sich angeekelt.

»Wer könnte etwas daran verändern?«, frage ich.

Nach langen Minuten des Schweigens fallen ihr schließlich doch ein paar Möglichkeiten ein: Der Drehbuchautor könnte das Skript ändern, der Regisseur die Personen anders leiten, die Bühnen- und Kostümbildner könnten fröhliche statt der tristen Farben wählen, eine von den Darstellern gesungene Filmmusik wie die von Abba bei »Mamma Mia« würde jede Menge Schwung ins Geschehen bringen – ja, auch die Schauspieler hätten die Möglichkeit, ihre Rollen »ins Hellere« abzuwandeln. Sie könnten Grimassen schneiden, Albernheiten wie kleine Ticks in ihre Darstellung einbauen und vieles mehr. Und vor allem: Die Schlangen, die keine Lust mehr auf ihren tristen Job in der Folterkammer haben, vielmehr Karriere auf den Bühnen der Varietés dieser Welt machen wollen, könnten sich als Tanzformation oder Artistengruppe zusammentun, einen Manager suchen und Sabine für diesen Job auswählen. Gemeinsam werden sie als »The Dancing Snakes« berühmt und gehen auf weltweite Tournee ...

Die Hauptrolle im eigenen Film besetzen

Sabine »sprudelt« nun wieder – so hatte sie in einer vorangehenden Sitzung ihre Freude am eigenen Ideenreichtum beschrieben. Auch ihre Körperhaltung hat sich verändert, und sie wirkt insgesamt dynamischer. Nach und nach verlässt sie die Tristesse und die Last des geschilderten Szenarios und findet zurück in den warmen und hellen Juniabend des Hier und Heute.

Ich hake allerdings noch einmal nach, um ihr Bild zu schärfen und zu verankern: »Und wer kann dem Film diese andere Richtung geben?«

Sie schweigt eine Weile, um dann in tiefer Überzeugung den Produzenten, den Regisseur und den Hauptdarsteller zu nennen.

Nun lenke ich ihre Aufmerksamkeit zurück zum Flipchart, auf dem sie vorher alle Beteiligten und ihre Rollen aufgelistet hatte.

»Jetzt fällt es mir wie Schuppen von den Augen: Meine Chefin ist der Produzent, die Kundin der Regisseur und ich bin die Hauptdarstellerin! Alle drei sind wichtig. Nur: Meine Produzentin hat das Geld gegeben und will nun eigentlich erst wieder etwas davon hören, wenn der Film ein Kassenschlager ist und für Preise nominiert wird. Meine Kundin als Regisseurin überschreitet ihre Grenzen und versucht, meine Rolle nach ihrem Gutdünken zu verändern. Aber hey: Die Hauptdarstellerin in meinem Film bin und bleibe ich! Ich beherrsche sowohl meinen Text als auch mein Handwerk und sehe auch noch sensationell gut aus«, lacht sie. »Letztlich kommen die Leute also ins Kino, weil sie meinen Namen auf den Plakaten und in den Trailern gesehen haben!«

Ich fordere sie noch mal heraus: »Aber wer will schon eine Schauspielerin auf der Leinwand sehen, die vor lauter Erschöpfung ihren Text vergisst und schrecklich müde aussieht? Sie muss doch strahlen – sie ist doch diejenige, die dem Publikum die Story vermittelt und erlebbar macht!«

Plötzlich wird Sabine bewusst: Wenn nicht sie selbst dafür sorgt, dass sie sich regenerieren kann und ausreichend Schlaf bekommt, dann tut es niemand. Diese Erkenntnis ist zwar hart, aber immerhin klar. Und genau diese Klarheit benötigt Sabine, um sich aus der gefühlten Folterkammer zu befreien und ihrer Regisseurin ein kräftiges und gern auch divenhaftes »Nicht mit mir!« entgegnen zu können.

»Eine begehrte und gefeierte, mehrfach preisgekrönte Hauptdarstellerin behandelt man so nicht! Man achtet sie vielmehr und geht auf ihre Bedürfnisse ein!« Sabine steht bei diesem Satz auf und nimmt die überaus präsente Position eines Hollywoodstars auf dem Roten Teppich ein. Sie posiert ein wenig, legt sich sogar eine imaginäre Schlange dekorativ und verführerisch um den Hals ... Wir müssen beide lachen. Das tut gut. Die trübe Schwere von vorhin hat sich endgültig gelöst und Sabine hat in ihre Souveränität zurückgefunden.

Du bist wichtig – und ich bin es auch

In diesem Gefühl, mit diesem verinnerlichten Wissen begibt sie sich nun auf die Suche nach der Antwort, mit der sie sich bei einem nächsten Mal – bereits an der Schwelle zur Folterkammer der drängenden Kundin – freundlich, aber bestimmt umdrehen könnte. Sie probiert es im Rollenspiel mit mir ein paar Mal aus, und dann steht die Antwort, mit der Sabine sich rundum wohlfühlt, da sie damit auf serviceorientierte und dennoch klare Art die Grenze zieht, die sie benötigt. Sie lautet: »Was für ein netter Zufall! Auch ich habe heute eine Einladung zum Spargelessen. In einer halben Stunde muss ich losfahren, bis dahin schicke ich Ihnen gerne ein paar Stichpunkte zu Ihrem Thema. Wir können auch gerne morgen früh um 8:30 Uhr noch mal dazu telefonieren. Na, dann machen wir uns besser gleich ans Werk, um unsere Gastgeber nicht warten und den Spargel nicht kalt werden zu lassen. Bis morgen und einen schönen Abend!«

Sabine ist extra aufgestanden für diese Antwort. Im Sitzen kam sie ihr noch zögerlich und schwer über die Lippen. Im Stand fühlt sie sich fest verankert und kraftvoll in ihrer ganzen Größe – wie eine Klapperschlange, die aufgerichtet und rasselnd auf sich aufmerksam macht. Deshalb beschließt sie, beim nächsten kritischen Telefonat mit der Kundin testhalber auch einfach mal aufzustehen. Sabine freut sich sogar schon auf die Gelegenheit, das auszuprobieren.

»Und Ihr Produzent, also Ihre Chefin – was sagt die dazu?«, will ich abschließend noch wissen.

»Ach, der sag ich Bescheid, wenn mein Film eine Oscarnominierung erhält. Das genügt ihr – und mir auch!«, lacht Sabine.

Ich zeige ihr abschließend ein Foto auf meinem Notebook. Darauf ist eine alte Dame zu sehen, deren Galan ihr einen Blumenstrauß überreicht. Auf seine Frage: »Wo warst du all die Jahre?«, antwortet sie: »In der Agentur!«

Sabine lacht kurz auf und blickt sogleich wieder ernst: »Das ist leider sehr wahr. Aber ab jetzt kann zumindest mir das nicht mehr passieren.«

Sabine hat ihre Rolle in ihrem Film neu besetzt. Zu Beginn war sie diejenige, die dienlich sein musste, die den Anforderungen der anderen gänzlich ausgeliefert war. Sie war so überzeugt davon, dass es ihr Job ist, sich selbst aufzugeben, dass sie sich zwar geärgert hat, sich den Aufträgen von außen aber nicht widersetzen konnte. Sie dachte, sie müsse den Anweisungen Folge leisten. Dann hat sie erkannt, dass das nicht die einzige Art ist, eine Hauptrolle auszufüllen. Sie hat gemerkt, dass sie sich selbst einbringen kann, dass sie einen eigenen Wert hat, dass ohne sie gar nichts läuft. Die Perspektive von außen hat es ihr ermöglicht, sich selbst ohne ihre innere Dynamik zu betrachten, wie eine Figur in einem Film. Dadurch hat sie ihren eigenen Wert erkannt.

Von außen ist ihr völlig klar, dass sie genauso viel Bedeutung hat wie der andere. Wenn sie selbst in der Situation steckt, fühlt sie sich weniger bedeutend. Die Filmsequenz hat es ihr ermöglicht, ganz neu auf sich selbst zu schauen. In der Folge entwickelt sie nach und nach ein Gefühl dafür, was es für sie bedeutet, sich selbst genauso viel Aufmerksamkeit zu widmen wie den anderen. Das bestärkt sie darin, ihre Bedürfnisse nach außen zu vertreten. Sie findet in sich die Kraft, ihre Rolle mit Selbstbewusstsein zu füllen.

Der »Nicht mit mir!«-Schlüssel: Menschen, die sich von der Schlange bedroht fühlen, lassen sich leicht einlullen von einem Gegenüber, das ihnen suggeriert, sie seien absolut bedeutungslos. Sie glauben selbst, nicht so wichtig zu sein wie der andere.

Übung

Haben Sie auch manchmal das Gefühl, »im falschen Film zu sein«?
- Woran merken Sie das und was genau läuft da schief? Handelt es sich um eine Tragödie, eine Komödie, einen Psychothriller oder gar einen Horrorfilm? Welches ist Ihr Part? Sind Sie an der richtigen Position, oder spüren Sie, dass Sie eigentlich eine andere Funktion oder Aufgabe haben sollten? Wollen Sie vielleicht mal versuchen, die Rolle zu tauschen? Und wenn Sie nun selbst Regisseur und Produzent

eines Films wären und alle Möglichkeiten Ihnen offen stünden: Welches Genre wäre es dann? Wie sähen die Protagonisten und die Story aus?

- Halten Sie Ihre Gedanken fest, indem Sie sie notieren oder sogar ein kleines Storyboard der wichtigsten Szenen zeichnen oder malen. Sie erobern sich dadurch andere Perspektiven.
- Vielleicht wird Ihnen bewusst, dass Sie sich immer für eine bestimmte Rolle entscheiden. Vielleicht merken Sie, dass Sie auch ganz anders handeln könnten. Wenn ja, was würde Sie im Alltag darin bestärken?

Der Ratschläger

Merkmal: Weiß, dass er alles weiß.
Haltung: »Ich weiß, was gut für dich ist.«
Auftrag: Die Welt retten, auch wenn es anstrengend ist. Der Welt sein Wissen zur Verfügung stellen.

Sie meinen es gut. Richtig gut. Nein, wirklich, sie verstehen einen total gut. Ganz ehrlich. Was sie vom gemeinen Volk unterscheidet, ist die Allwissenheitsdrüse, die unmittelbar unter der Hautoberfläche angesiedelt sein muss. Aus ihr – und somit nahezu aus jeder Pore – strömt der betäubende Duft des allmächtigen Ratschlags.

Sie haben das ja auch schon alles erlebt und durchgemacht. Oder zumindest kennen sie jemanden, der das alles schon selbst erlebt und durchgemacht hat. Und wenn sie zufälligerweise doch ausnahmsweise mal niemanden selbst kennen sollten, der das schon alles selbst durchgemacht hat – oder

der zumindest jemanden kennt, der das alles selbst na-Sie-wissen-schon … – dann haben sie doch zumindest irgendwo gelesen, wie ES zu lösen ist. ES kann natürlich jedwedes Thema oder Problem sein. Kein Problem also! Denn sie kennen ja den Ratschlag, der alles löst. Wirklich alles. Und ehrlich: Sie meinen es gut mit einem. Immer. Wirklich.

Tom ist Mitte dreißig, seit sieben Jahren verheiratet und Vater eines kleinen Sohnes. Er kommt üblicherweise in seiner Funktion als angehende Führungskraft eines aufstrebenden Softwareherstellers ins Coaching, hat diesmal aber ein Anliegen aus dem Privatleben mitgebracht. Denn er hat, wie er es ganz deutlich formuliert, »die Schnauze voll«. Seit der Schwangerschaft seiner Frau redet ihm jeder drein: Schwiegermutter, Mutter – und jetzt auch noch die Freunde. Das geht schon eine ganze Weile so. Vor zwei Wochen, beim Besuch der Schwiegermutter, kam das Thema Elternzeit auf. Rasch eskalierte das Gespräch: Ein Wort gab das andere, die Diskussion wurde immer unsachlicher und lauter, bis ihm schließlich der Kragen platzte.

Allein die Erinnerung an die Situation stresst ihn deutlich. Er rutscht nach vorn auf die Stuhlkante und positioniert die Beine so, dass er sofort aufspringen und weglaufen könnte. Die Hände gestikulieren heftig, manchmal ballt er die linke Hand zur Faust. Ich frage ihn, ob er Linkshänder sei. Das überrumpelt ihn so, dass er in seiner Erzählung innehält, mich irritiert anschaut und leise »Ja, weshalb?« fragt. Ich bitte ihn, auf seine Haltung zu achten.

Tom blickt an sich herunter. Dann löst er die Spannung im Körper, lässt sich in den Korbstuhl sinken und streicht sich die Haare zurück. »Stimmt«, sagt er mit erstaunter Miene, »ich hätte am liebsten zugeschlagen. Nein, klar: Das würde ich nicht machen. Aber ich hätte am liebsten mal so richtig kräftig auf den Tisch gehauen, damit endlich Ruhe ist in diesem Affenkäfig!«

Was er stattdessen gemacht habe, will ich wissen.

Er sei aufgestanden, habe sich die Jacke übergezogen und das Haus verlassen. »Immerhin habe ich die Tür laut zugeknallt, als ich rausgerauscht bin«, stellt er mit einem gewissen trotzigen Unterton fest. Das habe ihm gutgetan. Es sei eine Art Statement gewesen – unverrückbar, auch wenn er es nicht ausgesprochen habe.

Ich will wissen, wie das Statement lautet.

»So nicht! Nicht mit mir!«, antwortet er.

Bevor wir das näher beleuchten, will ich zunächst wissen, wie es weiterging.

»Ich lief eine halbe Stunde lang durch die Gegend. Dann fing es an zu regnen, also ging ich in meine Stammkneipe. Drei meiner Kumpels waren noch da, und mir war einfach nach einem Bier unter Männern. Irgendwie haben sie mir meinen Ärger wohl angesehen und mich gefragt, was los sei. Natürlich hatte ich erwartet, dass meine Kumpels mich und meine Lage verstehen. Und natürlich bin ich davon ausgegangen, dass sie mir den Rücken stärken. Aber nachdem ich ihnen alles erzählt hatte, kam nichts, was mir wirklich geholfen hätte. Nur Mist.«

»Und nun erzählen Sie es mir bitte auch«, meine ich.

Tom nimmt einen großen Schluck Wasser und atmet tief ein und wieder aus. Dann legt er los: Nicht nur, dass die Taufe seines Sohnes in den nächsten Monaten anstünde und sich die beiden Großmütter schon Wettkämpfe um den Austragungsort liefern würden, wie sie sonst nur bei Olympiabewerbungen üblich seien. Nein: Er habe den Fehler gemacht, beim Essen zu erwähnen, dass er ein halbes Jahr Erziehungsurlaub nehmen wolle. Das ermögliche nämlich Susan, seiner Frau, einen Auftrag anzunehmen, der auf drei Monate begrenzt sei. Sie arbeitet als freie Maskenbildnerin und habe ein tolles Projekt angeboten bekommen. Die verbleibenden drei Monate würden sie gerne gemeinsam mit ihrem Kind nach Australien und Neuseeland reisen.

Pure Vorfreude vs. Sicherheitsdenken

»Susan und ich haben das immer schon so geplant – lange, bevor sie überhaupt schwanger wurde. Dass sie nun noch den Auftrag bekommen hat, macht die Sache perfekt: So kann sie einerseits arbeiten, denn sie liebt ihren Beruf sehr, und andererseits kommt weiter Geld in die Kasse, und wir können unsere Reise sorgloser antreten. Allerdings merke ich, dass Susan sich von der Hysterie der anderen allmählich anstecken lässt.«

Woran er das merke, will ich wissen.

»Sie durchforstet das Internet nun plötzlich nicht mehr nach verborgenen Bed-&-Breakfast-Angeboten, tollen Stränden und Geheimtipps für Sehenswürdigkeiten, sondern zunehmend nach Impfvorschriften und Infektionskrankheiten vor Ort, nach möglichen Bedrohungen durch Giftschlangen, Krokodile oder Haie. Vor ein paar Tagen hat sie mir sogar einen Vortrag gehalten über die Kriminalitätsstatistik für Wohnmobilreisende in den einzelnen australischen Bundesstaaten! Da ist mir wieder der Kragen geplatzt, und der Abend endete in einem heftigen Streit, nachdem ich ihr gesagt habe, dass wir unsere Reise dann am besten wohl gleich ganz vergessen können, wenn sie so weitermacht.«

Ich bitte ihn, nun noch exakter zu schildern, was das Unbe-

hagen gegenüber seinen Freunden neulich in der Kneipe aus-
löste.

»Na, die meinten auch, mich mit guten Ratschlägen über-
schütten zu müssen: ›Da musst du gleich einen Riegel vor-
schieben und die Diskussion abbrechen! Das kannst du dir als
Mann nicht gefallen lassen! Wenn das meine Schwiegermutter wäre, hätte ich sie schon lange vor die Türe gesetzt! Fahr
doch lieber mit uns weg, dann hast du deine Ruhe!‹ All so ein
Blödsinn kam von den Jungs. Dabei kennen die mich seit
Ewigkeiten und müssten allmählich wirklich wissen, dass mir
jegliche Besserwisserei gegen den Strich geht – egal, von wem
sie kommt. Aber nein: Statt dass sie mir den Rücken stärken,
dreschen sie auch noch auf mich ein.«

Ich weiß, was für dich richtig ist!

»Seit wann und woher kennen Sie diese Besserwisserei – oder
nennen wir es neutral erst mal Ratschläge?«, will ich wissen.

»Die Allererste, die mir damit auf den Keks ging, war meine
Oma. Kein Tag verging ohne: ›Du musst aufpassen, dass du
nicht hinfällst, dir keine Erkältung holst, deine Noten nicht
schlechter werden, deine Haare nicht zu lang wachsen …‹
Und das Allerallerschlimmste daran waren diese Horrorsze-
narien, die immer folgten: ›Sonst bekommst du einen Wund-
starrkrampf, eine Lungenentzündung, es mag dich keiner
mehr, es gibt dir keiner eine zweite Chance. Oder du wirst nie
Erfolg haben, findest nie eine Frau, kannst deine Familie nicht
ernähren …‹ Es hängt mir zum Hals heraus, dass alle anderen
immer genau wissen, was ich zu tun habe und was nicht! Es ist
doch mein Leben! Ich kann doch selbst entscheiden! Und ich
darf doch wohl auch mal Fehler machen, oder etwa nicht?«

»Wer entscheidet denn, dass etwas ›ein Fehler‹ ist?«, frage ich Tom und will außerdem wissen, welche Fehler er in seinem Leben denn schon gemacht hat und wie er damit umgegangen ist.

Das nimmt das Tempo deutlich raus. Er wird ruhiger und kommt ins Reflektieren: »Gute Frage! Wer entscheidet das? Bisher haben das immer die anderen entschieden: meine Oma eben bis zu ihrem Tod. Dann meine Mutter. Seit ich mit Susan zusammen bin, fühlt sich auch meine Schwiegermutter dazu berufen, über mein Leben und Handeln zu entscheiden. Und jetzt fangen auch noch meine Kumpels und vor allem auch Susan damit an – das macht mich verrückt! Ich bin doch kein Kind mehr! Ich kann ja wohl allein entscheiden, was mir wichtig ist, was ich mache und welche Risiken ich auf mich nehmen will!«

Ich frage nach, ob die Großmutter einen so großen Stellenwert einnimmt, wie es mir scheint, und wenn ja, weshalb.

Tom erzählt, dass er den großen Teil seiner Kindheit bei ihr verbrachte, da seine Eltern als mobile Filmvorführer durchs Land reisten und so nur selten Zeit mit ihm verbringen konnten. »Und Oma war einfach übervorsichtig. Bis zu einem gewissen Grad kann ich das auch nachvollziehen – immerhin war mein Onkel schon als Kind an den Folgen eines Unfalls verstorben, und auch ihren Mann hatte sie bei einem Unglück sehr früh verloren. Aber das bedeutet doch noch lange nicht, dass alle Menschen ständig in höchster Lebensgefahr schweben und davor bewahrt werden müssen.«

Wir verweilen bei seinen Jugendjahren bei der Großmutter und sprechen über einige Details, die ihn emotional Achterbahn fahren lassen, weil er sich überbehütet fühlte. Anschließend betrachten wir das Verhältnis zur Mutter.

»Ich war 15 Jahre alt, als Oma starb und meine Mutter sich

plötzlich für mich zuständig fühlte. Das Geschäft meines Vaters lief immer schlechter, er hatte angefangen zu trinken und andere Frauen zu treffen. Als Oma starb, hat meine Mutter ihn endgültig verlassen. Das war auch alles irgendwie schlimm für mich. Aber nach meiner Oma wusste meine Mutter jetzt immer, was gut für mich war. Anfangs hat mich das genervt, aber ich hab sie dann gelassen. Ich wollte ihr ja nicht zusätzlich Kummer machen.«

Ich erkläre Tom die drei Teile des Kind-Ichs aus dem Modell der Transaktionsanalyse. Dieses psychologische Konzept beschreibt drei Erlebens- oder Ich-Zustände: das Eltern-Ich, das Erwachsenen-Ich und das Kind-Ich – mit weiteren Unterteilungen. Eric Berne, der Begründer des Modells, unterteilte das Kind-Ich in einen rebellischen, einen angepassten und einen freien Teil. Im Handumdrehen erkennt Tom, dass er der (über)fürsorglichen Mutter immer ein sehr brav angepasstes Kind war. Der freie, spielerisch und neugierig veranlagte Kind-Anteil kam indes deutlich zu kurz. Dabei ist es für die Entwicklung eines jungen Menschen extrem wichtig, sich frei entfalten und das Leben entdecken zu können.

»Und wie sieht es mit der rebellischen Seite aus, die wagt, was nicht erwünscht oder erlaubt ist?«, frage ich ihn. »Gibt es diese Seite bei Ihnen?«

Er grinst: »Na ja, ich bin mal in den Ferien mit einem Freund per Bahn heimlich nach Amsterdam gefahren, und dort haben wir uns beide ein Tattoo stechen lassen – in die Leiste. Mama dachte damals, wir seien in einem Zeltlager unserer Jugendgruppe. Sie weiß es bis heute nicht, dass ich tätowiert bin. Das wäre ihr Ende, wie sie immer sagt.«

Ich erinnere ihn an den Abend, als es zum Streit um die Elternzeit kam.

»Stimmt, damit hatte auch niemand gerechnet, dass ich einfach aufstehe und gehe. Und ich bin ja dann erst um vier Uhr früh heimgekommen. Das hat sie schon alle etwas geschockt«, fällt ihm ein.

Ich trage heute gern selbst die Verantwortung

Wir beschließen, nach einer Reaktionsmöglichkeit zu suchen, die einem Erwachsenen angemessen ist – für die nächste Diskussion, die sicher bald ins Haus steht. Ich gebe Tom dazu vier DIN A4 große Moosgummiplatten, die er stellvertretend für sich, seine Großmutter, Mutter und Schwiegermutter im Raum auslegt. Zunächst bitte ich ihn, sich auf die unterschiedlichen Platten zu stellen und seine Wahrnehmung in Hinblick auf seine Person zu schildern. Immer wieder fallen Worte wie Skepsis, Misstrauen, Angst oder Risikobewusstsein. Als er auf seiner eigenen Position steht, wendet er sich an die beteiligten Damen – zunächst an die Großmutter. Er spricht mir Sätze nach, die ihr Schicksal und ihren Platz im familiären System klären und würdigen und so die Schieflage des systemischen Gefüges wieder ins Lot bringen.

»Liebe Oma, ich danke dir für deine Fürsorge und alles, was du für mich getan hast. Du hast mich versorgt und umsorgt, als ich dich gebraucht habe. Und ich ehre dein Schicksal: Du hast meinen Onkel und meinen Großvater viel zu früh auf tragische Art und Weise verloren. Das tut mir sehr leid. Heute bin ich erwachsen und selbst Vater und weiß somit, wie sehr man sein Kind liebt und dass man alles für es tun würde.« Es tut ihm gut, diese Worte auszusprechen – er beschreibt auf meine Nachfrage ein Gefühl von Erleichterung und innerer Ruhe, wo er zuvor noch ein unbestimmtes Unwohlsein verspürte.

Dann bitte ich ihn, das Wort an seine Mutter zu richten: »Mama, ich weiß, du konntest damals nicht anders, als mich zur Oma zu geben. Sie hat gut für mich gesorgt und auf mich aufgepasst. Ich sehe dein Schicksal und deine Trauer um deinen früh verstorbenen Bruder und Vater. Ich habe mich damals, als du nach Omas Tod Vater verlassen hast, immer bemüht, dir ein braver Bub zu sein, um dich nicht zu belasten. Heute bin ich erwachsen und selbst stolzer Vater. Ich habe mit Susan eine eigene Familie gegründet, für die Susan und ich gemeinsam sorgen. Ich danke dir für deine Fürsorge, aber heute weiß ich selbst und wir wissen als Paar, was mir und uns guttut – und unserem Sohn. Wir entscheiden selbst, wir tragen die Risiken selbst. Ich bin jetzt erwachsen und treffe meine eigenen Entscheidungen – gemeinsam mit meiner Frau. Und wenn mir ein Fehler passiert, bin ich bereit, die Konsequenzen zu tragen. Ich bin kein Kind mehr. Ich trage und übernehme meine eigene Verantwortung: für mich und meine Familie. Wenn ich deinen Rat benötige, wende ich mich gerne an dich. Danke.«

Ich will wissen, wie es ihm geht, nachdem er diese Sätze ausgesprochen hat.

»Ich fühle mich sehr erleichtert. Ich bin ruhiger, und der Druck auf meiner Brust ist weg. Und ich habe das Gefühl, gewachsen zu sein.«

Ich bestätige ihm, dass er tatsächlich aufrechter steht.

»Nun noch zu meiner Schwiegermutter«, seufzt er.

Ich frage, was ihn seufzen lässt.

»Ich verstehe sie ja irgendwo, aber …«

Ich bitte ihn, die von mir vorgeschlagenen Worte direkt an die für die Schwiegermutter platzhaltende Moosgummimatte zu richten – mit einer Ich-Botschaft.

Er seufzt noch einmal und sagt dann: »Liebe Gerda, ich verstehe deine Sorge um Susan, deine Tochter, und deinen ersten Enkel. Über all die gemeinsamen Jahre habe ich dir gezeigt, wie sehr ich Susan liebe und als meine Partnerin schätze. Du kannst dir sicher sein, dass ich sie und unseren Sohn keiner Situation aussetzen werde, die in irgendeiner Weise gefährlich für einen von uns werden könnte. Ich bin mir meiner, wir sind uns unserer Verantwortung bewusst. Wir treffen unsere Entscheidungen wohlüberlegt. Und wir wissen, dass wir dich um Rat fragen können, wenn wir ihn benötigen. Aber wir wollen und werden die Route unseres Lebenswegs selbst bestimmen, auch wenn wir mal Fehler machen. Danke.«

Er schildert seine tiefe innere Ruhe. Und ich spiegle ihm, dass sie auch äußerlich klar wahrnehmbar ist: Er ist ganz aufgerichtet, seine Stimme ist ruhig und von einer Tiefe, die ich bislang nicht bei ihm gehört hatte und die sehr souverän, vertrauensvoll und beruhigend wirkt.

Jetzt fragt er mich, ob er noch eine weitere Matte nutzen könne, in einer anderen Farbe, denn er würde gerne Susan mit in die Runde holen. Mit meinem Einverständnis legt er die Matte neben seine und wendet sich ihr zu: »Liebe Susan, ich freue mich auf die Auszeit in Australien mit dir und mit unserem kleinen Sohn. Du weißt, dass ihr beide alles seid für mich! Du kannst also mehr als sicher sein, dass ich euch keinerlei Gefahr aussetzen werde. Wir werden unsere Route gemeinsam festlegen, und ich bin sicher, dass es eine der schönsten Zeiten unseres Lebens werden wird. Ich freue mich unendlich darauf.«

Tom strahlt. »Jetzt fühlt es sich wirklich rund an für mich«, sagt er – und das ist spürbar.

Ich bitte ihn dennoch, sich abschließend auf Susans Stellvertretermatte zu stellen und seine Wahrnehmung zu beschreiben, wenn sie auf Toms Platz blickt.

»Mein Schatz, deine Worte geben mir unendlich viel Vertrauen und vemitteln mir den Mut, den ich für unser gemeinsames Abenteuer benötige. Ich freue mich auch auf unsere Zeit in Australien. Das wird wunderschön werden.«

Tom teilt mir in der nächsten Sitzung stolz mit, dass er die hier verspürte innere Ruhe und Souveränität tatsächlich mit in die nächste Diskussion nehmen konnte und seinen Standpunkt klar und für die anderen akzeptabel vertreten hat.

Tom verzweifelt daran, wenn andere wissen, was vermeintlich gut für ihn ist. Was er in solchen Augenblicken hört, ist nicht die Not des anderen oder die vielleicht sogar sachlich richtigen Impulse, um die es aktuell tatsächlich geht. Was er hört, sind die belehrenden Worte seiner Oma, auf die der kleine Junge hilflos reagiert hat. Wenn sie ihm sagt, was er tun und lassen soll, so ist die Hauptbotschaft darin doch deutlich zu hören: »Lass das!« Damit wollte sie ihn schützen, sichergehen, dass ihm nichts passiert. Und damit hat sie ihn in seiner Entfaltung eingeschränkt. Er hat das unbewusst für sich als Lebensmotto übernommen. Deshalb wiegen die Ratschläge seiner Umwelt stärker als seine eigenen Bedürfnisse und Impulse.

Nachdem er das aufgedeckt hat, kann er anfangen, die alte Botschaft zu überschreiben. Dafür gibt er sich symbolisch selbst die Erlaubnis, indem er in einem imaginären Dialog mit der Mutter und der Großmutter den Frauen im Nachhinein Respekt zollt, sich aber dennoch selbst vertritt und damit abnabelt. Er nimmt in diesem Augenblick seine erwachsene Rolle ein. Ein Moment, den er in der Aufstellungsarbeit nicht »spielt«, sondern tatsächlich spürt. Deshalb kann er auf diese Erfahrung zurückgreifen, wenn er mit den Beteiligten dann wirklich spricht.

Nach und nach wird Tom auch in anderen Situationen in

diese sichere Haltung finden. Sein Ziel ist, beim nächsten Mal nicht wie ein kleines Kind innerlich zu kollabieren, wenn jemand etwas vermeintlich besser weiß, sondern seinen Standpunkt zu vertreten.

Der »Nicht mit mir!«-Schlüssel: Menschen, die das Gefühl haben, von Ratschlägen erschlagen zu werden, trauen sich selbst meistens nichts zu und haben Angst, etwas falsch zu machen.

Übung

Kennen Sie ähnliche Szenen aus Ihrer Kindheit? Waren Ihre Mutter oder Ihr Vater übervorsichtig? Die Oma vielleicht oder ein geliebter Lehrer?

- Erinnern Sie sich an eine konkrete Situation, in der Sie mit der Übervorsicht Erwachsener konfrontiert waren. Hören Sie innerlich das »Lass das!«. Und jetzt lassen Sie Ihrer Fantasie freien Lauf: Was hätten Sie stattdessen gern in dieser Situation gehört?
- Wenn Sie einen schönen Satz gefunden haben, der Ihnen erlaubt, sich auszuprobieren und dabei auch Fehler zu machen, schreiben Sie ihn auf. Schreiben Sie ihn so auf, dass Sie ihn gut sichtbar aufhängen können: in der Küche, im Bad, neben dem Bett. So, dass Sie ihn oft genug am Tag sehen und sich daran erfreuen, ihn zu lesen. Vielleicht malen Sie etwas dazu oder gestalten den Satz am PC ansprechend und drucken ihn aus. Damit lassen Sie den angepassten Teil in sich nicht mehr allein, der gelernt hat, dass die Erwachsenen immer recht haben. Sie fangen an, ein Gegengewicht dazu zu entwickeln, das Ihnen die Freiheit ermöglicht, etwas zu wagen, das gutgehen kann, aber auch schiefgehen darf.

Auslöser erforschen – ohne Schuldzuweisung

In all diesen Beispielen wird deutlich, dass innere Überzeugungen häufig auf Erfahrungen mit Mutter und Vater gründen, insbesondere dann, wenn sie in kritischen Situationen hervortreten und als Basisprogramm abgespult werden. Dann wurden sie ganz früh vermittelt. Für jeden, der an seiner Situation etwas ändern möchte, ist es sinnvoll, sich diese ganz frühen Ursachen anzuschauen. Hier liegt der Schlüssel für eine nachhaltige Veränderung, die innere Souveränität ermöglicht und nicht nur ein anderes Verhalten im Außen, das weiterhin viel Kraft kostet und letztlich nur kurzfristige Erfolge verheißt.

Bereits im ersten Teil haben wir darauf hingewiesen, dass Glaubenssätze im Alter zwischen null und zwölf Jahren entstehen – somit liegt die Verbindung zu den Eltern oder anderen wichtigen Autoritätspersonen auf der Hand. Es verhält sich wie bei einem Wollknäuel: Ist es verheddert, muss es ganz aufgerollt werden, anders ist der Knoten nicht zu lösen. Dabei ist uns aber eines ganz wichtig: Wenn wir nach möglichen Auslösern für eigene Überzeugungen forschen, geht es nicht um Schuldzuweisungen. Es ist vielmehr der Weg zum Knoten. Nicht mehr und nicht weniger. Es geht nicht darum, jemandem irgendetwas vorzuwerfen. Es geht vielmehr darum, mit dem inneren Bild der Eltern oder anderer Autoritätspersonen zu arbeiten. Mit dem, was man von diesen so verinnerlicht hat, dass man sich heute das Leben damit selbst erschwert. Denn zum einen haben sie meistens einfach ihr Bestes gegeben, und zum anderen ist es ein Unterschied, was Kinder wahrnehmen und aus dem Verhalten der Erwachsenen ableiten und was diese tatsächlich gesagt, getan und gemeint haben. Sie kennen das sicherlich aus Streitereien oder Diskussionen: Man versteht selbst manchmal etwas ganz anderes, als der andere signalisieren wollte.

Es ist auch in den meisten Fällen gar nicht so relevant, wie es wirklich war, sondern es geht darum zu verstehen, warum bestimmte Reize mit bestimmten Reaktionen gekoppelt sind. Man muss verstehen, wie man es selbst gestaltet, an einigen Stellen so unfrei, unsouverän und unspontan zu sein. Ist dieser Augenblick des kindlichen Erlebens und damit der entscheidende Punkt aufgedeckt, geht es darum, ihn zu würdigen und zu akzeptieren.

Im nächsten Schritt ist es möglich, sich einen Zugang dazu zu verschaffen, sodass man im Hier und Jetzt als Erwachsener frei entscheiden kann, wie man in Zukunft mit sich und anderen umgeht. Erst wenn klar ist, wo in der Lebenslinie die hilflose Reaktion zuzuordnen ist, und wenn diese dort ihren Platz bekommen hat, kann ein anderes, erwachsenes Erleben und Reagieren wirklich entstehen. In diesem Kontext hat die Reise in kindliche Assoziationen, Erinnerungen und Erfahrungen in diesem Zusammenhang allein die Aufgabe, darauf hinzuweisen, wann man in kindliche Muster verstrickt ist, um dann einen neuen Weg für das berufliche und alltägliche Leben mit den Auslösertypen zu finden. Es geht um Akzeptieren, nicht um Hadern. Es geht um Fühlen, ohne darin stecken zu bleiben. Es geht um Verstehen, ohne im Grübeln zu verharren. Die zentrale Erkenntnis ist immer: Als Kind konnte ich nicht anders. Jetzt schon.

Begeben Sie sich deshalb neugierig auf die Reise ins Ich. Trauen Sie dabei den Stimmen, die immer flüstern: »Aber meine Eltern haben es ja gut gemeint« – meist irren sie nicht. Trauen Sie allerdings nicht den Stimmen, die Ihnen sagen wollen, es wäre deshalb alles gar nicht so schlimm gewesen.

Sie verheddern Ihnen Ihre Wolle und fügen ihr weitere Knoten hinzu. Unterscheiden Sie deutlich, was in Ihrem Inneren vor sich geht und was auf die äußere Bühne gehört.

Konzentrieren Sie sich, wenn Sie das nächste Kapitel lesen, ganz auf sich. Es geht ab jetzt nur noch um einen einzigen Menschen: um Sie selbst!

»Nicht mit mir!«
Schritte zu einer klaren Haltung

Die Beispiele aus dem letzten Kapitel zeigen, dass es oft unbewusste, in der Kindheit erlernte Überzeugungen sind, die einen daran hindern, verbale Angriffe auf gesunde Weise spontan abzuwehren und die eigenen Bedürfnisse klar zu benennen. Der Angriff kommt zwar von außen, von der angemessenen Reaktion schneidet man sich aber selbst ab. Das Gute daran ist, dass Sie es tatsächlich selbst in der Hand haben, wirksame Verteidigungsstrategien zu entwickeln und einen Weg zu finden, wie Sie sich nicht mehr aus der Fassung bringen lassen. Ob Sie sich dazu die Begleitung eines Profis, zum Beispiel eines Coachs, gönnen, wie es die Protagonisten unserer Geschichten getan haben, entscheiden Sie selbst. Oft ist es sinnvoll, den eigenen Mustern mit einem neutralen Gegenüber auf die Spur zu kommen und Verletzungen, die in einer Beziehung entstanden sind, auch in einer Beziehung (zum Coach oder Therapeuten) wieder zu lösen. Manchmal hilft es, bei der Entwicklung eigener Fürsorge die unterstützende Fürsorge eines anderen zu bekommen. Und manchmal macht ein Gegenüber es leichter, sich die Erlaubnis für etwas zu erteilen, das man sich selbst aufgrund innerer Überzeugungen jahrzehntelang verwehrt hat. Es kann aber auch sein, dass Sie zu Ihrem »Nicht mit mir!« schon durch die Impulse in diesem Buch und für sich im stillen Kämmerlein finden, vielleicht auch im Gespräch mit Freunden oder durch ein Schlüsselerlebnis, für das Sie jetzt sensibilisiert sind.

»Nicht mit mir!« – das ist im Grunde kein Satz, das ist eine Haltung. Es ist diese innere Überzeugung, die es Ihnen möglich macht, in jeder Situation souverän zu bleiben. Der Satz ist Ausdruck eines kraftvollen, spontanen und freien Impulses. Wenn er aus vollem Herzen kommen kann, dann fällt es auch leicht, bei plötzlichen Angriffen angemessen zu reagieren. Ihn in sich zu tragen heißt, vor den Verbalattacken der anderen sicher zu sein.

Übung

- Probieren Sie es aus, hier und jetzt, laut und deutlich: »Nicht mit mir!«
  Wie sprechen Sie diesen Satz aus? Wie kräftig ist Ihre Stimme – fiepst sie wie ein Mäuschen oder brüllt sie wie ein Löwe? Wie voll ist sie? Welche Energie geben Sie dem Satz? Endet er mit einem Ausrufezeichen oder einem Fragezeichen? Probieren Sie es doch einmal aus. Hören Sie sich aufmerksam zu.
- Wie fühlen Sie sich dabei, wenn Sie diesen Satz sagen?
- Können Sie auch vor einen Spiegel treten und den Satz wiederholen? Dann versuchen Sie doch mal, sich dabei in die Augen zu blicken. Was nehmen Sie darin wahr?
- Und wie ist Ihr Stand – fest oder wackelig? Stehen Sie auf beiden Beinen, oder nutzen Sie die Standbein-Spielbein-Variante?

Das eigene Erleben achtsam wahrnehmen

Wenn Sie merken, dass es Ihnen noch immer schwerfällt, den Satz kraftvoll auszudrücken, dann ist das ein guter Anlass, mit sich selbst achtsam umzugehen. Jetzt können Sie direkt damit anfangen, sich nicht dafür abzuwerten, sondern Ihrer Reaktion mit Interesse zu begegnen. Denken Sie daran, dass es Ihnen seit vielen Jahren geläufiger ist, bei Angriffen in die Defensive zu gehen und sich still zu verhalten, als sich dem anderen kraftvoll entgegenzustellen. Denn in diesen Momenten, in denen der andere sich in irgendeiner Form wichtig macht, wird eine Saite in Ihnen zum Schwingen gebracht, die es von klein auf gewohnt ist, zu schweigen, sich selbst nicht so wichtig zu nehmen oder »unkompliziert« zu sein. Der Satz »Nicht mit mir!« klingt dann zaghaft, er trägt ein Fragezeichen am Schluss, die Stimme ist leise, vielleicht sogar brüchig. Das ist nicht der Ton, der zu einem erfolgreichen Erwachsenen passt.

Deshalb versuchen viele, so zu tun, als ob es anders wäre. Sie versuchen, mehr Kraft in die Stimme zu legen, lauter zu werden, sich tolle Sprüche zurechtzulegen. Sie werden unterstützt von Ratgebern in Literatur, Familie und Freundeskreis, die unterschiedlichste Strategien anbieten, damit nicht sichtbar wird, wie fragil sich dieser Augenblick anfühlt. Doch leider hat das eine paradoxe Wirkung: Für den anderen bleibt immer noch spürbar, wie unsicher sein Gegenüber ist, doch dieses hat das Gespür für sich selbst verloren. Denn das, was nach wie vor in ihm wirkt, diese Seite, die zweifelt, die gerade mit dem Ohr des Kindes zuhört, wird ignoriert. Der Zugang zu den Impulsen ist abgeschnitten. Also muss die innere Stimme lauter werden, um Gehör zu bekommen. Und je mehr man sich anstrengt, gegen das Ohnmachtsgefühl anzukämpfen, je lauter der innere Appell wird, sich jetzt zusammenzureißen, eine Lösung zu finden, desto weniger Kraft steht für den Augenblick zur Verfügung. So dreht sich die Spirale trotz vielfältiger und gut gemeinter Ratschläge und innerer Härte gegen sich selbst weiter, und bei jeder Begegnung mit einem der Auslösertypen wird die Unsicherheit erneut geschürt.

Der Weg in die Stärke führt deshalb nur darüber, die eigene Schwäche erst einmal zu erkennen, sie anzunehmen und zu verstehen. So wird es möglich, mit sich selbst achtsam umzugehen.

Wenn Sie also merken, dass es Ihnen schwerfällt, den Satz »Nicht mit mir!« überzeugend auszusprechen, tun Sie gut daran, dem mit einem aufmerksamen »Ach, interessant, dass mir das so schwerfällt!« Bedeutung zu geben, statt gleich zu üben, es anders zu machen. Staunen Sie ruhig, wie zart und schüchtern ein Teil in Ihnen offenbar ist, der darin spürbar wird. Wenn Sie sich jetzt antreiben, bleiben Sie im alten Muster. Sie wiederholen das Spiel, das Sie wahrscheinlich seit vielen Jahren kennen. Sie werten sich ab, wie es früher andere getan haben, anstatt sich selbst wertzuschätzen und aufmerksam zu beobachten. Um einen neuen Weg in die Souveränität zu gehen, benötigen Sie einen aufmerksamen Umgang mit sich selbst. Und das bedeutet, erst einmal wahrzunehmen, was wirklich in Ihnen los ist.

Wenn Ihnen das gelungen ist, dann tun Sie bitte momentan nichts. Auch wenn es Sie irritieren mag: Das ist die Basis und für viele Menschen sogar der schwierigste Aspekt. Denn schließlich sind Sie im Leben immerzu gefordert zu handeln, zu entscheiden, zu verändern, zu tun. Sich davon zu befreien und sich selbst die Erlaubnis zu geben, etwas nur zu beobachten und zuzulassen, ist deshalb so ein wichtiges Umdenken, dass eine bewusste innere Entscheidung unabdingbar ist. Sie ahnen es: Diese Entscheidung heißt, »Ich nehme mich wichtig«.

Sie können sich das selbst erlauben, wenn Sie es wollen. Sie sind erwachsen. Kein anderer kann Sie wirklich daran hindern. Sie geben sich die Erlaubnis, sich selbst gut zuzuhören, sich wahrzunehmen, den Blick auf sich selbst zu lenken. Mit dieser Erlaubnis lassen sich im Alltag die feinsten inneren Regungen beobachten, die wichtige Indizien dafür liefern, was es zukünftig braucht, um in Auseinandersetzungen einen sicheren Stand zu finden. Eindrücke wie »Ich bekomme Herzklopfen«, »Am liebsten würde ich wegrennen« oder »Jetzt sage ich nichts, weil ich sonst denke, dass sie mich blöd findet« sind wichtige Erkenntnisse auf Ihrem Weg in die Souveränität. Klingt komisch? Ist aber so!

Theresa darf spüren

Für Theresa (die Sie im Kapitel »Fassungslos« kennengelernt haben) ist es immer das gleiche Muster, das sie sprachlos macht. Sie hat sich eingehend mit ihrer hilflosen Reaktion auf die Ignoranz ihres Chefs beschäftigt und herausgefunden, dass er mit seinem Satz »Nimm dir das doch nicht so zu Herzen« einen wunden Punkt bei ihr trifft. Sie fühlt sich davon demaskiert, weil sie sich selbst ständig dazu antreibt, stark zu sein. Deshalb darf sie Schwäche nicht zeigen. Und Gefühle sind für sie Schwäche. Damit macht sie sich hochgradig angreifbar. Jede Begegnung mit anderen wird damit im Grunde zur Löwengrube für sie. Bei Menschen, die ebenfalls keine Gefühlsregungen aushalten können und andere dann kleinmachen, wird es für sie besonders brisant. Solange Theresa sich also weiter verbietet zu fühlen und von sich erwartet, dass sie stark ist, wird sie ausgeliefert bleiben. Für sie ist es ein wichtiges Lernfeld, ihr inneres Erleben zu erforschen und anzufangen, mit sich gut umzugehen.

Einen Anfang findet sie, als sie die Dynamik aufdeckt, in der sie sich selbst gefangen hält. Sie erkennt, wie sehr sie sich selbst für ihre Schwäche abwertet. Und sie spürt, wie das ihre ohnehin schon ängstliche, fast panische Seite weiter schwächt, bis sie sich wie ein kleines Mädchen fühlt. Diesen Zustand auszuhalten, fällt ihr nicht leicht, immer wieder versucht sie, sich zusammenzureißen und Contenance zu wahren. Doch immer wieder gelingt es ihr auch, das Gefühl der Hilflosigkeit zuzulassen und sich auf das kleine Mädchen in ihr einzulassen, das den Botschaften der Eltern so sehr glaubt, das versucht, nicht zu fühlen, damit es den anderen besser geht, und das dabei tief in sich verunsichert und allein ist. Während sie zu diesem Mädchen in sich zurückfindet, wird ihr auch klar, was sie eigentlich gebraucht hätte: eine Mutter, die sieht, wie es ihr geht, und ihr ihre Gefühle nicht abspricht, sondern für sie da ist. Eine Mutter, die sie in den Arm nimmt und ihr sagt, dass sie sie verstehen kann.

Theresa malt sich aus, wie diese Mutter idealerweise wäre. Sie stellt sich vor, wie sie ihr die Hand auf den Rücken legt und sagt: »Bleib bei deinem Gefühl. Es hat hier seinen Platz.« Im Coaching verstärke ich die Geste, indem ich meine Hand auf ihren Rücken lege. Sie spürt die Veränderung – und sichtbar ist sie auch: Die körperliche Anspannung lässt nach, ihre Gesichtszüge werden weich. Sie erlaubt sich zu fühlen. Damit hat sie angefangen, sich Zugang zu ihren Gefühlen und zu ihren Impulsen zu verschaffen. Die wird sie brauchen, um ihrem Chef und anderen Herunterspielern zu begegnen.

Übung

- Was fühlen Sie in den Momenten des verbalen Angriffs?
  Was dürfen Sie fühlen und was nicht?
- Was ist Ihr erster Impuls?
  Wie dürfen Sie reagieren und wie nicht?

Die Fassungslosigkeit verstehen

In unserer Typologie sind beispielhaft individuelle innere Muster beschrieben, die unsere Klienten davon abgehalten haben, sich gegen verbale Angriffe zu wehren. Der eine hat Angst davor, nicht mehr gemocht zu werden. Die andere glaubt, dass es ungehörig ist, sich zu wehren. Der Nächste entgegnet etwas und schämt sich hinterher. Wieder ein anderer glaubt, dass die Meinung anderer immer wichtiger ist als die eigene. Es sind gesellschaftliche Normen und Regeln, die in diesen Augenblicken stärker wirken als die eigenen Impulse. Und es sind die persönlichen Erfahrungen, die die eigene Entwicklung geprägt haben.

Im Laufe des Lebens scheint es irgendwann einmal sinnvoll gewesen zu sein, sich in bestimmten Situationen nicht zur Wehr zu setzen, den anderen im Recht zu lassen, unsichtbar und unhörbar zu bleiben, den eigenen Gefühlen nicht zu trauen. Je nachdem, in welcher Lebensphase diese Erfahrungen entstanden sind, wie existenziell sie sind und wie stark man sie sich im Laufe des Lebens selbst bestätigt hat, ist es leichter oder schwieriger, die eigene innere Logik zu ergründen. Vieles von dem, was im Laufe des Lebens, vor allem in den ersten Jahren, vermittelt wird, prägt uns so sehr, dass es irgendwann scheint, als wären es die eigenen Überzeugungen – und als wären sie tatsächlich hilfreich. Das Umfeld, in dem man sich bewegt, und die Werte, die darin gelten, passen zudem oft zu den inneren Überzeugungen und verschärfen die persönliche Situation.

Die Botschaften, die uns innerlich zurückhalten, sind nämlich immer mit einer Konsequenz gekoppelt, sonst wären sie ja nicht so einschüchternd. »Nimm dich nicht so wichtig, sonst ...« Oder: »Wenn du dich wichtig nimmst, dann ...« Wahrscheinlich kennen Sie auch Sätze wie diese:

»So mag dich keiner.«

»So hast du keine Freunde.«

»So liebt dich niemand.«

»So gehörst du nicht dazu.«

»So wird nie etwas aus dir.«

»So schaffst du das nie.«

Drohungen wie diese werden bewusst von den Erstauslösern ausgesprochen und schwingen später immer wieder unbewusst mit. So unterschiedlich die Geschichten und Zusammenhänge, die Erlebnisse und Erfahrungen für jeden Einzelnen sind – sie verdichten sich am Ende zu einer diffusen Angst vor der Einsamkeit. Diese Angst hält uns letztlich davon ab, den eigenen Impulsen zu folgen.

Wie gesagt: Auf sie zu hören hat früher einmal Sinn ergeben – es diente der Überlebenssicherung des Kindes und sorgte dafür, dass es Teil der Familie sein und bleiben konnte. Entscheidend für die Veränderung als Erwachsener ist, dass dieser ursprüngliche Sinn zugänglich wird. Wer verstanden hat, dass er innehält, statt sich zu wehren, weil er fürchtet, dann nicht mehr gemocht zu werden, hat die Chance, als Erwachsener diese Strategie auf ihre Aktualität zu überprüfen.

Deshalb bereitet es einen soliden Boden für einen sicheren Stand in der Zukunft, erst einmal den Sinn der Unsicherheit im Hier und Jetzt zu verstehen.

Theresa entwickelt Verständnis

Der Sinn ihres ständigen Konflikts mit dem Chef und ihres Gefühls, ihm ausgeliefert zu sein, lag für Theresa zu Beginn ihrer Reise ins Ich gänzlich im Verborgenen. Deshalb hat sie zwar versucht, etwas zu verändern, aber mit den immer gleichen Mitteln, die eigentlich der Anlass für ihre Verstrickung sind: Sie hat sich immer mehr gerüstet und war schon auf Krawall gebürstet, wenn sie das Büro betrat. Auch wenn sie nach außen hin freundlich tat, war die Atmosphäre für ihren Chef sicherlich spürbar. Zumindest kann man das annehmen, weil auch im Coaching deutlich wurde, wie angespannt sie ist, obwohl sie lächelt und auf den ersten Blick freundlich wirkt. Im übertragenen Sinne hat Theresa immer mehr Gas gegeben, während der andere Fuß auf der Bremse stand. Wenn sie den Angriff des Chefs wie einen K.-o.-Schlag von außen empfunden hat, hat sie sich eigentlich selbst innerlich ausgeknockt, indem sie immer versucht hat, stark zu sein und sich nicht anmerken zu lassen, wie verzweifelt sie ist.

»Eigentlich denke ich ja, ich dürfte meinen Chef gar nicht um Unterstützung bitten. Ich muss das allein hinbekommen, das ist mein Job. Warum bin ich nur so unfähig, mich durchzusetzen? Warum nimmt mich der andere nicht ernst? Das ist das, was übrig bleibt, wenn ich meine Rüstung ausziehe«, gibt sie zu. »Aber mit dieser Haltung kann ich ja nicht da reingehen, oder?«

»Nein, Sie nicht, denn für Sie ist es ja schon als Kind existenziell wichtig gewesen, alles allein zu schaffen und stark zu sein«, antworte ich ihr. »Sie haben ja schon davon gesprochen, dass Sie glaubten, stark sein zu müssen, um in der Welt überhaupt zu überleben. So haben Sie Ihre Eltern verstanden, und das haben Sie tief in sich abgespeichert. Deshalb sind Sie auch so tough und in jungen Jahren weit gekommen. Ich kann gut verstehen, dass das kleine Mädchen in Ihnen große Angst hat, zu zeigen, dass es nicht weiterweiß.«

Als Theresa merkt, dass ich sie wirklich verstehe, ist sie davon sehr berührt und bekommt selbst ein Gefühl dafür, wie wichtig es für das Kind in ihr ist, stark zu sein und seine Gefühle nicht zu zeigen – »und schon gar keine Schwäche«, wie sie beteuert. Für sie als Mädchen galt die Logik, dass sie in der Welt nicht bestehen kann, wenn sie nicht stark genug ist. Übertragen auf die Situation mit dem Chef glaubt sie, dass sie in dem Job oder dieser Firma nicht bestehen kann, wenn sie emotional – und in ihrer Lebenswelt damit schwach – ist.

Übung

- Was glauben Sie? Müssen Sie stark sein, es anderen recht machen, sich beeilen, sich anstrengen, perfekt sein?
- Was ist die Konsequenz für Sie, wenn Sie es nicht tun? Werden Sie verlassen, gehören Sie nicht dazu, sind Sie nichts wert?
- Wie ist Ihre innere Logik? Experimentieren Sie mit Wenn-dann-Sätzen, die Ihnen spontan einfallen, und überprüfen Sie, welcher stimmig klingt. Welcher Satz löst in Ihnen das Gefühl aus, »der ist so für mich richtig«?
- Übertragen Sie die Logik auf die Situation, in der

»Nicht mit mir!« Schritte zu einer klaren Haltung

Ihnen immer wieder die Kinnlade runterfällt. Warum reagieren Sie nicht? Was würde Ihrer Vorstellung nach passieren, wenn Sie reagieren? Hält diese Vorstellung Sie davon ab, Kontra zu geben?

Sich selbst akzeptieren

Die eigene innere Logik zu verstehen, ist die Basis dafür, das zu akzeptieren, was ist. Dass Akzeptanz ein wesentlicher Faktor für die Veränderung ist, wirkt auf den ersten Blick widersprüchlich. Dass so viele Ratschläge, die das Neue und Andere fokussieren, zwar im ersten Moment gut klingen, in der Regel jedoch so wenig zielführend oder gar nachhaltig erfolgreich sind, macht die Notwendigkeit des Annehmens aber doch relativ schnell offensichtlich. Ohne Akzeptanz dessen, was ist, hat das Neue keine Chance. Ihm fehlt schlichtweg ein nährender Boden.

Es geht also tatsächlich erst einmal darum, das Alte zu akzeptieren. Es geht darum, zuzulassen und anzunehmen, dass es einen angstvollen Teil in einem gibt, einen Teil, der glaubt, allein zu bleiben, wenn er sich wehrt. Er glaubt das aus einer extrem prägenden Ersterfahrung heraus – auch wenn der Erwachsene mit klarem Verstand erkennt und weiß, dass das in der heutigen Realität gar nicht so sein muss, dass er oft nicht einmal auf das Wohlwollen des anderen angewiesen wäre! Die Erfahrung, die das kleine Kind seinerzeit gemacht hat, ist da und hat sich tief eingeprägt – sie lässt sich nicht rational mit ein paar Worten wegdiskutieren. Das Kind hat gelernt, dass es gefährlich ist, den Erwartungen nicht zu entsprechen. Es hätte ja im Zweifelsfall sogar bedeutet, nicht zu überleben. Es geht hier also um eine Erfahrung von existenzieller Bedeutung. Das gilt es zu akzeptieren.

Und das wiederum erfordert die Abkehr von gewohnten Mustern im Umgang mit ungeliebten Gefühlen. Die Abkehr vom strengen Blick, von allgemeinen Durchhalteparolen, von abwertenden Sprüchen, wie sie zu Beginn des Buches als vermeintlich normaler Umgang mit sich selbst entlarvt wurden. Da heißt es auf der Hut zu sein vor den falschen inneren und äußeren Freunden. Es ist manchmal gar nicht so einfach, die hemmenden von den befreienden Stimmen zu unterscheiden. Manchmal scheint man auf einem hilfreichen Pfad zu sein und täuscht sich dabei nur selbst.

Eine Orientierung zur Unterscheidung geben die folgenden Sätze. Sie klingen fürsorglich, sind es aber nicht:

»Lass dir das nicht gefallen!«

»Wehr dich!«

»Sei nicht so schwach!«

»Du musst stark sein!«

»Das hast du gar nicht nötig!«

»Gib Kontra!«

Das sind ganz falsche Freunde – typische kritische Stimmen, die einen glauben lassen, es gut zu meinen. Sie klingen, als ob sie stärkend wirken, dabei schwächen sie nur weiter und führen direkt in die Handlungsunfähigkeit. Zwischen der existenziellen Erfahrung, der Angst vor der Einsamkeit und den antreibenden Sätzen gefangen, geht erst mal gar nichts mehr. Denn sie verlangen Unmögliches.

Stellen Sie sich den schweigenden Teil für einen Moment als das Kind vor, das voller Angst ist, nicht überlebensfähig zu sein, wenn es nicht die Erwartungen des Umfelds erfüllt. Schnell wird Ihnen bewusst, dass so eine Ansprache weder im Innen noch im Außen angemessen ist. Achtsam hinspürend kann man das auch an der eigenen Reaktion erkennen: Wer versucht, sich zusammenzureißen, spannt den Körper an, hält die Luft an und beißt die Zähne zusammen. Das sind eindeutige Anzeichen dafür, dass man in einem Spannungsfeld steht – zwischen dem, was ist, und dem, was sein soll. In diesem Modus kann sich nichts entwickeln, kann kein Impuls entstehen.

Deshalb ist das Annehmen der Schlüssel zur Veränderung. Dieses Annehmen beinhaltet, sich selbst gegenüber milde zu werden. Es geht dabei darum, anzuerkennen, welche Erfahrungen das eigene Verhalten prägen – ohne jegliche Wertung. Es ist also weder »gut« noch »schlecht«, es ist einfach da. Erst dann wird es wirklich möglich, die eigenen Empfindungen wahrzunehmen, einzuordnen, sie zu verstehen und schließlich zu nutzen. Für eine schnelle Reaktion auf Angriffe ist der Zugang zu den eigenen Impulsen essenziell. Das geht nicht ohne die Angst. Es geht nur mit ihr.

Dass die Angst ihren Sinn hat, ist nun klar geworden. Sie zuzulassen, ist aber tatsächlich ein hehres Ziel, vor allem, wenn man bislang damit keine guten Erfahrungen gemacht hat. An diesem Punkt ist es sehr hilfreich, den Weg gemeinsam mit einem Profi zu gehen. Vor allem, wenn man bislang gewohnt war, alles allein zu schaffen, kann es ein wirkungsvoller und notwendiger Schritt sein, sich Unterstützung zu gönnen. Was wir mit diesem Buch leisten können, ist, Ihnen wichtige grundsätzliche Erkenntnisse zu vermitteln und Sie zu ermutigen, alle möglichen Formen von Unterstützung auszuprobieren. Schauen Sie, was davon für Sie stimmig ist. Sie könnten einen Therapeuten oder Coach nutzen, zum Heilpraktiker gehen, Workshops besuchen, mit Freundinnen sprechen und andere Peergroups finden, in denen Sie Fürsorge bekommen. Das alles kann Sie darin unterstützen, sich selbst gegenüber zugewandt und offen zu werden. Und Sie können so einen sicheren inneren Ort etablieren, von dem aus Sie in die Welt hinausblicken.

Theresa sorgt für sich

Theresa erobert sich ihre fürsorgliche Seite, als sie anerkennt, dass es das kleine Mädchen in ihr ist, das auf den Chef reagiert, und nicht die taffe Businessfrau. Sie hat sich damit ein Bild erobert, das nicht auf ihren bekannten Erwartungen beruht und daher andere Gefühle in ihr auslösen kann. Wenn Theresa sich ein kleines Mädchen vorstellt, dann erwacht in ihr ein zugewandter und beschützender Instinkt.

Ich frage sie, wie es ihr mit so einem kleinen Mädchen geht, das Angst hat, in der Welt nicht bestehen zu können. Welchen Impuls löst das in ihr aus, wenn sie auf so ein Mädchen trifft?

»Sie rührt mich zutiefst. Wenn es meine Tochter wäre, würde ich sie am liebsten in den Arm nehmen und ihr sagen: Alles wird gut. Du bist völlig okay, so wie du bist. Manchmal stark und manchmal schwach. Auch wenn du mal ängstlich bist – davon geht die Welt nicht unter. Es wird immer reichen, um zu überleben. Ich bin da und lass dich nicht allein.«

Im Coaching arbeitet Theresa mit diesem Bild weiter und versetzt sich auch in das Mädchen hinein, das in den Arm genommen wird. Sie spürt nach, wie es ist, so aufgehoben zu sein und so zuversichtlich. So bekommt sie ein Gespür dafür, wie sich ihr Gefühl verändert, wenn sie aus dem angetriebenen Modus in die beschützende Haltung findet, wie es ist, sich ausgeliefert zu fühlen, und wie es ist, sich sicher zu fühlen. Sie merkt, wie frei sie wird, wenn sie auch mit der Angst akzeptiert ist. Dann verändert sich die innere Einstellung von selbst.

»Obwohl ich ja Angst habe, fühle ich mich nicht ausgeliefert, wenn die Angst sein darf«, ist Theresas überraschte Erkenntnis. Damit hat sie ein wichtiges Paradoxon erkannt: Was nicht sein darf, wird größer. Was sein darf, kann sich verändern.

Übung

Was, glauben Sie, tut Ihrem inneren Kind gut? Das ist die Frage, die Sie in die Souveränität führt. Sie können das Ganze als inneren Film inszenieren.
- Stellen Sie Ihrem inneren Kind jemanden zur Seite, der es wirklich gut mit ihm meint.
  Welche Erlaubnis braucht es?
  Welche Aufmerksamkeit?
  Wodurch lässt es sich beruhigen?
  Was benötigt es, um ausgeglichen zu sein?
- Entwickeln Sie für sich eine Figur, die zugewandt ist, die etwas Fürsorgliches an sich hat. Sie haben in den Beispielen ein paar Inspirationen dazu bekommen: eine Fantasiefigur, einen Menschen, ein Tier, ein Ereignis.
- Und beobachten Sie, wie es Ihnen dabei geht: Wie reagiert Ihr Körper darauf? Es kann sein, dass Sie sich schon entspannen, wenn Sie sich nur vorstellen, einen Satz zu hören wie: »Du bist völlig in Ordnung, so wie du bist.« Dass Sie dann freier atmen, dass sich ein Kloß im Hals auflöst. Im Idealfall machen Sie eine solche Erfahrung mit einem Gegenüber, das für Sie da ist. Wenn es Ihnen gelingt, so eine Figur zu entwickeln, die wirklich aufmerksam ist, die Ihnen zugewandt ist, die Sie darin bestärkt, dass Sie in Ordnung sind, so wie Sie

sind, dann haben Sie einen weiteren großen Schritt gemacht. Sie entwickeln damit Ihre fürsorgliche Seite weiter.

Einen Zugang zu Impulsen finden

Akzeptanz ist das Klima, in dem Veränderung möglich ist. Wenn innerlich eine gute Atmosphäre herrscht, in der das, was sich zeigt, nicht bewertet wird, können die unterschiedlichsten Wünsche, Bedürfnisse und Impulse entstehen. »Was möchte ich?« Die Antwort auf diese Frage liegt unter den unzähligen Varianten des Müssens, Sollens und Nichtdürfens meist tief verborgen. Doch solange Sie nicht wissen, was Sie selbst wirklich wollen, ist es schier unmöglich, angemessen auf andere zu reagieren. Die Regeln und verinnerlichten Überzeugungen wirken wie ein Deckel auf den eigenen Bedürfnissen.

Wenn Sie anfangen, sich mit Ihrem inneren Erleben anzunehmen, können Sie neugierig werden und den Deckel vorsichtig heben. Er kann den Blick freigeben auf die Impulse, die in Ihnen schlummern. Einen ersten Zugang zu den Impulsen schaffen erlaubende Fragen an sich selbst. Wenn Sie sich ermöglichen, in Gedanken so zu handeln, wie Sie möchten, weiten Sie den inneren Raum. Stellen Sie sich also Fragen wie diese:

»Wie würde ich gerne reagieren, wenn alles erlaubt wäre?«

»Was bedeutet es für mich, in so einer Situation zu mir zu stehen?«

Allein dieser zweite Gedanke kann schon etwas in Ihnen verändern. Wenn Sie ihn aussprechen, erhält der eigene Impuls noch mehr Bedeutung.

Doch es ist oft gar nicht so einfach, eingefahrene Überzeugungen in neue Bahnen zu lenken. Es kann sein, dass sich schon beim Denken oder Aussprechen innere Gegenstimmen formieren: »Aber das ist albern.« »Das macht man nicht.« »Das geht nicht, weil …« »Das ist kindisch.« Solche einschränkenden Sätze entstehen im Handumdrehen – da ist der Wunsch wahrscheinlich noch nicht mal zu Ende gesprochen. Nehmen Sie sie als schöne Grüße von Ihrer kritischen Seite wahr.

Versuchen Sie nun, die inneren Stimmen zu missachten, fangen diese schnell an, zu brüllen und vehementer zu werden – wie trotzige kleine Kinder, die ihren Willen gegen Ihren durchsetzen wollen. Deshalb tun Sie gut daran, diesen Stimmen aufmerksam zuzuhören. Schließlich sind sie Ihnen ja schon eine Weile treue Begleiter. Nur sind sie eben nicht mehr die einzigen, auf die Sie in Zukunft bauen werden.

Es kann unterstützend wirken, wenn Sie den inneren Dialog aufschreiben, also wie Sie gerne reagieren würden und was Sie davon abhält. Sie werden merken, dass der neue Wunsch gegenüber den jahrelang trainierten Überzeugungen so fragil ist, dass es sinnvoll ist, für Unterstützung zu sorgen.

Wer seine Bedürfnisse spüren möchte, braucht dazu die innere Erlaubnis und einen achtsamen Umgang mit sich selbst. Schließlich geht es um Erfahrungen, die früh geprägt wurden: Das innere Kind ist leicht zu verschrecken, wenn sich die alten Überzeugungen Gehör verschaffen. Es geht also darum, die Seite in sich zu stärken, die freundlich, wertschätzend und wohlwollend ist. Rufen Sie sich den fürsorglichen Helfer aus dem vorherigen Abschnitt bewusst herbei.

Was es heißt, sich selbst gegenüber fürsorglich zu sein, wird in solch einer Übung deutlich. Natürlich ist das manchmal gar nicht so einfach. Weil jemand gut für andere da sein kann, bedeutet das noch lange nicht, dass er sich selbst ebenso zugewandt ist. Darin liegt ein weit verbreiteter Trugschluss. Es geht nicht darum, ob Sie für andere gut sorgen können, sondern ob es Ihnen gelingt, sich selbst ebenso empathisch, also mitfühlend und fürsorglich zu begegnen. Es geht darum, dass Sie sich selbst annehmen mit allem, was Sie ausmacht, und sich zugestehen, so zu sein, wie Sie sind.

Es ist von großer Bedeutung, dass Sie sich sicher sind, ein Recht zu haben, so zu fühlen, wie Sie fühlen, und dass es Ihnen zusteht, Ihre Meinung zu vertreten. Es ist essenziell, dass Sie da sein dürfen – einfach so, wie Sie in diesem und jedem anderen Augenblick sind: mit all Ihren Bedürfnissen, Widersprüchen, Leidenschaften, Einstellungen, Werten und Ihrer ureigenen Logik. Wenn Sie diese Kraft in sich stärken, können Sie neue Wege gehen. Sie lassen Ihr inneres ängstliches Kind nicht länger allein.

Das bringt Weite in Ihr Inneres, in den Raum, in dem etwas Neues entstehen kann. Hier können Bedürfnisse spürbar werden, Ideen sprudeln, Impulse Form annehmen. So kann Ihr Bedürfnis, zu sich selbst zu stehen, wachsen und der Impuls, es wirklich zu tun, Kraft bekommen. In einer Atmosphäre, in der sein darf, was ist, ist der freie Anteil gut zugänglich. Hier ist zu spüren, was Impulsivität bedeutet, was an kreativen Ideen zur Verfügung steht, was guttut und nährt, was Freude macht und Neues hervorbringt. Den Zugang zu den Bedürfnissen zu haben, macht es auch in kritischen Situationen möglich, schnell und souverän zu reagieren. Es ist wie ein riesiger Fundus, aus dem Sie die passende Reaktion auswählen können.

Wer seine Bedürfnisse spüren kann, muss sie nämlich noch lange nicht ungehemmt ausleben. Souverän heißt schließlich auch angemessen, und nicht immer ist das spontane Bedürfnis tatsächlich zu stillen. Aber umgekehrt ergibt es keinen

Sinn, die Bedürfnisse von vornherein zu hemmen oder zu leugnen. Wer seine Bedürfnisse ignoriert oder gar nicht kennt, kann sie auch nicht vertreten. Und wer seine Bedürfnisse nicht vertritt, kann nicht erwarten, dass andere sie respektieren. Es geht also darum, die Bedürfnisse zu spüren – und einen Umgang damit zu finden. Sie sind der Schlüssel für Lebendigkeit und Spontanität. Dadurch kann Ihr »Nicht mit mir!« wachsen und gedeihen – weil es sich im Boden Ihres Selbst-Bewusstwerdens und Bewusstseins verankern kann.

Theresa weiß, was sie will

Mit ihrem neu entdeckten milden Blick auf sich selbst geht Theresa auf Schatzsuche, wie sie es selbst nennt. Sie findet Gefallen an dem, was sie fühlt, wenn sie den zugewandten Modus erreicht. »Es scheint alles viel leichter, heller und in einem größeren Raum zu sein«, beschreibt sie ihr Empfinden. »Für einen Moment denke ich: Vielleicht muss ich gar nicht alles wissen und schaffen. Ich könnte meinen Chef ja mal fragen, wie er sich meine nächsten Schritte vorstellt, oder ob er mir einen anderen Zugang zu den Infos bieten kann, die ich brauche.«

Es kommt heraus, dass Theresa ihrem Chef nie wirklich Fragen stellt, wie sie weitermachen oder weiterkommen soll. Sie gibt immer die Richtung vor, aus Angst, inkompetent und schwach zu wirken. In den kurzen Augenblicken, in denen sie selbst erlebt, wie es ist, nicht stark sein zu müssen, fallen ihr andere Möglichkeiten ein, die ihr, aber auch ihrem Chef viel mehr Spiel lassen. Vermutlich wird er dann gar nicht mehr so oft sagen: »Das darfst du dir nicht so zu Herzen nehmen«, weil Theresa auch gar nicht mehr in diesen Grad innerer Verzweiflung rutschen muss. Aber selbst wenn, wüsste Theresa nun, wie sie anders reagieren kann: Sie bleibt bei dem, was sie braucht, und wird flexibel in der Art und Weise, wie sie damit umgeht. In diesem Augenblick könnte nichts Theresa aus der Fassung bringen, das ist deutlich zu sehen. Sie wirkt klar, hat eine aufrechte Haltung, einen offenen Blick und entspannte Gesichtszüge. Sie sieht wirklich so aus wie jemand, der in sich ruht.

Damit sie dieses Gefühl verankert, richte ich ihre Aufmerksamkeit auf ihre Körperwahrnehmung und lade sie ein, in diesem Moment und in diesem Gefühl zu bleiben: So ist das, wenn man sich souverän fühlt. Jetzt hat sie ein Erleben dazu.

Übung

Sie können zum Thema Alternativen ein Experiment machen:

- Stellen Sie sich die Situation, in der es Ihnen die Sprache verschlägt, bildlich vor. Hören Sie innerlich den Spruch des anderen. Und dann fragen Sie sich, wie Sie in Zukunft anders reagieren könnten, als zu schweigen.
- Nehmen Sie ein Blatt Papier und fangen Sie an aufzuschreiben, was Ihnen alles einfällt auf die Frage: »Wie könnte ich noch reagieren?« Fragen Sie sich immer und immer wieder: »Und wie noch? Und wie könnte ich noch reagieren?« Nehmen Sie sich zehn Minuten Zeit, um Ihrer Fantasie freien Lauf zu lassen. Auf welche Ideen kommen Sie? Lassen Sie sich von Bewertungen nicht aufhalten. Egal, wie unglaubwürdig, wild und unangebracht Ihnen Ihre Ideen vorkommen mögen:

Geben Sie ihnen eine Chance, aufs Papier zu kommen. Lassen Sie die Ideen nur so aus sich herausfließen. Wer nicht der Typ fürs Aufschreiben ist, der kann sich beim Sprechen aufnehmen. Vielleicht laufen Sie dabei auf und ab oder machen sogar einen Spaziergang in der Natur. Dann ist Ihr Körper schon mal in Bewegung, das hilft dem Geist.

• Nach einer kurzen Pause fragen Sie sich noch einmal zwei Minuten lang, wie Sie sonst noch reagieren könnten.

• Und ganz zum Schluss spüren Sie der Übung nach und wie Sie sich nun fühlen. Diesem Gefühl geben Sie Bedeutung. Halten Sie es fest, verbinden Sie es mit einem Bild. Das ist die Kraft, die in Ihnen steckt. Ja, Sie haben viele Möglichkeiten!

Offen sein für die Möglichkeiten des Augenblicks

Wenn Sie innerlich derart gestärkt sind und sich damit einen Freiraum geschaffen haben, in dem Sie sich bewegen können, dann haben Sie auch wieder Kapazitäten frei, um mit offenen Ohren, Augen und Herzen durch die Welt zu gehen. Sie sind nicht länger auf ein bestimmtes Handlungsmuster festgelegt und können somit auch anderen mehr Spielraum lassen.

Theresa hat bisher geglaubt, dass sie nicht fühlen darf, und sie hat sich daher immer wieder dazu angetrieben, stark zu sein. Den Satz »Das musst du sachlich sehen« konnte sie nur so interpretieren, dass das Gegenüber sie beim verpönten

Fühlen erwischt hat und sie ebenso dafür verachtet, wie sie sich selbst dafür niedermacht. Und es wird ihr einmal mehr bestätigen, dass sie nicht in die Welt passt. Theresa hat die Sicht der anderen zunehmend als »die einzig richtige« gelten lassen. Und sie konnte immer wieder nur wortlos aus der Situation gehen.

Wenn Sie sich Überzeugungen wie diesen nicht mehr ausliefern, bei leisen Zweifeln trotzdem zu sich stehen und wirklich klar darin sind, dass Ihre Sicht eine Berechtigung hat, dann können Sie den Aussagen Ihres Gegenübers mehr Interpretationsspielraum geben. Sie können genau hinhören und hinschauen, was Ihr Gegenüber Ihnen mitteilt.

Die Aussagen der anderen hinterfragen

Seien Sie offen, denn alles könnte immer auch ganz anders sein. Gut gestärkt, bleibt auch in irritierenden Augenblicken noch genug Klarheit übrig, um sich ein paar dieser Fragen zu stellen:

- Was zeigt der andere von sich, während er das sagt?
- Was sagt der andere über sich?
- Was setzt er voraus, wenn er das sagt?
- Welche Bedenken werden deutlich?
- Was meint er damit wirklich?
- Was ist der sachliche Inhalt?
- Erwartet er wirklich etwas von mir?
- Wenn er etwas erwartet, was hat er dann davon?

Das ist eine kleine Auswahl von Fragen, die die Situation flexibler gestalten. Sie wird leichter und lässt beide Teilnehmer wertschätzend im Spiel. Jetzt kann ein ernsthafter Dialog entstehen. Wie man in der jeweiligen Situation dann tatsächlich reagiert, hängt davon ab, welche der Fragen gerade zugänglich sind und auf welche ein innerer Impuls entsteht.

Während Ihnen die vorherige Übung die vielfältigen Möglichkeiten aufzeigt, die in Ihnen stecken, bezieht das Offensein Ihr Gegenüber mit ein. Sie gehen nicht nur mit sich selbst wertschätzender um, sondern auch mit dem anderen. In der Entwicklung von Souveränität ist das ein entscheidender Schritt.

Souveränität ermöglichen

Manche halten sich für souverän, wenn sie jemanden mit ein paar coolen Sprüchen niederbügeln. Doch das ist ein Trugschluss und gleicht eher dem Spiel auf einer Wippe: Einer ist immer unten, einer oben. Auf dem Spielplatz macht das Spaß. Im Business und in anderen Kontexten, in denen Erwachsene miteinander umgehen, ist das ein Verhalten, das weder inhaltlich noch im Kontakt wirklich weiterbringt.

Souveränität ist erst dann wirklich erreicht, wenn eine Begegnung auf Augenhöhe möglich ist, wenn die eigene Reaktion darauf gründet, sich selbst genauso ernst zu nehmen wie den anderen. Denn dann kann die Reaktion den anderen auch wirklich erreichen. Und dafür gibt es viele Möglichkeiten:

- *Klare Grenzen ziehen:* ausdrücken, was man möchte und was nicht; gegebenenfalls vertagen, aus der Situation gehen.
- *Die Art und Weise thematisieren:* besprechen, wie man sich den Umgang miteinander wünscht.
- *Sich selbst ins Spiel bringen:* aussprechen, was man gerade wahrnimmt.

- *Den anderen fokussieren:* Fragen stellen.
- *Die Sache in den Mittelpunkt stellen:* auf den Inhalt zurück-kommen.

Mal ist es sinnvoll, mit Humor zu reagieren, das andere Mal, anzusprechen, was Sie gerade wahrnehmen. Mal erfordert es die Situation, zu kämpfen und kritisch zu werden, und mal hören Sie auch einfach geflissentlich über etwas hinweg.

Hören Sie auf den ersten Impuls, den Sie verspüren. Meist vermittelt er Ihnen unmittelbar, was da ist. Und wie Sie darauf reagieren wollen.

Situationen zum Üben gibt's zur Genüge:
- Wenn der firmeninterne EDVler Ihnen das defekte Note-book mit den Worten zurückbringt: »Also, ich habe alles durchgetestet und weiß nicht, was Sie haben: Bei mir funk-tioniert es tadellos.«
- Wenn Sie in Jeans und Rollkragenpulli im Wartezimmer des Arztes sitzen und sich der schnieke Jungdynamiker im Er-folgsdress mit spitzen Ich-kick-dich-weg-Schuhen mit den Worten vordrängeln will: »Ich hab gleich einen wichtigen Call! Sie haben sicher nichts dagegen, wenn ich mir nur kurz ein Rezept abhole.«
- Wenn die Wurstwarenfachverkäuferin Sie während der strengsten Phase Ihrer Diät zum wiederholten Male fragt, ob es »ein bisschen mehr« sein darf.
- Wenn der Göttergatte wieder mal nicht daran gedacht hat, bei der Reinigung vorbeizufahren und die Wäsche abzuho-len, obwohl sie auf dem Weg zu seinem Arbeitsplatz liegt.
- Wenn Ihr pubertierendes Kind einmal mehr vergessen hat, Sie über ausfallende Schul- oder Sportstunden zu informie-ren.

- Wenn ein Facebook-»Freund« zum wiederholten Mal ganz offensichtlich versucht, Ihnen ein unerwünschtes Thema oder Produkt unterzujubeln.

Was sind Ihre persönlichen Übungsfelder?

Theresa spricht

Theresa hat es geschafft, einen anderen Zugang zu sich zu finden. Sie merkt nach einer Weile relativ schnell, wenn sie in ihre »Ich bin stark«-Position geht, und findet häufig auch in diesen Augenblicken den Weg zu einem fürsorglichen Umgang mit sich – wenn auch oft noch zeitverzögert. Dadurch werden die Auseinandersetzungen mit dem Chef, in denen sie sich als Verliererin empfindet, immer seltener.

»Ich bekomme jetzt viel eher mit, was er zwischen den Zeilen sagt oder was mit ihm los ist. Meistens frage ich dann einfach nach, wenn ich merke, dass ich anfange, mich anzuspannen. ›Wie meinst du das? Stört dich das? Was erwartest du von mir? Ist das dein Ernst?‹ Das sind Fragen, die ich bislang gar nicht im Repertoire hatte. Jetzt schweige ich nicht mehr, jetzt spreche ich mit ihm. Manchmal bin ich richtig überrascht, was dabei herauskommt. Interessant, was ich manchmal denke und was er eigentlich meint. Zu dem ›nicht so zu Herzen nehmen‹ habe ich ihn letztens gefragt, was er damit sagen will. Und dann hat er mir erklärt, dass er merkt, wie nah mir das geht, wenn ich nicht weiterkomme, und dass er eigentlich gern etwas tun würde, um mir den Weg zu ebnen, dass er aber, weil gerade wieder so viel los ist, das Fass nicht aufmachen möchte. Und dass er glaubt, dass es tatsächlich etwas ist, das ich lernen sollte: dass ich nicht alles lösen kann. Und dass davon die Welt nicht untergeht. Faszinierend, oder? So ähnlich habe ich es mir selbst ja auch gesagt. Es fällt mir immer noch schwer, damit zu leben, wenn etwas nicht so klappt, wie ich es möchte, aber ich merke, dass ich es besser ausbalancieren kann.«

Damit hat Theresa sich eine große Portion Souveränität im Umgang mit ihrem Chef erobert. Noch ein paar Monate zuvor hätte so eine Aussage von ihm ihren Selbstwert zu Boden gehen lassen und sie sprachlos gemacht. Jetzt hat sie ein Ohr für die Zwischentöne, die zugewandte Botschaft des Chefs, und sie kann auch mit seinen Grenzen respektvoll umgehen, ohne den Chef oder sich dafür niedermachen zu müssen. Ihr klares »Nicht mit mir!« lässt sie aufrecht stehen, egal, wie stark der Wind ist, der weht. Sie ist gut verwurzelt und kann sich flexibel auf die Situation einstellen.

Übung

Eine einfache und zugleich hilfreiche Übung, um sich in Achtsamkeit zu üben und sich zugleich für mögliche nächste Angriffe zu wappnen, führen wir auch mit den Teilnehmern unserer Workshops und in manchen Coaching-Sitzungen durch. Sie nennt sich Qi-Mantel-Übung und kommt aus dem Qigong, der uralten chinesischen Tradition bewegter Meditation. Das »Qi« (gesprochen »Dschi«) steht für unsere Lebensenergie und »gong« (gesprochen »gung«) für stetiges Üben. Sie sehen: Auch hier macht die Übung den Meister – Perfektion ist im Qigong ein Fremdwort. Allein dieses Wissen ist schon wunderbar entspannend.

Die Übung hilft, zu sich zu kommen und bei sich zu bleiben. Wer sich den Qi-Mantel umlegt, umhüllt sich zugleich mit einer imaginären Schutzschicht. Sie dient unserer Abwehr und schützt uns vor äußeren Einflüssen. Störungen treffen uns nicht so tief, auch wenn wir sie immer noch wahrnehmen. Die Schutzschicht wirkt wie ein Filter für alles, was Sie von außen nach innen dringen lassen wollen, und bietet zugleich die Möglichkeit, aus dem Inneren heraus mit der Außenwelt in Verbindung zu sein.

Lassen Sie sich Zeit beim Anlegen des Qi-Mantels – in der Ruhe liegt wie so oft die Kraft.

- Stellen Sie die Füße schulterbreit so auf, dass Sie gut mit dem Boden verbunden sind. Die Leisten und Knie sind entspannt und somit leicht gebeugt.
- Ihre Hände liegen etwa zwei Fingerbreit unterhalb des Bauchnabels auf dem »Unteren Dantian«, das sowohl der Schwerpunkt Ihres Körpers als auch das wichtigste Energiezentrum und damit das »Meer des Qi« ist (Yoga-Begeisterte kennen den Punkt als Sakral-chakra) – bei Frauen liegt die rechte Hand unter der linken, bei Männern die linke unter der rechten Hand.
- Versuchen Sie, sich im Inneren anzulächeln – dieses Innere Lächeln ist die wichtigste Übung des Qigong überhaupt und dient dazu, uns selbst liebevoll anzunehmen. Wenn Sie möchten, können Sie dabei die Augen schließen. Lassen Sie Ihren Atem in Ruhe der Übung folgen – beobachten Sie ihn liebevoll und bleiben Sie im Vertrauen, dass er der Bewegung automatisch folgen wird.
- Öffnen Sie nun den Qi-Mantel, indem Sie die Arme vor die Brust führen und sie dann in Brusthöhe seitlich ganz ausbreiten.
- Um den Mantel zu schließen, führen Sie zunächst die

rechte Hand vor die linke Brust und lassen die linke
Hand dann vor die rechte Brust folgen.

- Nun füllen Sie Ihr Herz mit Qi, der Lebensenergie,
indem Sie beide Handflächen – die ja zunächst noch
dem Körper zugewandt sind – wie die Ladeklappe
eines Lkw nach vorn kippen. Die Handflächen zeigen
jetzt nach oben. Halten Sie einen Moment inne und
lassen Sie reines »Himmels-Qi« in Ihr Herz und den
Qi-Mantel fließen.

- Nun gilt es, das Qi im Mantel zu verteilen – zuerst
nach unten: Ziehen Sie die Ellbogen auseinander und
drehen Sie die Arme dabei, bis die Handflächen nach
unten zeigen. Führen Sie die Arme langsam in voller
Länge vor dem Körper nach unten – etwa bis zur
Hüfte. Denken Sie sich dabei die Arme länger, als sie
sind – bis zum Boden.

- Beschreiben Sie dann mit den Händen einen Halb-
kreis nach hinten und führen Sie Ihre Hände am
Rücken entlang so weit, wie es geht, nach oben, dann
unter den Achseln hindurch bis auf die Schultern.

- Lassen Sie die Hände dort kurz ruhen, bevor Sie sie
wieder nach hinten führen, um sich die Kapuze Ihres
Qi-Mantels überzustreifen. Am höchsten Punkt der
Kapuze – also über Ihrem Scheitel – sind die Handflächen wieder zum Körper gewandt. Lassen Sie die
Hände nun langsam und achtsam vor Kopf und Brust
entlang einer imaginären Knopfleiste nach unten
gleiten, bis sie wieder das »Untere Dantian« erreicht
haben.

- Lassen Sie Ihre Hände übereinander auf dem »Unteren
Dantian« ruhen und spüren Sie der Übung nach. Hat
Ihr Mantel noch »Löcher«? Dann wiederholen Sie die

Übung so lange, bis Sie sich ausreichend geschützt fühlen.

Auch wenn wir in dieser Übung versuchen, uns vollständig in den Qi-Mantel einzuhüllen, ist es wichtig, in der Achtsamkeit zu bleiben und gewahr zu sein, dass es keinen hundertprozentigen Schutz geben kann. So bleibt unsere Aufmerksamkeit erhalten, und wir wiegen uns nicht in übertriebener Sicherheit. Das erzeugt letztlich die gerade noch angenehme und für Begegnungen wichtige Anspannung, die uns präsent sein und bleiben lässt.

Ihr Weg in die souveräne Präsenz

Wer den Mut hat, sich mit sich selbst zu beschäftigen, sich zu verstehen, sich anzunehmen und Neues zu wagen, der benötigt keine pauschalen Spickzettelchen mit schlauen Sprüchen. Sie haben vielleicht schon mit den Übungen in diesem Buch den Sprung aus der Ohnmacht in die Selbstfürsorge gewagt. Anstatt sich anderen weiter auszuliefern, haben Sie sich dadurch mental gestärkt und angefangen, Ihre offenen Flanken zu schließen. Wo Sie vorher glaubten, was der andere sagte, stößt er jetzt möglicherweise schon auf Widerstand. Sie müssen das, was andere sagen, nicht mehr einfach glauben, weil Sie selbst angefangen haben, die Überzeugungen, die Sie einschränken, zu hinterfragen. Sie haben den Überzeugungen, die Sie in Ihrer Kindheit gesammelt haben, vielleicht schon ein Update verschafft. Und Sie haben vielleicht Wege gefunden, mit sich selbst sorgsam umzugehen, sich nicht im Regen stehen zu lassen. Das lässt sich weiterüben.

Wenn Sie das, was Sie hier angefangen haben, immer wieder nutzen, dann erweitern Sie Ihr Repertoire an Gewohnheiten im Denken, Fühlen und Handeln. Sie beschreiten neue Wege und legen neue Spuren. Stellen Sie es sich einfach vor wie beim Sport: Eine Bewegung muss wiederholt, ein Muskel aufgebaut, eine Sehne gedehnt werden. So ist das mit der neuen Erfahrung auch. Je mehr Gelegenheiten Sie nutzen, umso mehr geht Ihnen die Souveränität in Fleisch und Blut über. Und dann sind Sie zukünftig auch in bislang kritischen Situationen nicht mehr angreifbar, sondern gut gestärkt und bestens vorbereitet auf die nächste Attacke im beruflichen oder privaten Umfeld. Denn Sie können lernen, sich selbst zu vertrauen und auch schwierigen Situationen spontan und erhobenen Hauptes zu begegnen. Das gesamte Repertoire Ihrer inneren Mitspieler steht Ihnen zur Verfügung, und es bleibt Ihnen genug Energie, die augenblickliche Situation zu erfassen und aus Ihrem Inneren heraus souverän Präsenz zu zeigen und angemessen zu reagieren.

Gehen Sie achtsam mit sich um. Auch jetzt, nach der Lektüre dieses Buches. Setzen Sie sich nicht gleich wieder unter Druck. Erproben Sie vielmehr Ihre neuen Erkenntnisse mit dem nötigen Quantum innerer Nachsicht. Gönnen Sie sich die Zeit, die Sie benötigen, um das neu gewonnene Wissen als gelebte Erfahrung in der Tiefe Ihres Unterbewusstseins fest zu verankern.

In dieser Haltung gelingt Ihnen das »Nicht mit mir!« immer und immer wieder – mit voller Stimme und sicherem Stand.

Literaturverzeichnis

Berne, Eric: *Spiele der Erwachsenen*; Rowohlt Taschenbuch Verlag, Reinbek bei Hamburg 2007 (1970)

Buber, Martin: *Ich und Du*; Philipp Reclam jun., Stuttgart 2011

Dreitzel, Hans Peter: *Reflexive Sinnlichkeit I. Emotionales Gewahrsein: Die Mensch-Umwelt-Beziehung aus gestalttherapeutischer Sicht*; EHP – Verlag Andreas Kohlhage, Bergisch Gladbach 2007

Eidenschink, Klaus: www.metatheorie-der-veraenderung.info

Harris, Thomas A.: *Ich bin o.k., du bist o.k. Eine Einführung in die Transaktionsanalyse*; Rowohlt Taschenbuch Verlag, Reinbek bei Hamburg 2011

Hephaistos – Coaching-Zentrum München: Übersicht »Lebende Systeme im Coaching«, 2006

Holmes, Tom / Holmes, Lauri: *Reisen in die Innenwelt. Systemische Arbeit mit Persönlichkeitsanteilen*; Kösel Verlag, München 2013

Hüther, Gerald: *Biologie der Angst. Wie aus Stress Gefühle werden*; Vandenhoeck & Ruprecht, Göttingen 2016

Kolk, van der, Bessel A.: *Verkörperter Schrecken. Traumaspuren in Gehirn, Geist und Körper und wie man sie heilen kann*; G.P. Probst Verlag, Lichtenau/Westfalen 2016

Malkin, Dr. Craig: *Der Narzissten-Test*; DuMont Buchverlag, Köln 2016

Scharmer, C. Otto: *Theorie U. Von der Zukunft her führen*; Carl-Auer-Verlag, Heidelberg 2011

Schulz von Thun, Friedemann: *Miteinander Reden 3. Das »Innere Team« und situationsgerechte Kommunikation*; Rowohlt Taschenbuch Verlag, Reinbek bei Hamburg 2011

Stahl, Stephanie: *Das Kind in dir muss Heimat finden. Der Schlüssel zur Lösung (fast) aller Probleme*; Kailash Verlag, München 2015

Steiner, Claude: *Wie man Lebenspläne verändert. Die Arbeit mit Skripts in der Transaktionsanalyse*; Junfermannsche Verlagsbuchhandlung, Paderborn 2005 (1982)

Stewart, Ian / Joines, Vann: *Die Transaktionsanalyse. Eine Einführung*; Verlag Herder, Freiburg 2000

Wardetzki, Bärbel: *Blender im Job. Vom klugen Umgang mit narzisstischen Chefs, Kollegen und Mitarbeitern*; Scorpio Verlag, München 2015

Souverän und gelassen

Eine Kränkung ist wie ein Schlag ins Gesicht, sie trifft direkt unser Selbstwertgefühl. Doch ob wir etwas als Kränkung erleben, haben wir auch selbst in der Hand. Bärbel Wardetzki zeigt, wie Sie zu einem gelassenen Umgang mit Kränkungen finden.